*SOBRE O
PODER PESSOAL*

Carl R. Rogers
SOBRE O
PODER PESSOAL

Tradução WILMA MILLAN ALVES PENTEADO
Revisão da tradução ESTELA DOS SANTOS ABREU

wmf**martinsfontes**

Título original: CARL ROGERS ON PERSONAL POWER.
Copyright © 1977 Carl Rogers.
Copyright © 1979, Livraria Martins Fontes Editora Ltda.,
São Paulo, para a presente edição.

1ª edição *1979*
5ª edição *2022*

Tradução
WILMA MILLAN ALVES PENTEADO

Produção gráfica
Geraldo Alves
Paginação
Studio 3 Desenvolvimento Editorial
Capa
Marcos Lisboa

Dados Internacionais de Catalogação na Publicação (CIP)
(Câmara Brasileira do Livro, SP, Brasil)

Rogers, Carl R., 1902-1987
  Sobre o poder pessoal / Carl R. Rogers ; tradução Wilma Millan Alves Penteado ; revisão da tradução Estela dos Santos Abreu. – 5ª ed. – São Paulo : Editora WMF Martins Fontes, 2022. – (Textos de psicologia)

  Título original: Carl Rogers on personal power.
  Bibliografia.
  ISBN 978-85-469-0418-1

  1. Controle (Psicologia) 2. Psicologia humanista 3. Psicoterapia centrada no cliente 4. Relações interpessoais I. Título. II. Série.

22-130746   CDD-155.2

Índices para catálogo sistemático:
1. Poder pessoal : Psicologia   155.2

Cibele Maria Dias - Bibliotecária - CRB-8/9427

Todos os direitos desta edição reservados à
Editora WMF Martins Fontes Ltda.
Rua Prof. Laerte Ramos de Carvalho, 133 01325-030 São Paulo SP Brasil
Tel. (11) 3293-8150 e-mail: info@wmfmartinsfontes.com.br
http://www.wmfmartinsfontes.com.br

Índice

Introdução **XI**

PRIMEIRA PARTE
Uma revolução silenciosa: o impacto da abordagem centrada-na-pessoa

1. A política das profissões de ajuda   **3**
2. A nova família e a antiga   **33**
3. A revolução no casamento e no companheirismo   **47**
4. Poder ou pessoas: duas tendências em educação   **79**
5. A política de administração   **103**
6. A abordagem centrada-na-pessoa e o oprimido   **121**
7. Solucionando tensões interculturais: um início   **133**

SEGUNDA PARTE
A abordagem centrada-na-pessoa em ação

8. Um workshop *centrado-na-pessoa: seu planejamento e realização*   **163**
9. O poder dos sem-poder   **211**
10. Sem ciúmes?   **233**

TERCEIRA PARTE
Em busca de uma fundamentação teórica

11. Uma base política: a tendência à realização   **267**

QUARTA PARTE
Uma nova figura política

12. A pessoa emergente: ponta-de-lança
da revolução silenciosa   **287**

QUINTA PARTE
Conclusão

13. Em resumo   **323**

Agradecimentos

Gratos reconhecimentos
pela permissão para usar o seguinte material:

Cassete # 7, *Personal Adjustment Series*: usado com permissão da Instructional Dynamics, Inc.

"Mike": usado com permissão da AAP Tape Library, American Academy of Psychotherapists, 1040 Woodcock Road, Orlando, Flórida, 32803.

"Because That's My Way": usado com permissão do Great Plains National Television.

"Follow-Up of a Counseling Case Treated by the Non-Directive Method", de A. W. Coombs: *Journal of Clinical Psychology*, vol. 1, abril 1945, pp. 147-54. Usado com permissão.

"Project Freedom", por J. B. Carr: do *English Journal*, Copyright © 1964, pelo National Council of Teachers of English. Reimpresso com permissão do autor e do editor.

On Becoming a Person, por Carl Rogers. Publicado por Houghton Mifflin Company.

Trecho de *Pedagogy of the Oppressed*, de Paulo Freire: © 1970, por Paulo Freire. Usado com permissão de The Seabury Press.

"The Politics of Group Process", de Judith L. Henderson: usado com permissão da autora. Primeira publicação em *Rough Times*, jan./fev. 1974.

Trechos de "The Steel Shutter": esse filme pode ser alugado no Center for Studies of the Person, 1125 Torrey Pines Road, La Jolla, Califórnia 92037.

"Intercultural Communication Groups", por Binnie Kristal-Andersson: *Invandrarrapport,* vol. 3, n.° 7, 1975. Boras. Sweden. Usado com permissão do autor.

"The Actualizing Tendency in Relation to 'Motives' and to Consciousness", por Carl Rogers: publicado primeiramente em 1963, Nebraska Symposium on Motivation, University of Nebraska Press.

Nota especial

Tenho estado muito confuso com o problema do pronome, ou mais exatamente, com a questão "ele-ela". Sou totalmente solidário com o ponto de vista de que as mulheres são sutilmente rebaixadas quando, ao se falar de um membro da espécie humana em geral, usa-se o pronome masculino. Por outro lado, aprecio escrever de modo convincente e um "ele mesmo/ela mesma" no meio de uma frase freqüentemente destrói seu impacto. Não creio que se chegue a uma solução satisfatória até que alguém encontre um conjunto aceitável de pronomes sem implicação de sexo.

Resolvi tratar o problema do seguinte modo: em um capítulo, todas as referências gerais a membros de nossa espécie são colocadas em termos femininos – no capítulo seguinte, em termos masculinos. Assim, o primeiro capítulo apresenta pronomes femininos, quando a referência for geral; o segundo capítulo apresenta pronomes masculinos, com o mesmo propósito, alternando-se dessa forma em todo o livro. É a melhor solução que pude encontrar para satisfazer os meus dois propósitos: objetivo igualitário e desejo de ser convincente.

CARL ROGERS

Introdução

Uma coisa estranha aconteceu-me alguns meses atrás. Acho que foi o mais próximo que cheguei de ter uma experiência psíquica. Eu estava atento ao trabalho que realizava à minha escrivaninha, quando repentinamente surgiu uma sentença completa em minha mente: "Caminho suavemente pela vida." Fiquei intrigado com a intromissão, mas, uma vez que nada tinha a ver com o trabalho que fazia, eu a deixei de lado. Um pouco depois, a natureza peculiar deste "lampejo" atingiu-me e comecei a especular a respeito.

Todos os tipos de associações afluíram em grande número. Quando menino, tinha lido centenas de livros sobre habitantes das fronteiras e índios, homens que podiam mover-se furtivamente, sem ruído, através da floresta, sem pisar em um galho seco ou agitar a folhagem. Ninguém sabia de seus paradeiros, até que alcançassem seus destinos e realizassem seus objetivos, quer estivessem em missão de auxílio ou hostil. Percebi que minha vida profissional tivera aquela mesma qualidade. Nunca pretendi fazer alarde a respeito de aonde eu ia, até que tivesse chegado. Tenho evitado confrontações tumultuosas sempre que possível. Quando me disseram, no início de minha carreira, que era absolutamente impossível para um psicólogo conduzir uma psicoterapia, porque esse era o campo do psiquiatra, não tentei enfrentar a questão de frente. Em vez disso, utilizei, inicialmente, o termo entrevistas para descrever o que estávamos fazendo. Mais tarde, o rótulo aconselhamento pareceu-me mais aceitável. Somente após anos de experiência e o acúmulo de um corpo considerável de pesquisas, realizadas por mim e por meus colegas, foi que falei abertamente do fato – então óbvio – de que estávamos fazendo psicoterapia. Eu tinha caminhado suavemente pela vida, fazendo relativamente pouco ruído, até chegar a meu destino – e era tarde demais para parar. Tenho um temperamento obstinado!

Uma desvantagem deste modo de proceder é que nem sempre me dei conta do significado total do caminho que eu e um número crescente de outras pessoas tínhamos tomado. Apenas nos últimos anos, cheguei a reconhecer quão "radical" e "revolucionário" tem sido nosso trabalho. Utilizo esses termos em seu sentido original, não no popular. Nosso trabalho "foi até as raízes de" muitos conceitos e valores de nossa cultura e propiciou "uma mudança completa ou acentuada" em muitos princípios e procedimentos. Alterou mais especificamente o pensamento sobre poder e controle nos relacionamentos entre pessoas. É disso que trataremos neste livro.

Assim sendo, você encontrará nestas páginas muitos homens e mulheres que estão caminhando suavemente pela vida – e gerando uma revolução à medida que o fazem. O livro se refere a lares, escolas, indústrias e pontos de contato entre raças e culturas, todos os quais têm sido drasticamente modificados por pessoas, que confiam em seu próprio poder, não sentem necessidade de ter "poder sobre" e que estão dispostas a estimular e facilitar a força latente na outra pessoa. Apresenta exemplos específicos – um relacionamento familiar, um *workshop**, um acampamento, um grupo de católicos

---

* *Workshop*: modalidade de grupo intensivo com objetivo expresso. No Brasil, é traduzido às vezes por "laboratório".

e de protestantes de Belfast – em que os modos comuns de proceder sofreram uma reviravolta por uma confiança básica no potencial construtivo da pessoa.

Como Gertrude Stein disse de Paris: "Não é o que Paris lhe dá; é o que Paris não tira." Isso pode ser interpretado livremente para tornar-se uma definição da abordagem centrada-na-pessoa, o conceito repleto de valor e central deste livro. "Não é que esta abordagem dê poder à pessoa, ela nunca o tira." Pode parecer surpreendente que uma base de aparência bastante inocente possa ser, de fato, tão revolucionária em suas implicações. Trata-se, entretanto, do tema central do que escrevi.

Procurei dar exemplos – tanto anedóticos quanto de pesquisa – para ilustrar a força da abordagem centrada-na-pessoa. Um caminho como esse modifica a própria natureza da psicoterapia, do casamento, da educação, da administração e mesmo da política.

Essas mudanças indicam que uma revolução silenciosa já está se desenvolvendo. Apontam para um futuro de natureza muito diferente, construído em torno de um novo tipo de pessoa autopoderosa, tipo que está emergindo.

Primeira Parte
**Uma revolução silenciosa:
o impacto da abordagem
centrada-na-pessoa**

1. A política das profissões de ajuda

Há três anos, perguntaram-me, pela primeira vez, a respeito da política da abordagem psicoterapêutica centrada-no-cliente. Respondi que não havia política na terapia centrada-no-cliente, resposta essa que foi recebida com uma sonora gargalhada. Quando pedi a meu questionador que se explicasse, ele respondeu: "Passei três anos na graduação, aprendendo a ser um perito em psicologia clínica. Aprendi a fazer avaliações diagnósticas precisas. Aprendi as várias técnicas para alterar atitudes e comportamentos do sujeito. Aprendi modos sutis de manipulação, sob os rótulos de interpretação e orientação. Então, comecei a ler sua obra, que transtornou tudo o que havia aprendido. Você dizia que o poder encontra-se, não na minha mente, mas no organismo do sujeito. Você inverteu completamente o relacionamento de poder e controle que havia se desenvolvido em mim durante três anos. E, então, você diz que não há política na abordagem centrada-no-cliente!"

Esse foi o início – talvez um início tardio – de minha educação no que se refere à política dos relacionamentos interpessoais. Quanto mais eu pensava e lia, e quanto mais percebia a preocupação atual com poder e controle, mais vivenciava aspectos novos em meus relacionamentos em terapia, em grupos intensivos, nas famílias e entre amigos. Gradualmente, dei-me conta de que minha experiência era paralela à velha história do homem inculto e seu primeiro contato com um curso de literatura. "Sabem", disse ele a seus amigos mais tarde, "descobri que tenho falado em prosa toda a minha vida e nunca o soube." De modo similar eu poderia agora dizer "tenho praticado e ensinado política durante toda a minha vida profissional e nunca me dei conta totalmente disso até agora". Assim, não me surpreendo mais quando Farson diz em uma apreciação de meu trabalho: "Carl Rogers não é conhecido por sua política. Mais provavelmente, pessoas associam seu nome a inovações amplamente aclamadas na técnica de aconselhamento, teoria da personalidade, filosofia da ciência, pesquisa em psicoterapia, grupos de encontro, ensino centrado-no-aluno... Mas, nos últimos anos, comecei a pensar nele mais como uma figura política, um homem cujo efeito cumulativo na sociedade o tornou um dos... revolucionários sociais de nosso tempo."[1] Não é apenas por ser eu um aprendiz lento que só recentemente me dei conta de meu impacto político. Isso se deve em parte a um novo conceito que tem estado em processo de construção em nossa linguagem. Não se trata apenas de um novo rótulo. Reúne um conjunto de significados em um novo conceito poderoso.

O uso da palavra "política", em contextos tais como "política da família", "política da terapia", "política sexual", "política da experiência", é novo. Não encontrei nenhuma definição de dicionário que, pelo menos, sugira o modo pelo qual a palavra é correntemente utilizada. O *American Heritage Dictionary* ainda dá definições apenas deste tipo: *política*: "Os métodos ou táticas envolvidos em dirigir um Estado ou governo."[2]

Entretanto, a palavra adquiriu um novo conjunto de significados. Política, no uso psicológico e social atual, refere-se a *poder e controle*: o grau em que a pessoa deseja, tenta obter, possuir, compartilhar ou delegar poder e controle sobre outros e/ou si mesma. Refere-se *às manobras, às estratégias e táticas, intencionais ou não*, pelas quais tal poder e controle sobre a própria vida e a de outros é procurado e obtido – ou compartilhado, ou abandonado. Refere-se ao *locus* do poder de tomar decisão: quem toma as decisões que, consciente ou inconscientemente, regulam ou controlam os pensamentos, sentimentos ou comportamentos de outros ou de si mesmo. Refere-se aos *efeitos dessas decisões e dessas estratégias*, seja procedendo de um indivíduo ou de um grupo, seja dirigido a obter ou a abandonar o controle sobre a própria pessoa, sobre os vários sistemas da sociedade e suas instituições.

Em resumo, é o processo de obter, compartilhar ou abandonar poder, controle, tomada de decisões. E o processo das interações e efeitos altamente complexos desses elementos, da forma como existem nos relacionamentos entre pessoas, entre uma pessoa e um grupo ou entre grupos.

Esse novo constructo teve uma influência poderosa sobre mim. Fez-me adotar uma visão renovada a respeito de meu trabalho, na vida profissional. Tive um papel ao iniciar a abordagem centrada-na-pessoa. Esta perspectiva desenvolveu-se primeiro no aconselhamento e na psicoterapia, em que foi conhecida como centrada-no-cliente, significando que uma pessoa que procurou ajuda não era tratada como um paciente dependente, mas como um cliente responsável. Aplicada à educação, foi denominada ensino centrado-no-aluno. Na medida em que essa abordagem progrediu em direção a uma ampla variedade de campos, longe de seu ponto de origem – grupos intensivos, casamento, relacionamentos familiares, administração, grupos minoritários, relacionamentos inter-raciais, interculturais e mesmo internacionais – parece melhor adotar-se um termo o mais amplo possível: centrado-na-pessoa.

É a dinâmica psicológica desta abordagem que tem me interessado – como é vista pelo indivíduo e como o afeta. Tenho me interessado em observar esta abordagem do ponto de vista científico e empírico; que condições tornam possível a uma pessoa mudar e desenvolver-se e quais são os efeitos específicos ou os resultados dessas condições. Mas nunca tinha me detido com atenção na política interpessoal acionada por tal abordagem. Agora começo a ver a natureza revolucionária dessas forças políticas. Senti-me compelido a reavaliar todo o meu trabalho. Desejo perguntar quais são os *efeitos políticos* (no novo sentido de político) de tudo que eu e meus colegas, por todo o mundo, fizemos e estamos fazendo.

Qual é o impacto de um ponto de vista centrado-no-cliente sobre as questões de poder e controle na psicoterapia individual? Exploraremos a política de várias abordagens para ajudar a pessoas tanto através de terapia individual como através de grupos de encontro ou de outros grupos intensivos. Confrontaremos abertamente um assunto pouco discutido: a questão do poder e do controle nas profissões conhecidas como assistenciais ou de ajuda.

Em 1940, comecei a tentar mudar o que agora chamaria de política da terapia. Descrevendo uma tendência emergente, dizia eu: "Esta abordagem mais nova difere da antiga por ter um objetivo nitidamente diferente. Tem como objetivo direto uma maior independência e integração do indivíduo, em vez de esperar que tais resultados derivem do auxílio dado pelo orientador à solução do problema. O foco é o indivíduo e não o problema. O objetivo não é resolver um problema particular, mas auxiliar o indivíduo a *crescer*, de modo que possa enfrentar o problema presente e os posteriores de uma maneira mais bem integrada. Se ele obtiver integração suficiente para lidar com um problema de forma mais independente, mais responsável, menos confusa, mais bem organizada, então também lidará com novos problemas desta maneira.

"Se isso parece um pouco vago, pode ser explicado de maneira específica. ... Baseia-se, com muito mais ênfase, no impulso individual para o crescimento, saúde e ajustamento. Terapia não é uma questão de fazer algo *para* o indivíduo ou de induzi-lo a fazer algo sobre si mesmo. Pelo contrário, é uma questão de libertá-lo para o crescimento e o desenvolvimento normal, de remover obstáculos, de modo que possa novamente caminhar para a frente."[3]

Quando essas afirmações foram apresentadas pela primeira vez em 1940, provocaram furor. Eu havia descrito várias técnicas de aconselhamento muito usadas naquele tempo – tais como sugestões, conselho, persuasão e interpretação – e havia ressaltado que elas se apoiavam em duas pressuposições básicas: que "o orientador sabe melhor" e que pode encontrar as técnicas mais eficientes para levar seu cliente em direção ao objetivo escolhido pelo orientador.

Vejo agora que tinha desferido um golpe político de dois gumes. Havia dito que a maioria dos orientadores considerava-se competente a ponto de controlar a vida de seus clientes. Tinha antecipado a perspectiva de que era preferível simplesmente libertar o cliente para tornar-se uma pessoa independente, autodirigida. Estava esclarecendo que, se eles concordassem comigo, significaria o rompimento e a inversão completos de seu controle pessoal em seus relacionamentos de aconselhamento.

Com o passar dos anos, o ponto de vista que eu adiantara, tão provisoriamente em 1940, tornou-se mais amplo, aprofundado e reforçado, tanto pela experiência clínica como pela pesquisa. Tornou-se conhecido como psicoterapia centrada-no-cliente e desde então tem sido sustentado por mais estudos empíricos do que qualquer outra abordagem terapêutica.

Sob a perspectiva da política, poder e controle, a terapia centrada-na-pessoa baseia-se em uma premissa que a princípio pareceu arriscada e incerta: uma visão do homem como sendo, em essência, um organismo digno de confiança. Esta base tem sido intensificada com o passar dos anos pela experiência com indivíduos problemáticos, pessoas psicóticas, pequenos grupos intensivos, alunos em classe e equipes de funcionários. Tem-se estabelecido cada vez mais firmemente como uma postura básica, embora cada pessoa tenha que aprendê-la por si mesma, passo a passo, para convencer-se de sua validade. Recentemente, descrevi-a como "a hipótese gradualmente formada e testada de que o indivíduo tem dentro de si amplos recursos para autocompreensão, para alterar seu autoconceito, suas atitudes e seu comportamento autodirigido – e que esses recursos só podem emergir se lhe for fornecido um determinado clima de atitudes psicológicas facilitadoras"[4].

Há qualquer fundamento para essa premissa, além do desejo de que seja real, e a experiência de algumas pessoas? Acredito que sim. Biólogos, neurofisiólogos e outros cientistas, incluindo psicólogos, possuem comprovações que levam a uma conclusão. Existe em todo organismo, em qualquer nível, um fluxo subjacente de movimento para uma realização construtiva de suas possibilidades intrínsecas. Há no homem uma tendência natural para o desenvolvimento completo. O termo mais freqüentemente usado para isso é o de tendência de realização, que está presente em todos os organismos vivos. Trata-se do fundamento sobre o qual está construída a abordagem centrada-na-pessoa.

A tendência de realização pode, é claro, ser impedida, mas não pode ser destruída, sem destruir o organismo. Lembro-me de que, na minha infância, a lata na qual armazenávamos nosso suprimento de batatas para o inverno ficava no porão, quase um metro abaixo de uma pequena janela. As condições eram desfavoráveis, mas as batatas começaram a brotar – brotos brancos pálidos, tão diferentes dos brotos verdes saudáveis que exibiam quando plantadas no solo na primavera. Porém, esses brotos espigados, tristes, poderiam crescer de 60 a 90 centímetros de comprimento à medida que buscavam a luz distante da janela. Em seu crescimento fútil, bizarro, eram uma espécie de expressão desesperada da tendência direcional que estou descrevendo. Nunca se tornariam uma planta, nunca amadureceriam, nunca preencheriam suas potencialidades reais. Entretanto, sob as mais adversas circunstâncias, lutavam para tornar-se. Não desistiriam da vida, mesmo se não pudessem florescer. Ao tratar de clientes cujas vidas têm sido terrivelmente emaranhadas, ao trabalhar com homens e mulheres em relegadas enfermarias de hospitais públicos, penso freqüentemente naqueles brotos de batatas. Foram tão desfavoráveis as condições nas quais essas pessoas se desenvolveram, que suas vidas muitas vezes parecem anormais, distorcidas, dificilmente humanas. Entretanto, deve-se confiar na tendência direcional que nelas existe. O indício para entender seu comportamento é de que estão lutando, do único modo que lhes é possível, para alcançar o crescimento, para tornar-se alguém. Para nós, os resultados podem parecer bizarros e inócuos, mas são tentativas desesperadas de vida para tornarem-se elas próprias. É esta potente tendência que constitui a base subjacente à terapia centrada-no-cliente e tudo o que se desenvolveu a partir dela.

E óbvio que mesmo esta premissa da terapia centrada-no-cliente, sem ir mais adiante, tem enormes implicações políticas. Nosso sistema educacional, nossas organizações industriais e militares e muitos outros aspectos de nossa cultura assumem o ponto de vista de que a natureza do indivíduo é tal que não se pode confiar nele – ele deve ser guiado, instruído, recompensado, punido e controlado por aqueles que são mais sábios ou possuem *status* superior. Na verdade, apregoamos uma filosofia democrática, na qual todo poder está investido no povo, mas esta filosofia é "lembrada mais pelas violações do que pelo cumprimento". Portanto, a simples descrição da premissa fundamental da terapia centrada-no-cliente significa fazer-se uma afirmação política contestadora.

Que clima psicológico possibilita a liberação da capacidade do indivíduo de compreender e conduzir sua vida? Existem três condições para este clima de promoção de crescimento, seja no relacionamento terapeuta e cliente, seja de pai e filho, de líder e grupo, de professor e alunos, administradores e equipe – na verdade, em qualquer situação na qual o desenvolvimento da pessoa é um objetivo.

A primeira consiste na autenticidade, veracidade – congruência. Quanto mais a terapeuta é ela mesma no relacionamento, não colocando uma fachada profissional ou pessoal, é maior a probabilidade de que a cliente se modificará e crescerá de uma maneira construtiva. Significa que a terapeuta está vivenciando abertamente os sentimentos e atitudes que estão fluindo de dentro dela naquele momento. O termo transparente conota este elemento – a terapeuta torna-se transparente para a cliente, a cliente pode ver claramente o que a terapeuta *é* no relacionamento; a cliente não percebe nenhum bloqueio por parte da terapeuta. Quanto a esta, o que ela está vivenciando existe em relação ao nível de consciência; pode ser vivido no relacionamento e pode ser comunicado, se conveniente. Assim, há uma última equiparação, ou congruência, entre o que está sendo vivenciado no nível visceral, o que está presente na consciência e o que é expresso à cliente.

O que significa isso em termos práticos? Significa que, quando a cliente está sofrendo ou está aflita, a terapeuta é capaz de sentir ternura, compaixão ou compreensão. Mas, em outros momentos do relacionamento, pode sentir tédio, raiva ou mesmo medo de uma cliente destrutiva. Quanto mais a terapeuta estiver cônscia de – e puder assumir e expressar esses sentimentos, sejam positivos ou negativos – mais provavelmente será capaz de ajudar a cliente. São os *sentimentos* e as *atitudes* que promovem a ajuda, quando expressos, e não as opiniões ou os julgamentos sobre a outra pessoa. Assim, a terapeuta não pode *saber* que a cliente é uma faladora maçante, ou uma chata exigente, ou uma pessoa maravilhosa. Todos esses pontos são discutíveis. A terapeuta apenas pode ser congruente e útil quando expressa sentimentos que *possui*. À medida que a terapeuta vivencie, possua, saiba, exprima o que ocorre dentro dela – nessa medida, será capaz de facilitar o crescimento da cliente.

Sob o ponto de vista da política interpessoal, este primeiro elemento do relacionamento – a congruência – dá um espaço máximo para *ser* – à cliente e à terapeuta. Ela está dizendo realmente: "Aqui estou, como sou." Não há indício de nenhuma espécie de controle sobre a resposta da cliente quanto a seu modo de ser. Pelo contrário, descobrindo que a terapeuta está se permitindo ser como ela é, a cliente tende a descobrir a mesma liberdade.

A segunda atitude importante na criação de um clima para a mudança é aceitação, atenção ou apreciação – a consideração incondicional positiva. Significa que é mais provável que ocorra movimento ou mudança terapêutica quando a terapeuta está vivenciando uma atitude positiva, aceitadora, em relação ao que quer que a cliente esteja *sendo* naquele momento. Envolve a boa vontade da terapeuta para a cliente vivenciar qualquer sentimento – confusão, ressentimento, medo, raiva, coragem, amor ou orgulho. Trata-se de uma atenção não possessiva. A terapeuta preza a cliente de um modo total, não de uma maneira condicional. Isso lembra o amor que os pais, às vezes, sentem pelo bebê. Pesquisas indicam que, quanto mais essa atitude é vivenciada pela terapeuta, maior a probabilidade de que ela seja bem sucedida.

Obviamente, não é possível sentir tal atenção incondicional todo o tempo. Uma terapeuta que é real, freqüentemente, terá sentimentos muito diferentes, negativos, em relação à cliente. Portanto, isso não deve ser considerado como um "dever", ou seja, que a terapeuta *deva* ter consideração positiva incondicional pela cliente. Trata-se simplesmente do fato de que a mudança construtiva da cliente é menos provável se esse elemento não ocorrer com alguma freqüência no relacionamento.

O que dizer da política interpessoal de tal atitude? Trata-se de um fator poderoso, mas não exerce, de modo algum, manipulação ou controle no relacionamento. Não envolve julgamento ou avaliação. O poder sobre sua própria vida é deixado completamente nas mãos da cliente. Proporciona-se uma atmosfera rica de elementos, mas não imposta.

O terceiro aspecto facilitador do relacionamento é a compreensão empática. Isto significa que a terapeuta sente precisamente os sentimentos e os significados pessoais que estão sendo vivenciados pela cliente e lhe comunica esta compreensão. Num ponto máximo de compreensão, a terapeuta está tão dentro do mundo privado da outra pessoa, que pode esclarecer não somente os significados, dos quais a cliente está consciente, mas também aqueles que estão exatamente abaixo do nível da consciência. Quando ela responde neste nível, a relação da cliente é do seguinte tipo: "Talvez isso *seja* o que estou tentando dizer. Não tinha percebido, mas é isso mesmo, é desse modo que me sinto *realmente*!" Este terceiro elemento do relacionamento é talvez o mais facilmente aperfeiçoado, mesmo através de um treino rápido. As terapeutas podem *aprender*, rapidamente, a serem melhores ouvintes, mais sensíveis, mais empáticas. Em parte, é uma habilidade, tanto quanto uma atitude. Entretanto, para tornar-se mais autêntica ou mais atenciosa, a terapeuta deve mudar vivencialmente, e este é um processo mais lento e mais complexo.

Ser empática envolve uma escolha, por parte da terapeuta, quanto àquilo a que dará atenção, e mais precisamente ao mundo interno da cliente, do modo como esta o percebe individualmente. Assim, isso realmente modifica a política interpessoal do relacionamento. Entretanto, de modo algum exerce-se controle sobre a cliente. Pelo contrário, ajuda-se a cliente a obter uma compreensão mais clara de seu próprio mundo, e a partir daí a ter um controle maior sobre ele e sobre o próprio comportamento dela.

Poder-se-ia perguntar por que uma pessoa que busca ajuda muda para melhor quando está envolvida num relacionamento com uma terapeuta que possui esses elementos. Durante anos, pude ver cada vez com mais clareza que o processo de mudança na cliente é uma recíproca das atitudes da terapeuta.

À medida que a cliente depara com a terapeuta escutando com aceitação seus sentimentos, torna-se capaz de escutar com aceitação a si mesma – ouvir e aceitar a raiva, o medo, a ternura, a coragem, que estão sendo vivenciados. À medida que a cliente observa a terapeuta apreciando e valorizando mesmo os aspectos ocultos e desagradáveis que foram expressos, ela vivencia apreço e afeição por si mesma. À medida que a terapeuta é percebida como sendo real, a cliente é capaz de abandonar fachadas, para mostrar mais abertamente sua vivência interna.

Sob o ponto de vista político, ao ouvir os sentimentos internos, a cliente reduz o poder que os outros tiveram de inculcar-lhe culpas, medos e inibições e está lentamente estendendo a compreensão e o controle sobre si mesma. À medida que a cliente está se aceitando mais, a possibilidade de estar no comando do "eu" torna-se cada vez maior. A cliente domina a si mesma em um grau que nunca havia ocorrido antes. O senso de poder está crescendo. À medida que a cliente se torna mais autoconsciente, mais auto-aceitadora, menos defensiva e mais aberta, encontra finalmente alguma liberdade para crescer e mudar nas direções que são naturais ao organismo humano. A vida agora está em suas mãos, para que ela, como ser único, a viva.

Tentei, anos atrás, descrever como o processo de mudança é internamente vivenciado pela cliente, numa terapia centrada-na-pessoa, com um terapeuta masculino.

"Tenho medo do terapeuta. Quero ajuda, mas não sei se devo confiar nele. Ele pode ver coisas que não vejo dentro de mim – elementos assustadores e maus. Parece que ele não está me julgando, mas tenho certeza de que está. Não posso lhe dizer o que realmente me preocupa, mas posso lhe contar a respeito de algumas experiências passadas que estão relacionadas com a minha preocupação. Parece que ele as entende; assim, posso revelar um pouco mais de mim.

"Porém, agora que compartilhei com ele algo deste meu lado ruim, ele me despreza. Tenho certeza disso, mas é estranho que possa encontrar poucas provas disso. Você supõe que o que contei ao terapeuta não é tão ruim? Será possível que não precise me envergonhar disso que faz parte de mim? Não sinto mais que ele me despreza. Faz-me sentir que quero ir além, explorando-*me*, talvez expressando mais de mim mesma. Encontro nele uma espécie de companheiro quando faço isso – parece que, de fato, ele compreende.

"Mas agora estou ficando com medo novamente e desta vez profundamente amedrontada. Não imaginava que explorar os recônditos desconhecidos de mim mesma me faria experimentar sentimentos que nunca vivenciei anteriormente. É muito estranho, porque de certa forma não são sentimentos novos. Percebo que eles sempre estiveram aí. Porém parecem tão ruins e perturbadores que nunca ousei deixá-los fluir em mim. E agora, enquanto vivo esses sentimentos nas horas em que estou com ele, sinto-me terrivelmente abalada, como se meu mundo estivesse desmoronando. Costumava ser seguro e firme. Agora, é incerto, permeável e vulnerável. Não é agradável sentir coisas que anteriormente sempre temi. É culpa dele. Entretanto, curiosamente, estou impaciente para vê-lo e sinto-me mais protegida quando estou com ele.

"Não sei mais quem sou, mas às vezes quando *sinto* coisas, pareço firme e real por um momento. Afligem-me as contradições que encontro em mim mesma – ajo de um modo e sinto de outro – penso uma coisa e sinto outra. É muito desconcertante. Às vezes, também é temerário e estimulante estar tentando descobrir quem sou. Por vezes, encontro-me sentindo que talvez valha a pena ser a pessoa que sou, o que quer que isso signifique.

"Estou começando a achar muito recompensador, embora freqüentemente doloroso, compartilhar exatamente aquilo que estou sentindo no momento. Sabe, é realmente útil tentar escutar-me, ouvir o que está ocorrendo em mim. Não estou mais tão amedrontada com o que *está* ocorrendo em mim. Parece muito digno de confiança. Uso algumas de minhas horas com ele, para conhecer-me profundamente, para saber o que *estou* sentindo. É um trabalho assustador, mas quero *saber*. E confio nele a maior parte do tempo; e isso ajuda. Sinto-me bastante vulnerável e inexperiente, mas sei que ele não quer me magoar e acredito mesmo que ele se importe comigo. À medida que tento aprofundar-me mais e mais em mim mesma, penso que, se pudesse perceber o que está ocorrendo em mim e pudesse descobrir seu significado, poderia saber quem sou e também saberia o que fazer. Pelo menos, percebi esse conhecimento algumas vezes com ele.

"Posso mesmo dizer-lhe como estou me sentindo em relação a ele em qualquer momento e isso, em vez de matar o relacionamento, como eu costumava temer, parece aprofundá-lo. Você acredita que eu poderia vivenciar meus sentimentos também com outras pessoas? Talvez isso não fosse por demais perigoso.

"Sabe, sinto-me como se estivesse flutuando na corrente da vida, de modo muito aventureiro, sendo eu mesma. Às vezes, sou derrotada, ou sou ferida, mas estou aprendendo que essas experiências não são fatais. Não *sei* exatamente *quem* sou, mas posso sentir minhas reações a qualquer momento e elas parecem funcionar muito bem como base de meu comportamento, de momento a momento. Talvez seja isso que *significa ser eu*. Mas obviamente só posso fazer isso porque me sinto segura no relacionamento com meu terapeuta. Ou poderia eu ser eu mesma, dessa maneira, fora desse relacionamento? Eu me pergunto. Gostaria de saber. Talvez eu consiga."[5]

A política da abordagem centrada-no-cliente implica que a terapeuta evite e renuncie conscientemente a qualquer controle sobre, ou a qualquer tomada de decisão pela cliente. Trata-se da facilitação da posse de si mesma pela cliente e das estratégias pelas quais isso pode ser alcançado; a colocação do *locus* da tomada de decisão e a responsabilidade pelos efeitos dessas decisões. É politicamente centrada-no-cliente.

A terapia centrada-no-cliente modificou para sempre a política da psicoterapia, através da gravação e publicação de entrevistas terapêuticas transcritas. As operações misteriosas e desconhecidas da terapeuta estão agora bem evidentes para todos verem. Isso permitiu que uma brisa de ar puro e de senso comum impregnasse o mundo terapêutico. O indivíduo é capaz de, pelo menos, escolher a linha terapêutica que lhe pareça mais apropriada. E onde, a princípio, estavam disponíveis apenas as entrevistas centradas-no-cliente para discussão e crítica, existem agora registros gravados de terapeutas especialistas de diversas orientações[6].

Tom Hanna resume bem o efeito que isto teve e coloca a psicoterapia centrada-no-cliente num contexto mais amplo. "A psicologia humanista serviu para desmistificar a natureza da terapia. Tanto a teoria quanto a prática da mudança terapêutica deveriam ser tornadas públicas, de modo que esse conhecimento possa ser compartilhado tanto pelo paciente como pelo terapeuta... Não se trata de o terapeuta seguir o antigo modelo médico autoritário de conservar o paciente no escuro, como um patriarca poderia tratar uma criança... Trata-se de um indivíduo infeliz, amoldado, que recupera o autocontrole e a automanutenção de sua própria totalidade e saúde.

"Obviamente, este é um procedimento muito 'não-profissional', pois desfaz-se da autoridade, do segredo e da inquestionabilidade do curandeiro e terapeuta profissional. E dá essas coisas para o paciente. Não se considera, portanto, que o centro da ação terapêutica esteja nas decisões do terapeuta, mas nas do paciente."[7]

É desnecessário dizer que a perspectiva centrada-na-pessoa altera drasticamente o relacionamento terapeuta-paciente, da forma como era concebido anteriormente. A terapeuta torna-se a "parteira" da mudança, não sua criadora. Ela coloca a autoridade final nas mãos da cliente, seja de coisas pequenas tais como a correção de uma resposta da terapeuta, seja em grandes decisões como qual direção seguir na própria vida. O *locus* da avaliação, da decisão, permanece claramente nas mãos da cliente.

Uma abordagem centrada-na-pessoa baseia-se na premissa de que o ser humano é basicamente um organismo digno de confiança, capaz de avaliar a situação externa e interna, compreendendo a si mesmo no seu contexto, fazendo escolhas construtivas quanto aos próximos passos na vida e agindo a partir dessas escolhas.

Uma pessoa facilitadora pode ajudar na liberação dessas capacidades, quando se relaciona como uma pessoa real para com a outra, possuindo e exprimindo seus próprios sentimentos; quando vivencia um cuidado e amor não possessivos em relação à outra; e quando compreende com aceitação o mundo interno da outra. Quando esta abordagem é dirigida a um indivíduo ou a um grupo, descobre-se que, com o tempo, as escolhas feitas, as direções seguidas, as ações empreendidas são pessoalmente cada vez mais construtivas e tendem para uma harmonia social mais realística com os outros.

Este conceito humanista centrado-na-pessoa tornou-se tão familiar – mais familiar no domínio do intelecto do que na prática real – que às vezes esquecemos o golpe que infligiu nas perspectivas então correntes. Levei anos para reconhecer que a oposição violenta à terapia centrada-no-cliente procedeu não apenas de sua novidade, e do fato de provir de um psicólogo e não de um psiquiatra, mas principalmente do fato de atacar violentamente o *poder* do terapeuta. Era quanto à sua *política* que se constituía como o ponto mais ameaçador.

Freud mostra seu grau de desconfiança na natureza básica do homem, quando diz, ao referir-se à necessidade de controle do superego: "Nossa mente, o instrumento precioso através do qual nos mantemos vivos, não é uma unidade pacificamente autocontida. Deve mais ser comparada a um Estado moderno, no qual uma multidão, ávida de prazer e destruição, tem que ser refreada à força por uma classe superior prudente."[8]

Até o final de seus dias, Freud ainda sentia que, se fosse liberada a natureza básica do homem, nada poderia ser esperado a não ser destruição. A necessidade de controle do animal que há dentro do homem era questão da maior urgência. "O âmago de nosso ser, então, é formado pelo obscuro *id*... O único empenho desses instintos é de satisfação... Mas uma satisfação imediata e negligente do instinto, da forma como o *id* exige, freqüentemente levaria a conflitos arriscados com o mundo externo e à extinção... O *id* obedece ao princípio inexorável do prazer... e continua sendo uma questão da maior importância teórica, que ainda não foi respondida, saber quando e como é possível superar o princípio do prazer."[9]

Quanto à questão do poder e do controle no mundo cotidiano, Freud assumiu uma posição muito autoritária: "Quase todas as pessoas têm uma forte necessidade de autoridade a quem possam admirar, a quem possam submeter-se e que as domine e às vezes mesmo as maltrate. Aprendemos, através da psicologia do indivíduo, de onde vem esta necessidade das massas. É a ânsia pelo pai que vive em cada um de nós desde a infância."[10]

A opinião de Freud sobre grupos é igualmente pessimista e surpreendente. Parece até que Hitler estudou e adotou essas perspectivas: "Um grupo é extraordinariamente crédulo e aberto à influência, não tem faculdade crítica e o improvável não existe para ele... Inclinado como é para todos os extremos, um grupo pode apenas ser excitado por um estímulo excessivo. Quem desejar produzir efeitos nele, não precisa de um ajustamento lógico em seus argumentos, deve usar as cores mais violentas, deve exagerar e deve repetir a mesma coisa muitas vezes... Ele respeita a força e pode ser influenciado apenas levemente pela bondade, que considera como mera forma de fraqueza... Quer ser dirigido e oprimido e temer seus mestres... E, finalmente, os grupos nunca ansiaram pela verdade. Eles exigem ilusões e não podem passar sem elas. Constantemente, dão precedência ao que é irreal sobre o que é real, são quase tão fortemente influenciados pelo que é falso quanto pelo que é verdadeiro. Possuem uma tendência evidente a não distinguir entre os dois... Um grupo é um rebanho obediente, que nunca poderia viver sem um chefe. Tem tanto anseio por obediência que se submete instintivamente a qualquer um que se apresente como seu mestre."[11]

Para um terapeuta que se guiasse pelo pensamento de Freud, as perspectivas centradas-no-cliente, tais como as que se seguem, pareceriam não apenas heréticas, como também altamente perigosas: que o organismo humano é, em seu nível mais profundo, digno de confiança; que a natureza básica do homem não é algo a ser temido, mas a ser liberado na auto-expressão responsável; que os grupos pequenos (na terapia ou em salas de aula) podem estabelecer responsável e sensivelmente relacionamentos interpessoais construtivos e escolher sábios objetivos individuais e grupais; que tudo o que foi dito anteriormente pode ser obtido com a assistência de uma pessoa facilitadora que crie um clima de autenticidade, compreensão e consideração. Agora que revi novamente as opiniões de Freud posso entender melhor por que fui solenemente advertido na Clínica Menninger, por volta de 1950, sobre os resultados de meus pontos de vista. Disseram-me que eu poderia criar uma psicopata perigosa, porque não haveria ninguém para controlar seu âmago inatamente destrutivo.

Com o passar dos anos, os analistas freudianos abrandaram seus pontos de vista sobre a política da terapia. Juntamente com terapeutas gestaltistas, junguianos, racional-emotivos, partidários da análise transacional e muitas outras novas terapias, eles tomam agora a perspectiva do caminho-do-meio. A especialista é, às vezes, definitivamente a autoridade (como a terapeuta gestaltista lidando com a pessoa no "hot seat"), mas há também reconhecimento do direito de o indivíduo ser responsável por si mesmo. Não houve tentativa de racionalizar essas contradições. Esses terapeutas assumem uma postura paternalista, ou seguem o modelo médico, acreditando que, por vezes, é melhor que o controle seja detido pelo terapeuta, em outras vezes (a serem decididas pelo terapeuta) o controle e a responsabilidade estão mais bem colocados nas mãos do cliente ou paciente.

Uma abordagem que tem sido muito definida quanto à política dos relacionamentos é a do behaviorismo. Seu propósito claro está esboçado no famoso *Walden II*[12] de Skinner. Para o bem da pessoa (individual ou coletivamente), uma tecnocracia elitista de behavioristas estabelece os objetivos que farão a pessoa feliz e produtiva. Para alcançar tais objetivos, esses tecnocratas modelam, então, por condicionamento operante, o comportamento do "sujeito" (com ou sem seu conhecimento). Afinal, nosso comportamento é *completamente* determinado pelo ambiente e seria melhor que este fosse planejado para fazer-nos felizes, socializados e morais. Quem é que estabelece o ambiente para os *planejadores*, de modo que seu comportamento completamente determinado os faz agir como uma elite tão sábia e boa, é uma questão sempre habilmente evitada. Apesar disso, supõe-se que seus objetivos serão construtivamente sociais e a modelagem do comportamento será para o bem da pessoa, assim como da sociedade.

Entretanto, esta abordagem parece um pouco assustadora, quando aplicada a um comportamento aberrante. Em "Criminals Can Be Brainwashed-now", diz McConnell: "Suporíamos que um crime seria evidência clara de que o criminoso, de alguma forma, adquiriu uma neurose social grave e necessitaria ser curado, não punido. Mandá-lo-íamos para um centro de reabilitação, onde seria submetido à lavagem cerebral positiva até que estivéssemos bem certos de que ele se tornou um cidadão cumpridor da lei, que não cometeria novamente um ato anti-social. Teríamos, provavelmente, que reestruturar sua personalidade inteira."[13] McConnell parece completamente desatento para as implicações políticas do que está dizendo. Evidentemente, psicólogos que acreditassem no mesmo que ele seriam os primeiros a serem subvencionados e empregados por um ditador, que ficaria muito feliz em tê-los para "curar" vários "criminosos" que ameaçassem o Estado.

Para fazer justiça aos behavioristas, deve-se dizer que muitos deles vieram a adotar uma visão altamente modificada da política dos relacionamentos. Na comunidade de Twin Oaks, organizada inicialmente de acordo com os padrões de Walden II, os residentes freqüentemente escolhem por si mesmos quais comportamentos desejam mudar e selecionam as recompensas que serão mais reforçadoras. Obviamente, isto é completamente oposto à política do behaviorista radical, uma vez que se trata de uma mudança auto-iniciada, auto-avaliada. Não é o ambiente modelando o comportamento do indivíduo, mas este escolhendo, a fim de modelar o ambiente para seu próprio desenvolvimento pessoal.

Alguns behavioristas foram ainda além. Diversos livros recentes afastam-se completamente do ponto de vista skinneriano básico. Em vez de controlar o indivíduo, estão ajudando-o a aprender a conseguir seu aperfeiçoamento. O título do último livro que me chamou a atenção é suficiente em si mesmo para mostrar que sua filosofia é bem diferente da de Walden II. O título é *Self-control: Power to the Person!*[14] Em sua política, isto é o inverso do behaviorismo estrito.

Os parágrafos precedentes podem dar a impressão de que as terapeutas, na política interpessoal de suas terapias, estão passando gradualmente para uma perspectiva mais humanista e podem não diferir muito na realidade, umas das outras, no padrão de seus relacionamentos. Nada poderia estar mais longe da verdade, como está dramaticamente ilustrado por um estudo pioneiro realizado por Raskin[15], iniciado há mais de uma década, mas que foi publicado apenas recentemente.

Raskin tomou seis entrevistas gravadas, realizadas por seis terapeutas amplamente conhecidos e experientes, cada um de uma escola diferente de pensamento. Cada terapeuta aprovou um segmento selecionado de sua entrevista como sendo representativo de seu modo de trabalhar. Esses segmentos foram avaliados por oitenta e três terapeutas que se classificaram como pertencendo a doze diferentes orientações terapêuticas. Os segmentos foram avaliados de acordo com muitas variáveis extraídas de teorias e práticas diversas. Considerados sob o ângulo político, aqueles que tiveram uma avaliação alta em variáveis tais como "dirigido pelo terapeuta" ou "reforça sistematicamente" são claramente terapeutas cujo comportamento é controlador, e que fazem importantes escolhas para o cliente. Aqueles que tiveram uma avaliação alta em variáveis tais como "caloroso e generoso", "igualitário" e "empático" deixam, obviamente, o poder e a escolha nas mãos do cliente.

Quando esses oitenta e três terapeutas usaram as mesmas variáveis para formar uma figura do terapeuta "ideal", houve uma concordância muito substancial e as características importantes foram todas *não*-controladoras. Em outras palavras, eles *desejam* comportar-se de forma a tratar o cliente como uma pessoa autônoma.

Entretanto, na prática o quadro é muito diferente. Dos seis terapeutas especialistas avaliados, apenas dois – o terapeuta centrado-no-cliente e o experiencial – apresentavam mais similaridade com o terapeuta ideal. Os outros quatro – incluindo o racional-emotivo, o psicanalítico, o junguiano – correlacionaram-se negativamente com o ideal, alguns bem nitidamente. Em outras palavras, na *prática*, quatro dos seis eram mais opostos do que semelhantes ao terapeuta ideal, de acordo com a percepção dos oitenta e três terapeutas profissionais. Assim, a política do relacionamento terapêutico não apenas difere claramente de terapeuta para terapeuta, mas, na mesma terapeuta, pode apresentar uma nítida diferença entre o ideal declarado do grupo e o modo pelo qual ela se comporta na realidade.

A maioria dos procedimentos em psicoterapia pode ser colocada numa escala relacionada com poder e controle. Em uma extremidade da escala estão os freudianos ortodoxos e os behavioristas ortodoxos, acreditando em uma política de controle autoritário ou elitista das pessoas "para seu próprio bem", seja para produzir um melhor ajustamento ao *status quo*, ou felicidade, ou contentamento, ou produtividade, ou tudo isso. No meio, situa-se a maioria das escolas contemporâneas de psicoterapia, confusas, ambíguas ou paternalistas na política de seus relacionamentos (embora possam ser muito claras no que se refere a suas estratégias terapêuticas). Na outra extremidade da escala está a abordagem centrada-na-pessoa, acentuando consistentemente a capacidade e a autonomia da pessoa; seu direito de escolher as direções em que quer mover seu comportamento; e sua responsabilidade última por si mesma no relacionamento terapêutico, com a pessoa da terapeuta, tendo uma parte real mas principalmente catalítica nesse relacionamento[16].

Essa mesma escala pode ser aplicada aos relacionamentos interpessoais em grupos intensivos. Estes são tão multiformes – grupo T, grupos de encontro, treino de sensibilização, grupos de conscientização sensorial, grupos de Gestalt e outros – que a generalização é quase impossível. O fato notável é que diferentes líderes de grupo variam enormemente no modo de relacionar-se. Alguns são altamente autoritários e diretivos. Outros fazem uso máximo de exercícios e jogos para alcançar os objetivos que escolheram. Outros sentem pouca responsabilidade para com os membros do grupo: "Eu faço minha parte e você faz a sua." Outros, incluindo eu, procuram ser facilitadores, mas de modo algum controladores[17]. Cada líder deve provavelmente ser considerado como um indivíduo se é que vamos avaliar a política de sua abordagem.

Uma nova abordagem parece estar arrebatando o país. Trata-se de Erhard Seminars Training, fundado por Werner Erhard e mais conhecido como "est". É o extremo do tipo de grupo dominado pelo líder. Os membros são mantidos numa disciplina absoluta, submetidos a longas horas de ridículo e abuso. Todas as suas crenças são "droga" e eles próprios são "cretinos". Isso leva a tal confusão que eventualmente a autoridade inquestionada do líder é estabelecida. A declaração condenável final é de que "Você não é nada, não passa de uma máquina maldita! E você não pode ser nada a não ser o que você é". Aí vem a revelação otimista de que "se você aceitar a natureza de sua mente... e assumir a responsabilidade por ter criado todos os mecanismos que ela envolve, então, com efeito, você escolheu livremente fazer tudo o que sempre fez e ser precisamente o que você é. Nesse instante você se torna exatamente o que sempre quis ser!"[18]

Muitos do grupo vivenciam experiências do tipo conversão e sentem que suas vidas foram grandemente modificadas para melhor. Do ponto de vista da política interpessoal, duas coisas me impressionam. Uma é o fato de o líder assumir o controle absoluto. Embora alguns se ressintam disso, a maioria que se rende ao poder do líder indica quão grande é a proporção de pessoas que deseja ser dependente de um guru. O segundo ponto é que, nas volumosas conferências de Erhard, onde ele descreve, de muitas formas, os resultados de seu trabalho, ele não se refere nenhuma vez ao *processo* autoritário, pelo qual essas mudanças são provocadas. Como em todas as abordagens autoritárias, o fim justifica os meios. Na abordagem centrada-na-pessoa, o *processo* é o mais importante e as mudanças são apenas parcialmente previsíveis.

Ainda que este seja um exemplo extremo, há muita significação política no uso crescente de jogos e exercícios em todos os tipos de grupos intensivos. Deve haver atualmente centenas de tais exercícios e muitos que estão em atividade no movimento de grupos intensivos utilizam-nos constantemente.

Há muitas variedades de viagens na fantasia. "Vou tocar um pouco de música e quero que cada um de vocês se deixe levar pela fantasia enquanto a ouvem. Depois, podemos compartilhar com os outros o que fantasiamos." Há, também, muitos exercícios envolvendo o contato físico. Eis um que envolve tanto contato físico quanto *feedback*. "Um, por vez, passe pelo círculo. Toque cada pessoa, olhe em seus olhos e diga-lhe o que sente sobre ela." E obviamente este: "Falaremos apenas de nossos sentimentos no aqui e agora, sem referências ao passado ou ao mundo exterior."

A política desses exercícios depende muito de como eles são utilizados. Se o líder descreve o jogo e seu propósito, pergunta aos membros se eles querem participar, permite aos indivíduos que não tomem parte, se não o desejam, está claro que não é um movimento coercitivo. Por outro lado, se o líder declara: "Agora todos desejamos..." o impacto, na verdade, é muito diferente. Não há dúvida de que, em geral, o uso de exercícios ou jogos torna o grupo mais centrado-no-líder do que centrado-no-membro-do-grupo.

Raramente utilizo tais exercícios. Prefiro começar com um grupo de encontro, usar breves colocações tais como: "Este é o nosso grupo. Vamos passar cerca de quinze horas juntos e podemos fazer desta experiência o que desejarmos." Então, ouço com atenção e aceitação qualquer coisa que seja expressa. Não gosto de usar procedimentos previamente planejados. Porém, algumas vezes tentei usar um exercício. Em um grupo apático, sugeri que tentássemos sair de nossos desânimos, fazendo o que os outros grupos tinham feito: formando um círculo interno e um externo, com uma pessoa no círculo externo preparada para falar abertamente dos sentimentos reais pelo indivíduo colocado à sua frente. O grupo absolutamente não deu atenção à sugestão e continuou como se ela nunca tivesse sido feita. Mas, após uma hora, um homem apreendeu o aspecto central deste esquema e utilizou-o, dizendo: "Quero falar por João e dizer o que acredito que ele está sentindo realmente." Pelo menos, várias vezes no dia seguinte, ou no próximo, outros utilizaram-no – porém de acordo com seu próprio modo espontâneo, não como um procedimento rudimentar ou rígido[19]. Isso mostra como o *conhecimento* de diferentes exercícios pode alimentar a autenticidade e espontaneidade, que é a essência de um grupo centrado-na-pessoa.

Eis um exemplo que indica a eficácia da abordagem centrada-na-pessoa. Diabasis é um centro para tratar de jovens esquizofrênicos em alto grau, que foi estabelecido por John W. Perry, M. D., respeitado analista junguiano. Diabasis é uma palavra grega que significa "atravessando".

Perry tivera vinte e cinco anos de experiência tratando de psicóticos em vários ambientes. Ele se tornou cada vez mais convencido de que a maioria dos episódios esquizofrênicos era, na realidade, uma tentativa caótica, mas vital, de crescimento e auto-recuperação e que, se tal "indivíduo" (ele abandonou o termo paciente) fosse tratado como uma pessoa e se ele tivesse um relacionamento íntimo e confiante, poderia, num espaço de tempo relativamente curto, viver através desta crise e emergir mais forte e mais saudável[20].

Dr. Perry e Dr. Howard Levine, outro analista junguiano, construíram Diabasis para desenvolver esse ponto de vista mais plenamente do que seria possível num hospital psiquiátrico. O primeiro passo era o de selecionar uma equipe. As credenciais formais não foram consideradas. Os critérios de seleção basearam-se em atitudes. Escolheram pessoas, a maioria jovens, que mostraram, em seus seminários de treinamento, uma capacidade de relacionar-se com indivíduos retraídos, preocupados com eventos em seus mundos interiores. Muitos desses jovens voluntários eram membros da contracultura. Eles sabiam o que era ser marginalizado. Freqüentemente tinham tido experiência com drogas – boa e má. Não se amedrontavam com pensamentos ou comportamentos estranhos.

A casa que abrigava Diabasis podia acomodar apenas seis Indivíduos, mais os voluntários e um número mínimo de empregados. É "um meio não-autoritário, que não julga, no qual é permitido a cada indivíduo (seja da equipe, seja cliente) expressar-se de qualquer modo que escolha, emocional, artística e fisicamente. Os clientes, em qualquer ponto de suas psicoses, são considerados num estado 'legítimo' e não são obrigados... a conformar-se a modos 'racionais' de comportamento"[21]. Em vez disso, o indivíduo psicótico é aceito de duas formas importantes. É aceito por todos na casa como alguém que está passando por um período difícil de crescimento, durante o qual necessita de compreensão e companheirismo.

De igual importância é o relacionamento especial com uma pessoa da equipe, que procura construir de fato uma aproximação confiante com a pessoa perturbada. Sempre que possível, o Indivíduo seleciona esta pessoa especial, com quem vai trabalhar. Dr. Perry descreve bem a razão para a escolha deste membro especial da equipe. "A viagem interior ou processo de renovação tende a permanecer dispersos, fragmentados e incoerentes até o ponto em que o indivíduo começa a abrir-se o suficiente para outra pessoa, a fim de confiar-lhe sua experiência interna, à medida que esta se desenrola. Quando isso acontece, o conteúdo de sua experiência simbólica se torna mais intensificado e a partir daí aparentemente se dirige de forma mais progressiva para sua conclusão. Freqüentemente, é surpreendente quão 'psicótica' e, no entanto, ao mesmo tempo, coerente, pode ser a comunicação do paciente, uma vez que se sinta relacionado ao terapeuta."[22]

O mesmo aspecto é apontado por um rapaz que trabalhou dois anos em Diabasis, primeiro como voluntário e, recentemente, como membro da equipe. Ele diz: "Sentimos que o que é chamado de loucura pode ser mais bem entendido como uma viagem de exploração e descoberta, regulada pela psique, na qual os vários elementos da personalidade podem ser reorganizados de uma forma mais produtiva e auto-realizadora. Entretanto, esse processo pode ocorrer apenas num ambiente no qual esses estados alterados de consciência são respeitados como modos válidos de ser, em vez de serem ridicularizados como 'loucos' e sem valor."[23]

Dificilmente, o contraste com o modelo médico de tratamento da psicose poderia ser maior. Sob o modelo médico, este indivíduo é antes de tudo um paciente em vez de uma pessoa. Recebe um diagnóstico e, explícita ou implicitamente, é-lhe dado a conhecer que tem uma "doença", uma loucura que deve ser eliminada por uma medicação intensiva ou terapia de choque, ou, se necessário, a reclusão, até que sua "doença" seja erradicada. Está claro que há algo "errado" com o seu estado e o paciente deve de alguma forma ser trazido para um estado "certo". "Nos meios tradicionais, há uma utilização maciça de medicação e restrição comportamental na fase inicial do tratamento para *suprimir* o material psicótico. Não há tentativa de ver o material como algo útil para o indivíduo envolvido. Assim, depois que o *controle* da psicose foi estabelecido, não são realizados esforços para integrar o material na vida presente do indivíduo."[24] É uma política de supressão e controle realizada pelo poder profissional, política sem grandes resultados, como indica a síndrome da "porta giratória" dos hospitais psiquiátricos.

Em Diabasis, como em qualquer terapia centrada-na-pessoa, a política é completamente outra. Como diz Perry: "Neste caso, a filosofia da terapia não é a de impor a ordem de cima para baixo por um regime de administração rigorosa, mas, pelo contrário, é uma filosofia mais fluida que busca seguir sensivelmente as preocupações do Indivíduo à medida que se desenvolvem através do processo para catalisá-lo. Assim, uma estrutura democrática da comunidade hospitalar é a forma apropriada, na qual se espera que emerjam a ordenação e a integração, a partir das preocupações, sentimentos e *insights* espontâneos tanto de Indivíduos residentes como da equipe."[25] Isso significa que o Indivíduo fornece as diretrizes e aponta os caminhos que precisa seguir. Empaticamente o terapeuta e os outros funcionários da casa agem como companheiros ao seguir essas diretrizes, sem sacrificar seus próprios sentimentos ou sua própria individualidade. "É dada toda a atenção às preocupações não-racionais do cliente e, na melhor das possibilidades da equipe (que aumenta com a experiência), estas são empaticamente compreendidas como uma viagem interna necessária e profundamente significativa."[26] As enfermeiras obtêm, do Indivíduo e desses membros mais chegados da equipe, as pistas para sua ação. O psiquiatra assessora ajudando todos a compreenderem as direções que estão tomando, mas de forma nenhuma dirige o processo. Assim, o poder e o controle essenciais fluem da pessoa psicótica e de suas necessidades para a equipe dedicada da casa, para as enfermeiras e psiquiatras. É uma inversão completa do tratamento psiquiátrico hierárquico tradicional.

Este enfoque na pessoa reflete-se na atmosfera altamente igualitária. Equipe e Indivíduo comem juntos, vestem-se como querem. O visitante comum não teria jeito de saber quem é cliente e quem é da equipe.

Esta atmosfera toda impregnou também a organização. Desde o início, a administração de Diabasis tornou-se domínio de toda a equipe, em vez do de um diretor. O poder, a responsabilidade e a tomada de decisões são compartilhados por todos. "A democracia pode ser reconhecida como um estado de desenvolvimento psíquico, no qual o princípio ordenador e regulador é compreendido como pertencendo essencialmente ao interior da vida psíquica do indivíduo. A estrutura social e a cultura estabelecidas no meio terapêutico deveriam ser um reflexo desta necessidade natural, uma expressão externa apropriada ao que está acontecendo em profundidade."[27] Na terapia centrada-na-pessoa, a organização tradicional, com o poder fluindo de cima para baixo, torna-se totalmente inadequada e ridícula.

O resultado imediato de todo este programa sobre o indivíduo psicótico é dramático. "O que tem sido mais notável, e além de todas as nossas expectativas, é que indivíduos com graves distúrbios psicóticos acalmam-se muito rapidamente e tornam-se claros e coerentes, geralmente num período de alguns dias a uma semana, e sem o uso de medicação. Assim, o comportamento gravemente perturbado torna-se tratável, quando a equipe relaciona-se com sentimentos ao estado emocional do indivíduo."[28]

Embora seja breve a história desse lugar único, o resultado parece ser bom. Uma indicação é que quatro antigos clientes (Indivíduos) já estão na equipe de uma pequena instituição conceptualmente similar. Eles agora são capazes de usar sua própria experiência passada para ajudar outros. O custo é bem menor do que o usual. E parece ter deixado para trás a experiência da "porta giratória" dos hospitais do Estado.

É razoável supor-se que este novo modo de ajuda, inovador, de lidar com a pessoa jovem durante seu primeiro episódio psicótico pudesse ser amplamente aceito e prontamente apoiado. Nada disso. Para entender as razões, precisamos olhar para a política de Diabasis e a ameaça que constitui para a política tradicional.

É fácil perceber por que os psiquiatras ortodoxos e mesmo os colegas junguianos olham para Diabasis com inquietação e crítica. Em Diabasis, os melhores terapeutas eram, quase sempre, paraprofissionais relativamente destreinados. Isto é perturbador para o profissional comum. A maioria era constituída por voluntários, representando, assim, uma vaga ameaça econômica. Não há controle médico rigoroso, no sentido comum. Isso ofende os médicos. Os médicos nem mesmo usam sua prerrogativa de prescrever medicação. Dr. Perry acha que deu dois tranqüilizantes nos últimos dez meses! A própria organização não é *dirigida* por médicos. Estes são simplesmente facilitadores de um processo. Tudo isso é um afastamento surpreendente da tradição.

Conseqüentemente, há rumores e críticas sobre "padrões baixos". É muito difícil obter apoio financeiro. Como toda terapia centrada-na-pessoa, Diabasis é revolucionária em suas implicações; as organizações profissionais receiam-na. Ver psiquiatras renunciando ao controle de "pacientes" e equipe, vê-los servindo apenas como facilitadores bem-sucedidos do crescimento pessoal de pessoas "loucas" profundamente perturbadas, em vez de serem *encarregados* dessas pessoas, é uma cena muito assustadora para psiquiatras, psicólogos e outros profissionais da saúde mental. Revolucionários são vistos como perigosos – e não há dúvida de que *são* perigosos para a ordem estabelecida.

Uma abordagem centrada-na-pessoa, quando utilizada para estimular o crescimento e o desenvolvimento do indivíduo psicótico perturbado, ou do normal, revoluciona os comportamentos costumeiros de membros das profissões de ajuda. Ilustra muitas coisas: (1) Uma pessoa sensível, tentando ser útil, torna-se mais centrada-na-pessoa, não importa de que orientação tenha partido, porque acha a abordagem mais efetiva. (2) Quando você está focalizando a pessoa, os rótulos diagnósticos tornam-se amplamente irrelevantes. (3) Verifica-se que em psicoterapia, o modelo médico tradicional está muito em oposição à abordagem centrada-na-pessoa. (4) Verifica-se que aqueles que podem criar um efetivo relacionamento centrado-na-pessoa não provêm necessariamente do grupo profissionalmente treinado. (5) Quanto mais esta abordagem centrada-na-pessoa é implementada e posta em prática, mais se verifica que ela desafia modelos hierárquicos de organização. (6) A própria eficácia desta abordagem unificada centrada-na-pessoa constitui uma ameaça a profissionais, administradores e outros, e são tomadas providências – consciente e inconscientemente – para destruí-la. Isso também é revolucionário.

Referências bibliográficas

1. R. Farson, "Carl Rogers, Quiet Revolutionary", *Education*, 95, n.º 2 (inverno 1974), p. 197.
2. *American Heritage Dictionary*, Nova York: McGraw-Hill, 1969.
3. C. R. Rogers, *Counseling and Psychotherapy*, Boston: Houghton Mifflin, 1942, pp. 28-9.
4. C. R. Rogers, "In Retrospect: 46 Years", *American Psychology*, 29, n.º 2 (1974), p. 116.
5. C. R. Rogers, *On Becoming a Person*, Boston: Houghton Mifflin, 1961, pp. 67-9.
6. Existente na AAP Tape Library, 1040 Woodcock Road, Orlando, Fla. 32803.
7. T. Hanna, *The End of Tyranny*, São Francisco: Freeperson Press, 1975, pp. 162-3.
8. S. Freud, "My Contact with Josef Popper-Lynkeus", in *Character and Culture*, de Collier Books, edição de *The Collected Papers of Sigmund Freud*, traduzido por J. Strachey, Nova York: Crowell-Collier, 1963 (originalmente publicado: 1932), p. 303.
9. S. Freud, *Outline of Psychoanalysis*, Nova York: Norton, 1949, pp. 108-9.
10. S. Freud, *Moses and Monotheism*, Nova York: Random House, 1955.

11. S. Freud, *Group Psychology and the Analysis of the Ego*, Londres: Hogarth Press, 1948 (publicado nos Estados Unidos por Liveright Publishing Corporation), pp. 15-21.

12. B. F. Skinner, *Walden II*, Nova York: Macmillan, 1960.

13. J. McConnell, "Criminals Can Be Brainwashed-Now", *Psychology Today* (abril 1970). Citado em W. Anderson, "Politics and the New Humanism", *Journal of Humanistic Psychology*, 14, n.º 4 (inverno 1974), p. 21. (Condensado de seu livro com o mesmo título, *Pacific Palisades*, Calif.: Goodyear, 1973.)

14. M. J. Mahoney e C. E. Thorense, *Self-Control: Power to the Person*, Monterey, Calif.: Brooks/Cole, 1974.

15. N. Raskin, "Studies of Psychotherapeutic Orientation: Ideology and Practice", *AAP Research Monograph n.º 1*, American Academy of Psychotherapists, Orlando, Fla., 1974.

16. Esta posição filosófica geral em relação à terapia é expressa não apenas em meus próprios trabalhos e em outros do grupo centrado-no-cliente, mas por R. D. Laing, *The Politics of Experience*, Nova York: Ballantine Books, 1968; John W. Perry, *The Far Side of Madness*, Englewood Cliffs: Prentice-Hall, 1974; Thomas S. Szasz, *The Myth of Mental Illness*, edição revista, Nova York: Harper & Row, 1974; e outros terapeutas muito conhecidos.

17. C. R. Rogers, *Carl Rogers on Encounter Groups*, Nova York: Harper & Row, 1970.

18. M. Brewer, "Erhard Seminars Training: 'We're Going to Tear You Down and Put You Back Together'", *Psychology Today*, 9, n.º 3 (agosto 1975), p. 88.

19. Rogers, *Encounter Groups*, p. 56.

20. J. W. Perry, "Diabasis II", manuscrito não publicado, 1975.

21. Perry, "Diabasis II", p. 5.

22. J. W. Perry, comunicação pessoal, 1975, p. 3.

23. B. Heller, comunicação pessoal, 1975.

24. Perry, "Diabasis II", p. 5.

25. Perry, *The Far Side of Madness*, p. 151.

26. Perry, "Diabasis II", p. 5.

27. Perry, *The Far Side of Madness*, pp. 151-2.

28. Perry, "Diabasis II", p. 5.

2. A nova família e a antiga

Um indivíduo que está tentando viver sua vida de um modo centrado-na-pessoa desenvolve uma política de relacionamentos familiares, no casamento ou com o parceiro, que é drasticamente diferente do modelo tradicional. A criança é tratada como uma pessoa única, digna de respeito, possuindo o direito de avaliar sua experiência à sua maneira, com amplos poderes de escolha autônoma. O pai se respeita também, com direitos que não podem ser anulados pelo filho. No relacionamento entre parceiros, casados ou não, as questões são enfrentadas com a abertura de que eles são capazes. Em outros campos, há muita liberdade para cada parceiro, a seu modo, seguir uma direção de vida, fazer escolhas, engajar-se no trabalho ou em outras atividades.

Nesses relacionamentos, a escolha eventual é da pessoa, assim como a responsabilidade por essa escolha. O relacionamento constitui-se de uma expressão mutável de sentimentos e atitudes, com o outro empenhando-se em escutar e ouvir com aceitação, mas também com direito a seus próprios sentimentos e atitudes, que também necessitam ser ouvidos com aceitação. Trata-se de um tipo de relacionamento muito difícil de obter, que certamente não seria um investimento valioso se os resultados não fossem tão recompensadores.

Um aspecto desta cena complexa é a maneira de relacionar-se com (eu ia dizendo a criação de) crianças. Conheço vários pais com vinte, trinta e quarenta anos, que foram submetidos à abordagem centrada-na-pessoa – através de aulas centradas-no-aluno, reuniões, grupos de encontro, terapia, ou uma combinação dessas experiências. Esses pais têm um novo modo de lidar com o filho, da infância até o final da adolescência. Suas primeiras lágrimas e gemidos, seus primeiros sorrisos, suas vocalizações de sons, são esforços para comunicar-se e dá-se uma atenção séria e respeitosa a essas comunicações primitivas. Também se faz um esforço para permitir à criança o direito de escolher, em qualquer situação na qual pareça capaz de suportar as conseqüências de sua escolha. Esse é um processo em expansão, no qual é dada, à criança e ao adolescente, progressiva autonomia, limitada apenas pelos sentimentos dos que estão próximos do jovem.

Se isso se parece com uma família completamente centrada-na-criança, não é. O pai também tem sentimentos e atitudes e tenta comunicá-los ao filho, de um modo pelo qual essa pessoa ainda pequena possa entender. Os resultados são fantásticos. Porque eles estão continuamente conscientes de muitos de seus próprios sentimentos e dos de seus pais, e porque esses sentimentos foram expressos e aceitos, as crianças desenvolvem-se como criaturas altamente sociais. São receptivas a outras pessoas, são abertas ao expressar seus sentimentos, desdenhosas quando se lhes pede que se calem, criativas e independentes em suas atividades. São sensíveis aos sentimentos que os outros têm para com elas e, embora às vezes possam estar discutindo, é raro que conscientemente tentem magoar outra pessoa. Assim, sua vida é pautada por duas disciplinas: a autodisciplina, que sempre é inerente à autonomia com responsabilidade; e os limites flexíveis – e, portanto, disciplina – colocados pelos sentimentos daqueles que estão próximos a elas.

Estas crianças não são um bom material para a escola tradicional que espera moldá-las como robôs conformistas, mas são aprendizes extremamente ávidos quando expostos a um clima que estimule a aprendizagem. São uma grande esperança para o futuro. Estão acostumadas a viver como seres independentes, relacionando-se abertamente com os outros, e esperam continuar desta maneira – em sua vida escolar, de trabalho e em seu relacionamento com parceiros. Essas crianças estão crescendo com um mínimo de sentimentos reprimidos – sentimentos negados à consciência, por culpa ou medo – e com um mínimo de inibições impostas pelos outros através de controles externos. Estão mais próximas de serem criaturas verdadeiramente livres do que quaisquer adultos que conheço.

Não desejo pintar um quadro excessivamente róseo. Vi alguns desses pais esquecer, temporariamente, que *eles* tinham direitos, prejudicando assim a criança. Vi pais e filhos retrocederem temporariamente aos velhos hábitos – o pai comandando, o filho resistindo. Algumas vezes, ambos, pais e filhos ficam exaustos e reagem mal. Sempre há atritos e dificuldades a serem comunicados e trabalhados. Porém, de uma forma global, nestas famílias encontramos pai e filho num *processo* contínuo de relacionamento, uma série de mudanças em desenvolvimento, cujo resultado final não é conhecido, mas está sendo moldado por um número infinito de escolhas e ações diárias. Já não existe a política de controle e obediência, com sua segurança estática agradável. Em seu lugar, surge a política de um processo de relacionamento entre pessoas singulares, política muito diferente.

Quando pode começar este relacionamento entre pessoas singulares? Enquanto estive fascinado pela expansão horizontal da abordagem centrada-na-pessoa em tantas áreas de nossa vida, outros estiveram mais interessados na direção vertical e estão descobrindo o valor profundo de tratar o *bebê*, durante todo o processo do nascimento, como uma pessoa que deve ser compreendida, cujas comunicações devem ser consideradas com respeito, que deve ser tratada com empatia. Esta é a nova e estimulante contribuição de Frederick Leboyer[1], obstetra francês, que, após realizar milhares de partos, começou a mudar seus métodos de forma espantosa. Assistiu o parto de pelo menos uns mil bebês, de um modo que só pode ser chamado de centrado-na-pessoa.

Leboyer ficou indignado quanto a nosso fracasso em compreender, empaticamente, as lutas e os gritos, o medo e a dor do recém-nascido. Assinala que o bebê recém-chegado não é cego, como freqüentemente se supõe. Pelo contrário, ele torna-se ultra-sensível à luz, após nove meses no ventre escuro, e nós o cegamos com holofotes na sala de parto. Supomos que não faz diferença o que ele ouve e, portanto, que não são importantes as conversações e excitações barulhentas para a mãe em trabalho de parto, dizendo-lhe: "Força! Empurre mais." Entretanto, o bebê é muito sensível ao som e, durante algum tempo após o nascimento, pode ser acalmado e induzido ao sono por uma gravação de sons do interior do útero – movimentos de articulações e músculos, o ronco do estômago e intestinos e, acima de tudo, o ritmo constante da batida do coração materno. Supomos que a pele do bebê pode suportar o toque de roupa seca, quando na verdade é quase tão áspera quanto um tecido que foi chamuscado. Supomos que as primeiras respirações são estimulantes, quando os gritos da criança indicam que elas são, com toda probabilidade, extremamente dolorosas.

Acima de tudo, os indivíduos envolvidos estão preocupados com seus *próprios* sentimentos, não com os do recém-nascido. O médico completou seu parto – e está satisfeito consigo mesmo. A mãe está sorrindo, porque acabou a experiência penosa. Ela ouve seu bebê chorando e sente orgulho de si mesma. O pai está feliz por ter procriado um filho ou uma filha. Assim, quem dá atenção às reações do bebê? Ninguém. Supõe-se que ele seja imaturo demais para ter sentimentos ou emoções. O bebê é apanhado pelos pés, é obrigado a endireitar uma espinha que sempre esteve curva, recebe uma palmada nas nádegas que o força a respirar, é desligado de sua fonte alternada de oxigênio, pelo corte do cordão umbilical, freqüentemente é colocado numa balança de metal frio para ser pesado e então envolto em tecidos secos. São condenadoras as fotografias de bebês chorando, aterrorizados, ofuscados, manuseados habilmente deste modo.

E o que faz Leboyer a respeito de tudo isso? Interessa-se pelo trauma do nascimento e pela nova vida, tentando entender esta pessoa que nasce. Agindo dessa forma, ele modifica quase cada etapa do modo de conduzir o nascimento de um bebê.

Primeiro, é o treino da mãe para um parto natural. Ela é preparada para os passos que o médico vai dar. Não ficará assustada pelo fato de que seu bebê não vai chorar alto, e de que vai simplesmente emitir um ou dois pequenos gritos ou suspiros, à medida que começar a respirar. Ela é estimulada a sentir "Sou *mãe*", e não "Este é *meu filho*".

Então, começam as mudanças nos métodos de parto. Assim que a cabeça aparece e que se percebe que o nascimento será normal, são apagadas todas as luzes fortes, deixando-se apenas uma luz suave. Durante este período e depois, a sala de parto fica *silenciosa*. Se for necessário conversar, será sussurradamente.

À medida que a criança emerge, toma-se cuidado para não se tocar a cabeça, que levou o choque da dor do canal de nascimento. A criança, então, é colocada imediatamente sobre a barriga da mãe, agora tão encovada, onde o calor e os gorgulhões internos e as batidas cardíacas podem ser novamente vivenciadas. Esta colocação torna desnecessário o corte do cordão umbilical, o que deixa o bebê com duas fontes de oxigênio, evitando-se o dano cerebral provocado pela anoxia. Geralmente, após um grito ou dois, o bebê começa a respirar. Também, às vezes, ele pára de respirar um pouco e, então, recomeça em seu próprio ritmo. Uma vez que o oxigênio ainda é recebido pela placenta, isso não é perigoso. No momento em que o cordão umbilical pára de pulsar – geralmente após quatro ou cinco minutos – o aparelho respiratório do bebê está funcionando. O bebê é colocado no lugar mais confortável, inferior apenas ao ventre materno, e começa a mover-se e esticar-se. Não se apressou o bebê. Seu ritmo natural foi respeitado. Agora, seu umbigo é cortado, tendo parado de funcionar. Leboyer acrescenta: "Devemos nos comportar com o máximo de respeito para com este instante do nascimento, este momento frágil."

À medida que a criança começa a usar suas pernas para explorar o novo espaço sobre o abdômen da mãe, o tato se torna o meio de comunicação. As mãos – preferivelmente as da mãe – são colocadas calma e suavemente sobre o bebê, ou as costas são acariciadas ritmicamente como uma lembrança dos ritmos internos, previamente vivenciados. Este toque assegura ao bebê que "Ambos ainda estamos aqui; ambos estamos vivos".

Quando o bebê parece pronto, é erguido do corpo da mãe e abaixado lenta e delicadamente na água que está aquecida à temperatura do corpo – 36ºC ou 37ºC. Aqui, ele começa a mover seus membros, virar sua cabeça de um lado para o outro. Então, os olhos se abrem! As fotografias desses recém-nascidos mostram-nos seres surpreendentemente mais velhos do que poderíamos imaginar. São calmos e exploratórios, não demonstram pânico ou medo, nem soluçam de dor. Começam claramente a desfrutar de si mesmos e de seus movimentos. Somente quando a criança parece totalmente relaxada e apresentando uma atitude de boa acolhida a essas tremendas novas descobertas, é removida da água e colocada em roupa aquecida. Teve um início bem-sucedido, a transferência do ventre materno para o mundo.

Embora seja cedo demais para conhecer os efeitos a longo prazo, é profundamente importante este novo modo de lidar com o processo de nascimento. Respeitando o bebê e tentando tratá-lo com compreensão, foram enormemente reduzidas as cicatrizes do trauma do nascimento. Começar uma nova vida tão gradualmente, com segurança e com um toque de amor e cuidado, é muito melhor para o desenvolvimento psicológico da criança, do que ser subitamente exposto a todos os tipos de estímulos aterrorizantes e ser *forçado* a um novo modo medroso de ser. Um estudo francês de cento e vinte desses bebês até a idade de três anos apresenta-os surpreendentemente livres de problemas de alimentação e de sono, assim como mais alertas, coordenados e brincalhões do que outras crianças. Também se mostram distendidos e agradáveis.

O que acontece quando os pais consideram seus filhos como pessoas únicas, num relacionamento de comunicação sempre mutável? A história de Ben e Clara ilustra a dinâmica deste processo[2]. Clara tinha criado seus filhos usando meios autoritários, até seu divórcio e novo casamento com um homem filiado à abordagem centrada-na-pessoa. Neste casamento, cada cônjuge trouxe filhos de casamentos anteriores e houve muitos novos relacionamentos com graus variados de confiança e comunicação. Clara verificou que estava se modificando.

Ao tentar resolver algumas das novas questões, Ben e Clara decidiram ter reuniões, nas quais cada membro da família, não importando qual fosse a idade, era livre para expressar seus sentimentos – reclamações, satisfações ou reações – em relação aos outros.

O pai de Walter, filho mais velho de Clara, tinha desaparecido da vida de Walter quase inesperadamente. Aliás, as declarações de Clara são auto-explicativas. Perguntei-lhe simplesmente como tinham começado as reuniões de grupo de sua família.

CLARA: Nós as programamos. Escolhemos uma ocasião. Aconteceu de ser todas as terças-feiras. E nada interferia com a terça-feira – nem uma reunião de negócios, nem um filme ou diversão, ou, se alguém chegasse, tínhamos de pedir-lhe para sair e voltar outro dia. As crianças aprenderam a contar com isso. Havia uma porção de ajustamentos a serem feitos entre eu e Ben, entre Ben e meus filhos, entre mim e seus filhos, e entre as crianças. E Ben havia estado envolvido em trabalho de grupo anteriormente e queria que este tipo de experiência – a proximidade, o compartilhar e a expressão de sentimentos – fosse uma parte natural da unidade familiar. Ele anunciou uma reunião depois do jantar. Ficamos todos à mesa – as crianças perguntando-se o que iria acontecer. Ele começou, tentando ensiná-las como expressar sentimentos e escapar de acusações do tipo "Você é um valentão" ou "Você me atormenta". Fui escolhida para ser a primeira a começar, dando a volta no círculo. Havia oito de nós à mesa e eu tinha sete pessoas para abranger e dizer-lhes como me sentia em relação a cada uma delas. E dizer não apenas as coisas positivas, mas algumas das negativas, alguns de meus cuidados e preocupações que eram muito diferentes com cada criança. E foi realmente a primeira vez em que eu falei sobre coisas negativas de um modo construtivo, diante de todos eles. Isso geralmente é uma coisa que se faz em particular. Pude dizer a um dos meninos o quanto me senti orgulhosa de suas realizações escolares, mas, ao mesmo tempo, o quanto estava preocupada com o que percebia como egoísmo – que eu realmente não entendia de onde vinha, e queria falar com ele mais a respeito disso, de modo que pudéssemos resolver a questão ou que eu pudesse compreendê-la melhor. Foi a primeira vez que não gritei apenas com ele e disse: "Reparta isso com sua irmã, o que há com você?" E ele pôde *ouvir-me*. A princípio, as crianças estavam inquietas e embaraçadas. Então, Ben, meu marido, foi o próximo e ele foi muito mais habilidoso que eu e completou o que eu tinha dito, de seu ponto de vista. Naquele momento, as crianças tinham se acalmado e uma delas foi a primeira, e deu-se a volta ao círculo – elas de fato fizeram um trabalho bom. Eu estava surpresa e muito satisfeita. E elas estavam orgulhosas, surpresas e satisfeitas consigo mesmas.

E, então, aconteceu uma coisa importante. Meu filho mais velho, Walter, tinha sofrido demais com meu divórcio. Era ele que andava roendo unhas e tendo pesadelos. E não estava indo muito bem na escola. Ele adorava Ben. Estava muito feliz em ter Ben como pai – como padrasto. Quando deu a volta no círculo, disse uma porção de coisas sobre todos nós, mas quando chegou em Ben disse apenas "É claro que eu amo você" e passou adiante. Todos estávamos cientes de que havia algo faltando aí. Mas, assim que Walter terminou, Ben foi o primeiro a dizer: "Puxa, Walter, eu me sinto enganado. Todos pareceram receber muito mais de você e eu adoro ouvir que você me ama, mas deve haver mais e realmente quero um pouco disso." E Walter, de um modo tranqüilo, disse: "Bem, ah... Não quero dar-lhe nada mais. Não quero amá-lo demais ou chegar perto demais, porque tenho medo de que você vá me deixar." Uau! Começaram lágrimas ao redor de toda a mesa. Nunca teríamos ouvido tal coisa vinda de Walter, nem nunca teríamos sabido que era uma parte dele, se não tivéssemos tido esta espécie de cena estruturada para entrar em contato com este tipo de coisa. Isso deu a Ben uma oportunidade de mostrar a Walter que o compreendia, como, por exemplo: "eu sei o quanto você amava seu pai e confiava em que ele ficasse com você para sempre e ele o deixou; e então sua mãe teve outros dois homens, em que esteve seriamente interessada, que afirmaram amá-lo, e eles se foram. E agora aqui estou eu, e eu afirmo que o amo e você não tem nenhuma garantia a meu respeito". Então, ele disse: "Mas eu vou lhe dizer algo: quero que saiba que vou amá-lo enquanto viver e você pode confiar em que sempre estarei a seu lado e nunca o deixarei enquanto você me quiser." Walter olhou para mim, começou a chorar, levantou-se, andou ao redor da mesa e apenas lançou-se nos braços de Ben e eles soluçaram. Todos fizeram o mesmo. As crianças à mesa... levantaram-se e tocaram em Walter. Foi um ímpeto natural, para elas, esse modo de agir. De qualquer forma, você pode imaginar que foi algo de importante.

Esta reunião de família oferece alguns contrastes surpreendentes com os relacionamentos familiares usuais: (1) o enfoque nos relacionamentos entre os membros da família tinha maior prioridade do que qualquer outro compromisso de qualquer tipo. (2) O esforço era dirigido no sentido de focalizar sentimentos possuídos, não acusações de julgamentos do outro. (3) Esta mudança era fundamentalmente tão difícil para os pais quanto para as crianças. Para Clara mudar de "Reparta isso com sua irmã!" para "Não entendo seu (ao que me parece) egoísmo" é uma modificação enorme, nesta nova abordagem. (4) Inicialmente, não se acreditava na nova abordagem. Todos estavam inquietos, um pouco desconfiados, exceto, possivelmente, Ben. (5) O respeito pelas crianças é altamente recompensado, porque elas se revelam dignas de respeito. (6) A abertura que se desenvolve leva a uma auto-revelação totalmente inesperada e a uma profunda comunicação. (7) O relacionamento entre todos os membros da família, enquanto pessoas separadas mas interdependentes, é muito fortalecido.

Esta é uma família que se comunica como seres psicológicos iguais. É um afastamento, tanto da família tradicional, que hoje está morrendo lentamente, mas ainda prevalece, como da família mais moderna, que é a norma em nossa cultura. Na família tradicional, o pai é o chefe da casa. Ele toma todas as decisões. Ninguém empreende alguma ação significativa sem a sua permissão. Sentimentos negativos ou ressentimentos, seja da esposa ou dos filhos, não são permitidos e conseqüentemente quase tudo o que é importante é mantido em segredo em relação a ele. Na família moderna, o pai e a mãe, em conjunto, tomam todas as decisões importantes. Eles tentam controlar todas as ações de seus filhos, freqüentemente sem sucesso, especialmente com adolescentes. Em conseqüência, o relacionamento muitas vezes lembra uma guerra de guerrilhas. Entre essas famílias e a de Ben e Clara, sentada ao redor da mesa, existe uma revolução política.

Na família tradicional, a política da situação é muito clara. A autoridade do pai é apoiada por sanções religiosas e legais. A única maneira pela qual os membros da família podem, em qualquer grau, viver vidas independentes é fazê-lo secretamente, enganando-o.

Na família normal de nossos dias, o controle teoricamente está unificado nas mãos de ambos os pais, mas, na prática, eles freqüentemente discordam. Isso abre o caminho para uma luta de poder entre os membros da família, com a formação de facções temporárias ou permanentes. Estratégias sutis são utilizadas pelas crianças para colocar os pais um contra o outro. As sanções que a autoridade paterna possui não são mais tão fortes, o que enfraquece ainda mais a estrutura de controle. Conseqüentemente, uma das características mais freqüentes é uma disputa contínua a respeito de decisões, envolvendo controle. "Por que eu tenho que ajudar a lavar os pratos?" "Eu *quero* usar meus 'blue jeans'!" "Por que tenho que estar em casa às onze, enquanto minha amiga Suzy pode ficar fora até a meia-noite?". As crianças estão lutando por mais independência em relação à autoridade paterna. Os pais estão na posição de um governo fraco, sendo alternadamente firmes e depois cedendo às exigências. A política da família é muito instável.

Ben e Clara freqüentemente caem nesse mesmo padrão. Mas, de certa forma, a política de sua vida familiar estabelece um esquema completamente novo. Não se trata de uma família que tenta fazer a estrutura familiar tradicional funcionar melhor. Trata-se de um modo inteiramente novo e revolucionário de viver juntos em família.

Até aqui vimos como a abordagem centrada-na-pessoa aplica-se às interações emocionais em uma família. Será que se aplica satisfatoriamente aos problemas cotidianos práticos de comportamento e de disciplina?

CLARA: É claro que sim. Posso dar-lhe um exemplo que acho maravilhoso. Chegava em casa do trabalho e, desde a entrada, ansiosa por estar lá, eu de fato "curtia" minha família e gostava de estar com eles; mas as primeiras coisas que via eram casacos e suéteres, livros e bolas de futebol, copos sujos e migalhas de biscoitos. As crianças estavam alegres em me ver, mas eu começava com "Céus, o que está acontecendo? Pegue isso e guarde aquilo". Eu ia dando pitos e ficando brava, e as crianças não gostavam de mim assim como eu não gostava de mim, e elas se sentiam culpadas e envergonhadas. Comecei a pensar no caso e percebi que elas realmente não notavam as coisas, porque se eu as apontasse elas as pegariam e se eu não apontasse alguma coisa a um metro de distância elas não a viam. Era estranho. Mas elas realmente não a viam. E, assim, eu pedi uma reunião. Tínhamos reuniões regulares, mas qualquer um de nós também podia pedir uma. Solicitei uma reunião e, pela primeira vez, realmente reconheci isso como meu próprio problema. *Eu* tenho um problema. Não suporto ter a casa na desordem em que está.

CARL: Não era um problema para eles, mas era um grande problema para você.

CLARA: Exatamente. Eles não ligavam: Não se importavam por mais desarrumada que a casa estivesse. Não era problema deles. Era meu. Sou um membro da família e tenho o direito a alguma consideração aqui. Eles aceitam isso. Eu disse: "preciso de ajuda para este problema". Acho que ficamos à mesa durante uma hora e meia. As crianças vieram com a solução para meu problema. Foi finalmente chamada de "caixa de sumiço". Tínhamos uma caixa e qualquer coisa encontrada por qualquer um de nós nos cômodos comuns – cozinha, sala, banheiros e corredor – era jogada nesta maravilhosa caixa velha de papelão e poderia desaparecer. Decidiram que o que fosse encontrado ficaria lá durante uma semana. Não importa o que fosse. Não precisei forçar nada. Os garotos o fizeram, e não há nada que ganhe do sistema deles. Estavam felizes com a solução e policiavam-se mutuamente, de um modo admirável, sabe? Uma das crianças de doze anos sabia exatamente quando uma de quatorze tinha perdido alguma coisa na caixa e, se ela a tirasse vinte e cinco minutos mais cedo, ia... não, isso não ia acontecer.

CARL: Tinha que ficar lá a semana inteira.

CLARA: Certo. Exatamente. Até o último minuto. De qualquer forma, as coisas desapareceram como por mágica. A caixa estava absolutamente transbordante. E foi testada. Houve uma porção de vezes em que podíamos ter desistido de tudo. Por exemplo, um dos meninos perdeu seus sapatos da escola no primeiro dia. Ele chegou da escola, tirou-os e eles desapareceram. No dia seguinte, ele procurou e não podia achá-los. Ninguém lhe disse nada e ele finalmente percebeu, oh, Deus! estavam na "caixa de sumiço". Assim ele usou tênis velhos, sujos e fedorentos e no dia seguinte perdeu estes também. Sabe, eis o teste. O que a mãe vai fazer? Ele voltou-se para mim. Muito bem. Tenho que ir à escola e não tenho sapatos. Não era meu problema. Virei-me e afastei-me dele. E os garotos disseram-lhe um não absoluto. Você não consegue os sapatos e não consegue os tênis; o que você vai fazer? De qualquer modo, vieram com seus chinelos. Era tudo o que lhe tinha sobrado. Ele foi à escola, de chinelos. Foi difícil para mim fazer isso. Mas deixei que ele o fizesse... E funcionou.

Mas outra coisa que aconteceu como resultado disso foi algo que não percebi. Quando cheguei do trabalho, tirei meus sapatos e deixei-os perto da porta. Não *vi* meus próprios sapatos, mas eles os viram. Eu tinha três pares de sapatos: verdes, azuis e pretos. Perdi os azuis e perdi os pretos e, para ir trabalhar, tive de usar sapatos verdes com todas as cores de indumentária. Ben perdeu duas de suas jaquetas esportivas, várias gravatas e um par de sapatos. Oh, eles juntavam todas as nossas coisas que deixávamos pelo caminho. A coisa realmente funcionou dos dois lados e foi ótimo. Foi uma lição para mim.

CARL: Acho que o que torna a coisa realmente ótima é que funcionou para ambos os lados e que foi uma solução dada por eles. Freqüentemente, tenho ficado impressionado com o fato de que, quando garotos se defrontam com um problema, são bem mais engenhosos do que os adultos para pensar nas maneiras de resolvê-lo.

CLARA: Eu nunca teria pensado em deixar as coisas lá durante uma semana. Eles são mais duros consigo próprios, mas é justo. São ótimos.

A política dos relacionamentos aqui está clara. Primeiro, aparece o controle paterno típico de repreensão de Clara. Depois, vem seu reconhecimento de que ela está estragando seu relacionamento com os filhos, um resultado que ela não deseja. Então, surge a percepção de que, incompreensivelmente, não parece ser um problema para eles, mas é para ela e *ela* tem direitos. Em seguida, vem o risco – processo é sempre um risco – de pedir ajuda para resolver *seu* problema. Depois, a solução engenhosa, criada por toda a família – a "caixa de sumiço".

Este é um exemplo maravilhoso de como deixar as crianças (e os adultos) suportarem a responsabilidade por escolhas (mesmo as inconscientes), de que possam tolerar as conseqüências.

A lição final é de que cada problema está amplamente na imaginação do dono. Seus sapatos não tinham criado uma "confusão na casa", mas as coisas das crianças, obviamente sim. Aprender que ela também "faz desordem" é uma lição difícil. Mas agora o poder está verdadeiramente equiparado e vivenciado como tal.

Uma abordagem centrada-na-pessoa, que se manifeste na vida familiar, modifica acentuadamente a política dos relacionamentos filhos-pais e pais-filhos. É um novo padrão para a vida familiar.

Referências bibliográficas

1. F. Leboyer, *Birth Without Violence*, Nova York: Alfred A. Knopf, 1975.
2. C. R. Rogers, *Personal Adjustment* (série de dez cassetes), Chicago: Instructional Dynamics, Inc., 450 East Superior Street, Chicago, Illinois. 60611. Cassete 7, sem data.

3. A revolução no casamento e no companheirismo

Foram tantos os fatores sociais profundamente significativos que influenciaram o relacionamento matrimonial, que se tornou virtualmente impossível isolar o impacto específico da abordagem centrada-na-pessoa. Cada um desses fatores fez uma diferença na "política" do casamento.

Primeiramente, existe o efeito dos métodos anticoncepcionais, bastante aperfeiçoados. O tremendo impacto da prevenção da gravidez foi-me dado a conhecer ao ler *Thomas Jefferson: An Intimate Biography* de Fawn Brodie[1]. Jefferson e sua esposa, Martha, amavam-se muito e eram muito chegados um ao outro. Segundo Jefferson, durante seu casamento ele viveu "dez anos de inigualável felicidade". Mas não seria exagero dizer que ela foi morta por seu amor. Era fisicamente frágil, grávida a maior parte do tempo, tinha sérias dificuldades de parto e morreu de complicações de parto, alguns meses depois do nascimento de seu sexto bebê. Três dos seis bebês morreram antes dela. Na época de sua morte, Jefferson tinha trinta e nove anos e ela trinta e quatro. A história é comum. A mãe de Martha havia morrido três semanas depois de seu nascimento. Seu pai casou-se novamente, e esta outra esposa viveu apenas alguns anos. Uma terceira esposa, a seguir, sobreviveu apenas por onze meses. Depois disto, seu pai voltou-se para uma de suas escravas mulatas que, aparentemente, era menos vulnerável a infecções do que suas esposas brancas. Deu-lhe seis crianças. Estas não são histórias isoladas. Com variações, elas se repetem através do livro de Brodie, envolvendo as famílias de parentes e amigos de Jefferson. Naquele tempo, ser esposa era, certamente, uma das ocupações mais perigosas. As esposas eram sacrificadas porque não parecia haver nenhuma alternativa. Apenas mulheres solteiras ou estéreis tinham uma expectativa de vida mais razoável.

Agora tudo isto está mudado. A disponibilidade de anticoncepcionais eficazes significa que o casamento pode tornar-se mais um companheirismo, uma vez que a esposa não se encontra mais totalmente ocupada com gravidez, amamentação e crianças. Significa também que, fisicamente, ela está tão livre quanto seu marido para explorar relacionamentos fora do casamento. Relações sexuais pré-matrimoniais e fora do casamento têm aumentado acentuadamente entre as mulheres. Elas têm também uma oportunidade de escolher entre família e carreira, ou manter um equilíbrio entre ambas. Pela primeira vez na história, a mulher é um agente fisicamente livre. A prevenção eficaz da gravidez tornou possível a liberação da mulher de seu papel de subjugada. O impacto sobre a política da família tem sido incalculável.

Uma segunda circunstância também afetou muito o casamento. É o aumento da expectativa de vida, tanto do homem quanto da mulher, e o conseqüente aumento do período potencial de casamento. Em menos de cem anos nossa esperança de vida dobrou. Nos Estados Unidos, uma mulher branca pode esperar viver até os setenta e seis anos e um homem branco até os sessenta e nove anos. As pessoas negras têm uma esperança de vida ligeiramente menor. A expectativa estatística para a duração de qualquer casamento era de mais de trinta e um anos, em 1971, o último ano em que dispomos de tais dados. Comparado com o passado histórico, este é um período que nunca existiu antes. Um casamento do passado, com a possibilidade de durar de dez a quinze anos até ser desfeito pela morte, é bem diferente do atual, em que é possível que ambos os cônjuges vivam por cinqüenta anos antes que a morte leve um deles. As falhas que poderiam ser suportadas por dez anos não o serão por cinqüenta. A quantidade de elementos que podem mudar vidas e tornar um relacionamento instável é multiplicada, a menos que o casal cresça junto e se ajuste bem a um relacionamento continuamente mutável.

Um outro fator social a ser considerado é a progressiva aceitação social do divórcio. Nenhum dos cônjuges precisa mais sentir-se necessariamente amarrado um ao outro "até que a morte os separe", nem possui mais um poder ou controle duradouro sobre o outro. Cada indivíduo tem sempre o poder de decidir se quer ou não manter o casamento.

A mobilidade e a transitoriedade familiar tiveram um profundo efeito no relacionamento interpessoal do casamento. Isto coloca a ênfase do casamento na qualidade do relacionamento entre duas pessoas. Não mais existe uma grande família para amortecer as tensões. Portanto, qualquer deficiência no relacionamento torna-se realçada.

Um fator pouco considerado merece ser mencionado. Em 1949, 17% das esposas tinham um emprego. Em 1972, 42% o têm, sendo que 7% ganham mais que seus maridos. A mulher está mais independente de seu esposo, e ela estará mais provavelmente em contato com outros homens no trabalho. Mais uma vez, as possibilidades de tensão no relacionamento estão decididamente aumentadas.

A crescente liberdade sexual tem afetado profundamente o casamento. 90% dos jovens que se aproximam de seu primeiro casamento já tiveram relações sexuais, embora apenas 37% da população acredite que tal comportamento seja admissível. Além disso, um estudo mostra que, quando os cônjuges num primeiro casamento têm de vinte a vinte e cinco anos de idade, eles se envolvem nos dois primeiros anos de casados em mais experiências sexuais extramatrimoniais do que indivíduos mais velhos, durante toda a vida de casados[2]. A importância destes fatos para o futuro dos padrões matrimoniais dificilmente pode ser exagerada.

Todos estes fatores possibilitam ainda mais o casamento ou companheirismo centrado-na-pessoa. Mas eles também tornam o casamento mais arriscado, mais aberto a tensões, com menos probabilidades de durar. Encaramos o dilema de que, quanto mais o companheirismo sexual se torna centrado-na-pessoa, mais ele se torna vulnerável à ruptura. Por outro lado, quanto mais ele se torna centrado-na-pessoa, mais se torna aberto à realização e enriquecimento de cada um dos parceiros.

Cada uma destas circunstâncias sociais dá à mulher mais opções, mais oportunidade de dignidade, mais possibilidade de descobrir seu próprio valor. Todas essas circunstâncias vieram juntas, em uma das mais rápidas e eficientes "revoluções silenciosas" de nossos tempos – o movimento de libertação das mulheres. Encontramos, aqui, uma insistência em pôr de lado a discriminação contra as mulheres – em oportunidades de trabalho, em leis de propriedade, em direitos civis, nos salários. Mesmo em situações menos óbvias, como nossa linguagem – *man*kind, chair*man* (humanidade, presidente), homenagem a Ele (referindo-se a Deus) –, estamos nos tornando sensíveis à maneira sutil pela qual rebaixamos a auto-estima das mulheres.

Em seus esforços para aumentar a conscientização, assim como em suas atividades políticas e legais, o movimento de libertação das mulheres é essencialmente centrado-na-pessoa. Em sua melhor filosofia, ele encerra uma profunda confiança na capacidade da mulher como ser individual para viver uma vida de sua própria escolha, em tornar-se uma pessoa criativa e independente, se a sociedade apenas propiciar um clima receptivo ao crescimento. O homem como indivíduo pode também tornar-se uma pessoa muito mais completa – carinhoso, amoroso e capaz de emoções, assim como intelectual e empreendedor – se o clima social o permitir. Ainda assim, muitos homens encaram o movimento de libertação da mulher apenas como uma ameaça – à sua masculinidade, à sua posição na família e a seus empregos. Está claro, portanto, que o movimento de libertação da mulher e suas implicações constituem uma força extraordinária na alteração da dinâmica e da política do casamento.

Eis aqui algumas coisas que aprendi com gente que esteve envolvida em um clima centrado-na-pessoa – grupos de casais, grupos de encontro, terapia individual ou leituras. Estes parceiros encontraram maior aceitação de seus próprios "eus" peculiares. A abordagem centrada-na-pessoa tem tido variados efeitos sobre estes companheirismos:

Dificuldades já existentes entre companheiros são reveladas abertamente. Um rapaz e uma moça viviam juntos há algum tempo e estavam planejando se casar. Participavam de um grupo de encontro e pediram permissão ao grupo para, com o auxílio dos participantes, explorar seu relacionamento. À medida que se abriam um ao outro, ficou claro que eles não se conheciam bem. Possuíam diferentes objetivos e percepções acentuadamente diferentes. Por exemplo, a jovem imaginava-se razoavelmente adequada, certamente não inferior. Ela ficou assombrada e magoada ao descobrir que seu amante julgava-a bastante inferior a ele, em *status* social e intelectualmente. À medida que exploravam suas diferenças, tornaram-se mais abertos um com o outro, mas sua união parecia altamente precária. Ainda assim, tomei conhecimento de seu casamento através de uma carta recebida um ano depois, e do aumento de áreas de interesses mútuos e de trabalho, assim como de sua satisfação com sua união. Evidentemente, os riscos por eles assumidos ao explorarem suas diferenças profundas, em vez de romper seu relacionamento, aprofundaram-no.

As áreas de diferença podem ocorrer em uma variedade de campos. Num casal, o marido é hedonista, trabalha quando é obrigado, considera-se essencialmente "um vagabundo preguiçoso", enquanto sua esposa é extremamente imbuída de uma ética de trabalho. Ela diz: "Meu coração pára de bater quando ouço-o dizer 'Quero apenas ser rico e me divertir'." Ela acha que ele deveria ser mais sério com seu trabalho. É uma indicação da incrível complexidade dos relacionamentos humanos o fato de que esta esposa, orientada para o trabalho, seja, com o consentimento de seu marido, uma dançarina "topless" de cabaré, enquanto o "vagabundo preguiçoso" trabalha no comércio. Mas a exploração de seus diferentes objetivos tem ajudado a mantê-los unidos.

O abismo que existe entre cônjuges pode ser devido a mágoas antigas. Hal e Jane casaram-se há quinze anos, venceram muitas dificuldades devidas a antecedentes religiosos e culturais divergentes, e seu relacionamento agora parece bastante estável. Ainda assim, em uma entrevista, ela revela que tem refreado muito de sua afeição e que agora não tem se entregado livremente a ele, devido a um antigo ressentimento. Durante os primeiros anos de casamento, Jane sentiu que era responsável por 90% da entrega mútua e Hal contribuía apenas com 10%. Ela nunca discutiu sobre seu ressentimento e transferiu para seu relacionamento atual com o marido as conseqüências desta antiga mágoa. Agora ambos se entristecem com o fato de ela não ter expressado seus sentimentos antes – o companheirismo poderia ter sido muito melhor.

Outro efeito é o fato de a *comunicação tornar-se mais aberta, mais real, com mais atenção mútua*. Pode-se, muitas vezes, ver o exato momento em que este processo está ocorrendo. Em um grupo de casais, marido e mulher estavam constantemente atacando um ao outro. O grupo tentou ajudá-los a ouvir mais, a expressarem seus *próprios sentimentos*, não seus julgamentos. O marido pareceu compreender alguma coisa disto, e arriscou-se a mencionar, quase pungentemente, a armadilha, na qual sentia-se preso. Assim que ele parou de falar, a esposa tornou a atacar seus motivos e seu comportamento para com ela. A facilitadora interrompeu, "Você ouviu o que seu marido tentou dizer-lhe?" "Claro que sim". A facilitadora disse: "Você poderia repetir a essência do que ele disse, de forma que seu marido possa saber que você o ouviu?" Ela ficou em silêncio, obviamente tentando lembrar-se. Ela começou a ficar muito embaraçada. Finalmente, disse a seu marido, no tom mais suave que tinha usado desde o início do encontro no grupo, "O que você disse *mesmo*?" Era o início de mais atenção para ouvir.

No clima de uma abordagem centrada-na-pessoa, *os cônjuges acabam por reconhecer o valor da individualidade.* Carol e Bob tinham toda a aparência exterior de um casamento feliz. Ambos eram educados, e as coisas corriam bem para eles – tinham uma casa num subúrbio, um bebê, um carro. Faziam tudo juntos. Todos consideravam o casamento deles bemsucedido. Interiormente, ambos consideravam o casamento estúpido e frustrador. Estavam desiludidos e zangados – um com o outro, mas especialmente com a vida[3].

Eles participaram de um grupo de casais e começaram a perceber que haviam parado de crescer quando se casaram e, mais importante ainda, que não estavam mais se comunicando. Finalmente Bob arriscou-se a se revelar e contou a Carol que estava tendo casos com outras mulheres. Ela ficou assustada e com ciúmes. Havia suposto que existia segurança em seu mundo e agora esse mundo tinha desmoronado. Seu casamento estava fora de seu controle e ela se sentia muito ameaçada. Mas, mesmo em seu temor, existia uma percepção promissora: "Se ele pode ser um indivíduo, separadamente, talvez eu também possa sê-lo." Tornou-se mais aberta no grupo e desde então foi considerada como mais digna de estima. Mas ver que ela era mais digna de estima aos olhos dos membros do grupo era assustador para Bob. Ele, por sua vez, também sentiu-se ameaçado e ferido.

Mas a coragem dele em ser aberto, sobre seus casos, fê-la tornar-se mais corajosa. Logo começaram a conversar todas as noites, cada um deles descobrindo novos e interessantes aspectos do outro. Cada vez mais tornaram-se conscientes de sua individualidade. Eles podem agora admitir que cada um deles tenha encontros e procure novos relacionamentos. Carol, em especial, deixou de lado sua imagem "agradável" e tornou-se uma pessoa mais real, um "eu" no qual confia mais.

Para Carol e Bob, um clima que promove crescimento significou uma completa alteração na política de seu casamento. Eles não são mais controlados pelas expectativas da sociedade – terem que fazer tudo juntos, terem que seguir um padrão convencional, terem que envolver mutuamente suas vidas. Estão se tornando pessoas únicas e distintas, seguindo diferentes caminhos, mas presos um ao outro através da comunicação e amor mútuo, e não por algum padrão convencional exterior.

Um outro resultado de tal clima é o *reconhecimento de que a crescente independência da mulher é elemento valioso no relacionamento*. Isto é apenas mais um exemplo de individualidade, que já havíamos apontado acima, mas é um aspecto de tal importância nas uniões modernas, que merece uma menção especial.

Jerry, recentemente, experimentou o que chamou de uma "bomba arrasadora" em seu casamento. Ele estava preocupado com seu trabalho. Jane dava conta da difícil tarefa de cuidar de seu filho, não sem ressentimentos. À medida que passou a ter, com o correr dos anos, mais tempo livre, voltou à universidade para continuar seus estudos, sendo exposta a muitas influências centradas-na-pessoa. Decidiu que desejava ter uma posição profissional na cidade em que haviam vivido anteriormente. Contou a Jerry, mas ele simplesmente não conseguia levá-la a sério. Quando percebeu que ela *realmente* estava decidida, e que ou ele desistia de viverem juntos ou arrumava outro emprego, isto foi, no dizer dele, uma "bomba arrasadora". As discussões na família foram acaloradas e Jane, felizmente, falou sobre alguns de seus ressentimentos, demonstrando-se mais desejosa de acomodar a situação. Mas a família está de mudança, Jerry está mudando de emprego e a dinâmica de seu relacionamento foi dramaticamente alterada. Jerry tem mais respeito por sua esposa, vê mais claramente o papel que adotou ao se "casar" com seu trabalho e, para ambos, a capacidade de compartilhar seus sentimentos aumentou consideravelmente. Mesmo em relação a seu relacionamento sexual, que nunca havia sido ideal, existe mais comunicação e esperança. O problema, em parte, era devido à dificuldade de uma intimidade sexual bem-sucedida, enquanto Jane sentia-se magoada com seu marido.

O problema de onde viver, quando tanto a esposa como o marido têm oportunidades de trabalho atraentes em comunidades diferentes, está aumentando. Para resolvê-lo é necessário um máximo de sentimentos compartilhados, exploração de todas as opções e o desejo de alcançar uma solução que talvez não seja a ideal para um deles. Tais problemas certamente ocorrerão com mais freqüência, à medida que o casamento for encarado como um companheirismo igualitário, em que cada um dos esposos é respeitado como capaz de fazer escolhas importantes.

Esta nova tendência é freqüentemente mais ameaçadora para o marido de uma mulher em franco desenvolvimento profissional. A progressiva independência dela faz com que ele se sinta desnecessário como mantenedor do lar, o que era seu antigo papel. Existe sempre a possibilidade de ela ganhar mais que ele. Quando ambos possuem profissões idênticas ou semelhantes, a competição torna-se implícita em seu relacionamento. Como uma conseqüência disso, a *qualidade* de seu relacionamento sexual, o grau em que cada um está crescendo, a extensão pela qual ambos desenvolvem interesses mútuos – tudo isto torna-se muito mais importante do que em casamentos convencionais.

Inevitavelmente, em uma situação centrada-na-pessoa, *há um maior reconhecimento da importância dos sentimentos, assim como da razão*, das emoções tanto quanto da inteligência.

Um sentimento é "uma experiência emocionalmente matizada, com um significado pessoal. Portanto inclui a emoção, mas também o conteúdo cognitivo do significado dessa emoção em seu contexto experiencial. [Eles são] vividos de maneira inseparável no momento"[4]. Incluindo, como o faz, a emoção e o significado, sentimento é um termo mais amplo. A ênfase que os últimos séculos têm colocado na razão, pensamento e racionalidade é uma tentativa de divorciar os dois componentes da experiência, na verdade inseparáveis, em detrimento de nossa humanidade.

Esse divórcio entre razão e sentimento é um dos primeiros mitos a desaparecer numa abordagem centrada-na-pessoa. Os indivíduos estão se comunicando com seu ser total, expressando suas experiências e não uma representação delas, intelectual e dissecada.

Esta é uma das principais razões pelas quais a abordagem centrada-na-pessoa tem sido tão valiosa para o relacionamento de pessoas casadas ou que vivem juntas. Razão "pura" e avaliação "objetiva" *não* são uma base para que dois seres humanos possam viver juntos de forma efetiva. Usá-las significa tentar excluir, de sua comunicação, metade de suas experiências (e talvez a metade mais importante). Através de grupos intensivos, classes centradas-no-estudante, livros, grupos de casais e outras fontes, cada vez mais pessoas estão aprendendo a tolice de tal pseudocomunicação. Estão redescobrindo o que significa comunicar-se do jeito que são. Não tentarei, aqui, lidar com as maneiras pelas quais uma comunicação real pode ser dificultada pelo jargão ou por um ritual de grupo de encontro. "Quero saber o que você *realmente* sente" pode ser uma pseudocomunicação como uma outra qualquer, se não for baseada naquilo que a pessoa que está falando, está vivenciando no momento. A cultura americana tem sido tão corrompida pela Madison Avenue que qualquer coisa pode ser transformada em "falsete". Não há dúvida de que isto tem ocorrido freqüentemente nos grupos de encontro e nos treinos de pais para a "realidade". Entretanto, estas notas falsas não mudam a importância da comunicação verdadeira que, também, está aumentando.

A exposição a uma abordagem centrada-na-pessoa significa que *existe um impulso na direção de experienciar maior confiança mútua, crescimento pessoal e interesses compartilhados.* Os companheiros tendem a desenvolver maior confiança entre si, à medida que são mais reais um com o outro. Sendo mais reais, assumem maiores riscos em serem abertos e, desta forma, acentuam seu crescimento como pessoas. À medida que se comunicam mais profundamente, estão mais aptos a descobrir e a desejar desenvolver mais interesses que possam compartilhar.

A experiência numa atmosfera psicológica centrada-na-pessoa tem um outro resultado. *Papéis e expectativas de papéis tendem a ser abandonados, dando lugar à pessoa, que escolhe seu próprio estilo de comportamento.* Incluem-se aqui os papéis do homem no companheirismo. O homem é o chefe da família. Ele é o único provedor. Ele é o indivíduo mais forte e superior do par, embora auxiliado pela "mulherzinha". Sua vida é governada pelo intelecto, não pela emoção. Só ele pode, eventualmente, ter necessidade de manter um "caso". A ele cabe a liderança em toda atividade sexual. Ele é o disciplinador severo de seus filhos. Todos estes papéis e expectativas entram em colapso em uma experiência centrada-na-pessoa. A figura central torna-se o homem como pessoa – humano, vacilante, comportando-se em função de seus sentimentos imediatos e objetivos futuros.

Para a mulher, as expectativas são igualmente abertas ao desafio. A esposa é submissa a seu marido. Encontra total satisfação com sua casa e filhos. A ela competem todas as tarefas domésticas. Ela é a construtora do ninho. Em comparação com seu marido, é fisicamente fraca e intelectualmente inferior. É capaz de sentimentos, mas não de pensamento organizado. Subordina seus interesses aos do marido. Suas necessidades sexuais são mais fracas do que as de seu marido. Ela não deve manter um relacionamento sexual extramarital.

Novamente, o comportamento esperado no desempenho de tais papéis entra em colapso num grupo de encontro, numa terapia centrada-na-pessoa ou num grupo de conscientização de mulheres. A mulher emerge, com uma personalidade nitidamente definida que é dela apenas, comportando-se de forma que seja conveniente às suas necessidades e escolhas. Os papéis habituais perdem sua força numa experiência centrada-na-pessoa.

Na cultura atual, os papéis do homem e da mulher são raramente evidenciados de modo tão abrupto. Eles já foram enfraquecidos por forças sociais. Mas encontramo-los de forma implícita em nossa estrutura social. Por que se paga mais aos homens que às mulheres por um mesmo trabalho? Por que se permite às mulheres chorar, quando magoadas, e não se permite o mesmo aos homens? Estas regras ainda estão muito vivas e em funcionamento, apesar de enfraquecidas. Mas perdem completamente sua força num grupo de encontro centrado-na-pessoa. Aqui, podemos ver um homem soluçando e uma mulher com força suficiente para ajudá-lo a superar sua mágoa. Podemos encontrar um homem que se sente seguro apenas em seu "ninho" atual, ao lado de uma esposa arrojada que tenta caminhos para uma nova vida. Encontramos todas as expectativas comuns de papéis sendo contrariadas pela experiência de homens e mulheres lutando para *serem* sua própria experiência. Isto conduz a comportamentos que, algumas vezes, estão de acordo com as expectativas de papéis e outras vezes não, mas em momento algum este comportamento é governado pelo papel que supostamente a pessoa deva desempenhar.

Existe uma avaliação mais realística das necessidades que cada um pode satisfazer para o outro. Quando um homem considera sua companheira *pessoa*, torna-se claro que ele, com toda a probabilidade, não poderá satisfazer todas as suas necessidades sociais, sexuais, emocionais e intelectuais. Com igual intensidade, torna-se claro à mulher que ela não pode ser *tudo* para esse homem. Estas afirmações tornam-se especialmente verdadeiras quando se pensa não apenas no hoje, mas sim em anos de convivência mútua.

Assim, é realista reconhecer que cada um dos companheiros necessitará garantir ao outro mais espaço de vida para interesses externos, relacionamentos externos, além de tempo privativo – todos os elementos que enriquecem a vida. Isto, de forma alguma, contradiz a contínua busca de uma vida em comum mais ampla e profunda. Significa apenas que, como aprenderam Bob e Carol, não podem fazer tudo juntos. A experiência de uma liberdade maior os conduz a uma vida comum mais recompensadora.

Os relacionamentos denominados satélites podem ser formados por qualquer um dos companheiros e isto freqüentemente provoca tanto grande sofrimento quanto enriquece o crescimento. Um relacionamento satélite significa um outro relacionamento íntimo extraconjugal, podendo ou não envolver relações sexuais, mas que é valorizado por si mesmo. Parece preferível a termos tais como "sexo extramarital", "um caso", "amante" ou "concubina"[5].

Quando duas pessoas, num relacionamento conjugal, aprendem a olhar uma para a outra como pessoas distintas, com interesses e necessidades, tanto distintos quanto mútuos, muito provavelmente descobrirão que os relacionamentos externos constituem uma dessas necessidades. E, quando esse relacionamento externo envolve a possibilidade de intimidade sexual, ele torna-se um problema para o outro companheiro. Nancy, por exemplo, dá a seu companheiro, John, a liberdade de encontrar-se com outras mulheres e sabe que os encontros podem levar ao sexo. Intelectualmente, isto tem sua total aprovação, mas suas emoções permanecem distantes desta posição lógica. Com freqüência, ela sente-se magoada e com ciúmes, ainda que também sinta-se fortalecida pelo fato de John sempre preferi-la a outras e voltar para ela.

Muitas vezes, observo, em grupos de encontro ou grupos em que casais estão envolvidos, o início do desenvolvimento de tais relacionamentos satélites. Uma esposa emocional e volúvel, que está ressentida com a dedicação compulsiva do marido à sua pesquisa, estabelece um novo relacionamento com outro homem do grupo. Ele é divertido, ao contrário de seu marido. É sentimental e emocionalmente expressivo, qualidades que faltam a seu marido. O relacionamento torna-se muito íntimo. A mulher é muito franca com seu marido e com seu novo amor, tanto a respeito de seu entusiasmo e contentamento com a nova situação, quanto à confusão e conflitos que a nova ligação lhe provoca. Seu marido tem muito boas qualidades e ela sente-se desleal com ele, mas... Quanto ao marido-pesquisador, que se havia descrito ele mesmo para o grupo como sendo uma pessoa sem sentimentos, descobriu-se ele com uma raiva e ciúmes tão profundos, que o assustam. Ele está sofrendo intensamente. Ele e sua esposa conversam, algumas vezes amargamente, outras vezes carinhosamente; em alguns momentos, realmente entendendo um ao outro, em outros, sentindo apenas raiva.

Pelo fato de isto tudo ter ocorrido tão abertamente, eu e o grupo éramos uma parte da situação. Não podíamos ajudar, apenas observar as bruscas mudanças de disposição entre marido e mulher e a alternação de intimidade e distanciamento no relacionamento satélite. Diferentes membros do grupo ouviram, de modo compreensivo, os três componentes do triângulo, dando especial atenção à mágoa, raiva e conflito sentidos pela esposa e seu marido. À medida que a experiência de grupo chegava a seu fim, perguntava-me se uma abordagem centrada-na-pessoa poderia ser responsável pela dissolução de um casamento que, apesar de todas as suas falhas, havia durado muitos anos. Esta é uma grave questão a ser ponderada.

Alguns meses mais tarde, um dos membros do grupo falou-me a respeito de uma carta que ele havia recebido da esposa. Seu casamento, dizia ela, nunca estivera melhor. Estavam conversando um com o outro de uma forma como nunca tinham feito antes, compartilhando sentimentos que anteriormente teriam escondido um do outro. Agora, para cada um deles, o casamento tinha muito mais valor do que nos anos anteriores. A dinâmica de seu casamento tinha mudado drasticamente. Antigamente, o marido esforçado e realizador preocupava-se e tomava conta de uma mulher que considerava muito emocional e que necessitava de repressão. Ao mesmo tempo, sua esposa ressentia-se de sua dedicação ao trabalho, sentia-se insatisfeita e considerava-se, decididamente, inferior. Agora estão muito mais próximos de um companheirismo igualitário.

Isto é um padrão que tenho observado em numerosas ocasiões. Não há dúvida em minha mente de que, quando uma situação de companheirismo é exposta a uma abordagem centrada-na-pessoa, torna-se mais provável a ocorrência de relacionamentos satélites. Os indivíduos – tanto homem quanto mulher – descobrem ser possível sentir amor por mais de uma pessoa ao mesmo tempo. Um deles, ou ambos, podem viver a experiência de um segundo amor, fora de seu primeiro relacionamento. Isto quase sempre leva ao ciúme, dor e medo de perda. Ainda assim, esta crise pode ser vivida com um conseqüente enriquecimento do companheirismo.

O cerne do problema é o ciúme e a profundeza de suas raízes. Para Rollo May, "Ciúme caracteriza o relacionamento em que um indivíduo procura mais poder do que amor"[6]. Os O'Neill dizem "Não acreditamos que o ciúme tenha algum lugar num casamento aberto"[7]. Tenho admitido muito mais incerteza[8]. A freqüência do ciúme faz-me perguntar se ele é simplesmente o resultado de um condicionamento social, em cujo caso poderia desaparecer em uma ou duas gerações, ou se ele tem alguma fundamentação biológica básica, como a posse de território, encontrada em animais, pássaros e em nós mesmos. Encontram-se provas, na vida de muitos casais, indicando que os sentimentos de ciúme podem ser modificados e trabalhados, embora isto não ocorra sem sentimentos de mágoa.

Na medida em que o ciúme origina-se de um sentimento de possessão, qualquer alteração deste sentimento faz uma profunda diferença na política do relacionamento matrimonial. À medida que cada companheiro torna-se verdadeiramente um agente livre, então o relacionamento tem duração apenas se os parceiros estão comprometidos um com o outro, têm uma boa comunicação entre si, aceitam-se como pessoas distintas e vivem juntos como pessoas, não papéis[9]. Este é um tipo de relacionamento maduro e novo, que muitos casais lutam por alcançar.

Uma mulher, falando de sua experiência pessoal com o casamento e também como orientadora, expressa um ponto de vista pleno de sabedoria centrada-na-pessoa: "Penso que existe uma condição essencial para atravessar as crises e enriquecer o relacionamento. É a capacidade de acreditar que você tem o direito de vivenciar o que você está vivenciando e que não há necessidade de pedir permissão a seu companheiro para fazê-lo. Ao mesmo tempo, você se preocupa o suficiente com seu companheiro para permanecer ao lado dele, enquanto ele expressa seus sentimentos, dando-lhes a devida atenção, sem sentir-se super-responsável e nem permitindo que eles controlem seu comportamento. Acho que o que freqüentemente ocorre é o parceiro envolvido em outro relacionamento sentir-se controlado, culpado e zangado quando não é aceito incondicionalmente por seu companheiro. Isto aumenta, no outro, o sentimento de ameaça e abandono, e ele torna-se apegado. Rapidamente acham-se envolvidos num círculo vicioso difícil de ser desfeito. Penso que a situação ideal é aquela que permite a um companheiro dizer ao outro: 'Eu preciso, e devo isso a mim mesmo, a oportunidade de experimentar este outro relacionamento agora. Compreendo sua mágoa, seu ciúme, seu medo, sua raiva; não gosto de recebê-los, mas são uma conseqüência da escolha que fiz e eu amo você o bastante para querer estar disponível para trabalhar seus sentimentos junto com você. Se eu decidir não ter esta outra experiência, é porque escolhi não fazê-lo, e não porque você me impediu. Desta forma, não me sentirei ressentida com você e não o punirei por minha falta de coragem ao fazer minha escolha e serei responsável pelas conseqüências'."

Esta é uma forma amadurecida de lutar pela independência e enriquecimento.

Eis aqui o exemplo de um casamento que era altamente convencional em sua orientação, no início, mas que se modificou acentuadamente quando os companheiros foram expostos a várias influências centradas-na-pessoa. Em resposta a meus livros, recebo um grande número de cartas, muitas delas bem pessoais. Escolhi a carta que se segue por ser um relato vívido do processo da vida em comum de Ruth e Jay, durante vários anos. Revela também a mudança na política do relacionamento. Tendo em vista o propósito deste livro, este é o aspecto a que desejo dar ênfase – as maneiras pelas quais o controle é exercido, consciente ou inconscientemente; o *locus* da tomada de decisão sobre si mesmo ou sobre o companheiro ou companheiros; as conseqüências de tais escolhas na dinâmica do sistema global, do qual o casamento é uma parte. Meus comentários sobre as mudanças políticas de sua experiência estão entre colchetes e grifados.

Prezado Carl:

Sinto-me como se o conhecesse. Embora nunca o tenha visto, sua mente tocou a minha e estou mudada. É assustador, mas é ótimo e sinto necessidade de escrever-lhe e dar-lhe mais outra história de vida humana e envolvimento. [*Embora ela tenha tido contato com a abordagem centrada-na-pessoa através de meus livros, percebe-se claramente em seu relato que isto é muito recente. Toda a primeira parte de sua vida amorosa está livre da influência de qualquer desses conceitos.*]

Começarei pelo início de meu casamento. Nos primeiros anos de universidade, encontrei e me enamorei de um colega também estudante. Ele não foi meu primeiro amor, nem será o último, mas ele é o único amor que me completa. Fiquei grávida e fomos forçados a nos casar. Tinha dúvidas de seu amor por mim e sentia que ele havia se casado comigo apenas porque estava grávida. (Entretanto, ele me convenceu do contrário mais tarde.) [*Aqui o locus de tomada de decisão é quase inteiramente externo: "Deve-se dar a luz à criança." "Deve-se casar com o pai." Ela sentiu-se forçada a tomar esta decisão e uma vez que as decisões não eram realmente suas ou de Jay, não se sentia segura dele.*] Jay, meu marido, esforçou-se arduamente nesse primeiro ano, mas eu estava me sentindo miserável dentro de minha autopiedade e não estava pronta para o casamento ou para um bebê. Tornei a vida muito difícil para ele e, para minha própria proteção, negava meu amor. [*Sentindo-se martirizada pelas decisões que a vida a havia forçado a tomar, ela se rebela. Ela não está pronta para o casamento ou para um bebê, e por isso nega o amor que sente por um marido que a ama. "Negar" seu amor parece ser a única escolha que lhe dá um sentimento de responsabilidade por si mesma. Isso na verdade a preserva como uma pessoa autônoma, embora fosse muito triste para o relacionamento deles.*]

Depois que nosso bebê, Gordon, nasceu, as coisas estavam melhor. Jay foi para o exército e mudamo-nos para perto de seu quartel. Depois de um ano e meio de casamento, ele partiu para o Vietnã. [*Aqui, novamente a decisão da separação é tomada pelo governo e não é uma escolha, pela qual nenhum dos dois pode se sentir responsável.*]

Aquele foi um ano muito difícil. Terminei meu bacharelado e comecei a trabalhar no meu mestrado. Devotava todas as minhas energias a Gordon e mais tarde, quando comecei a lecionar, no outono, a meus alunos. Temia sempre que Jay não voltasse, mas ele voltou. [*Ela está começando a se tornar uma pessoa mais independente e generosa.*]

Mas o Jay que pensava conhecer não voltou. Jay sempre havia sido quieto e desanimado, mas ao voltar, depois de um ano de guerra, isolou-se completamente. Não se abria com ninguém. Por um ano e meio as coisas prosseguiram da mesma forma. Eu lecionava e apreciava meu mundo de estudantes. Jay não gostava nem de si mesmo nem de seu trabalho.

Terminei meu mestrado e no ano seguinte comecei a lecionar numa pequena universidade perto de nossa cidade. [*O relacionamento parece estar morrendo. Jay está de fora, em seu próprio (e provavelmente torturado) mundo, e ela está empenhada em seu trabalho. Poderia parecer que o fim do casamento não está muito distante.*]
Então conhecemos Doug e Mary. Eles eram muito francos, honestos e apaixonados. Aprendemos realmente a conversar um com o outro e com eles. Reconheci meus medos de dominação e meu desagrado em relação a meu corpo. Tudo era bonito. Amávamos e éramos amados. Então fomos para a cama, um com o esposo do outro. [*A comunicação aberta com Doug e Mary é seu primeiro contato com uma abordagem centrada-na-pessoa e, como freqüentemente acontece, Ruth começou a desabrochar, particularmente na aceitação de si mesma e na comunicação mútua com Jay e o outro casal.*]
As primeiras duas ou três vezes foi bonito. Todos nós nos sentíamos bem, mas Jay era impotente com Mary. Isto realmente o aborrecia. Falamos um pouco sobre isso, mas não o suficiente. De repente, uma noite estava olhando Jay e Mary conversando e sendo muito carinhosos. Senti-me muito ameaçada e chorei. Podia ver Jay dando a Mary todo o amor e afeição que havia desejado dele, e que não aceitei quando ele o deu (no primeiro ano) e, agora, ele não o dava para mim. É desnecessário dizer que interrompemos a parte física e quase terminamos nosso relacionamento com Doug e Mary porque me sentia tão ameaçada. [*Como algumas vezes ocorre quando dois casais são mutuamente muito íntimos, a intimidade expressa-se também de formas físicas e sexuais. Evidentemente as relações sexuais não eram ameaçadoras para ninguém.*]
[*O fato de Jay preocupar-se e comunicar-se com Mary mostrou-se terrivelmente ameaçador para Ruth. Ela impôs um controle, evidentemente de forma inconsciente. "É desnecessário dizer que interrompemos a parte física." Ela parece achar que isto não precisa nem mesmo ser discutido, embora*

o tenha mencionado. Assim, ela se distancia de Doug e Mary para acalmar seus temores. Ela não condena Jay, pois percebe que aqui está o "eu" amoroso dele, o "eu" que ela havia rejeitado no início de seu casamento.

[*É fascinante que ela nem ao menos mencione a reação de Jay com a interrupção de um relacionamento que estava se tornando significativo para ele. Evidentemente, ela não considera isto como um problema e uma decisão que interessa a ambos.*]

Então, na primavera seguinte, um de meus alunos apaixonou-se por mim. Sempre tinha dado muito amor e compreensão aos estudantes, mas nunca tivera antes alunos universitários. Tinha vinte e seis anos de idade e John tinha vinte. Antes que me desse conta, estávamos apaixonados um pelo outro. Nessa época, eu e Jay conversávamos, mas evidentemente não dizíamos tudo. Mas Jay não era capaz de aceitar John. Ele tentou de verdade. Todos nós estávamos sob grande tensão emocional. Eu amava muito Jay para suportar vê-lo tão miserável. Assim, desisti de John e, no outono, fui lecionar em outra faculdade. Eu e John nunca fomos para a cama juntos. [*Agora Ruth descobre que é possível amar duas pessoas ao mesmo tempo de formas diferentes. Descobre também que ser generosa, compreensiva e auto-reveladora a outras pessoas pode algumas vezes conduzir ao amor – como aconteceu com seu amor por John. Mas agora o ciúme vem de seu marido e, embora todos os três tentassem arduamente se comunicar, não parecia possível superá-lo. Assim, novamente é utilizada a mesma solução para o ciúme – abandonar o relacionamento "satélite". Ela parece dar considerável importância ao fato de ela e seu amante nunca terem ido "até o fim".*]

Todo o incidente produziu um grande efeito em mim. Senti-me temerosa de ser aberta com meus alunos, por temer um outro encontro semelhante ao ocorrido e magoar Jay novamente. Comecei a estreitar meu mundo e recusava-me a dar muito de mim mesma. [*O que Ruth parece ter aprendido com tudo isto é que ser aberta e generosa é arriscado. Não se dê e tudo estará bem!*]

A insatisfação de Jay com seu trabalho fê-lo decidir-se a começar um curso superior. O interesse meu e de Doug e nossas conversas sobre educação provavelmente influenciaram-no nessa direção. Todo este tempo estivemos lendo, conversando e crescendo um pouco intelectualmente, mas não muito emocionalmente. [*No decorrer de todo este relato, é evidente que Ruth e Jay estão, continuamente, tentando melhorar sua comunicação – um bom sinal para o futuro.*]

Então a bomba surgiu. Naquele outono, Jay assistiu a aulas sobre educação; e um grupo formado por Jay, sete colegas de escola e um facilitador da equipe da escola iniciou um grupo de encontro. Reuniram-se uma vez por semana durante seis ou sete semanas e depois um dia inteiro num sábado.

Como explicar o que senti? Queria que Jay crescesse e aprendesse a dar-se aos outros e ser feliz. Mas, ao mesmo tempo, isto me assustava porque via surgir um novo Jay e temia que ele não mais precisasse de mim e me abandonasse quando eu mais necessitava dele. Eu havia estreitado meu próprio mundo e o dele estava se ampliando. [*Quando Jay tem oportunidade de experimentar um clima centrado-na-pessoa, ele responde, mas qualquer mudança num sistema de relacionamento é preocupante. Aqui está exatamente o que Ruth tinha esperado – que Jay saísse de sua concha e fosse mais expressivo: mas a realização desse objetivo a apavora. O temor é de que ela não seja mais necessária para a vida dele.*]

A comunicação em casa desfez-se. Tornamo-nos zangados, preocupados e magoados, em vez de falantes e compreensivos. Temia estar perdendo-o e, de alguma maneira, devia estar afastando-o.

Jay estabeleceu um relacionamento íntimo com Laura, uma das garotas do grupo. O casamento dela estava se desfazendo, e ela necessitava de alguém desesperadamente. Jay chegou-se a ela. Ele não me contou sobre Laura, mas eu suspeitava o pior. Talvez, inconscientemente, eu o tenha dirigido para isto. Pelo menos um caso era algo que eu podia entender e controlar. [*Interessante como as aprendizagens oscilam para a frente e para trás neste relacionamento. Ruth tinha aprendido que ser franca, generosa e expressiva poderia conduzir ao amor e agora Jay também o redescobre, mais profundamente do que quando se relacionava com Mary.*]

Então, deixei Jay sozinho um fim de semana, para visitar minha mãe. Queria que ele decidisse o que faríamos sobre nosso casamento. Ele passou o sábado com Laura e eles foram para a cama. De início, ele ficou impotente, mas depois superou isso. Ele veio encontrar-se comigo, naquela noite, em casa de minha mãe. Eu estava feliz porque achava que ele queria ficar comigo e fazer nosso casamento dar certo. Quis fazer amor, mas ele recusou-se e eu fiquei confusa.

A semana seguinte foi boa e má. Jay ainda não tinha me contado sobre Laura e eu sabia que alguma coisa estava errada. [*Apesar de este ser um relato de Ruth sobre sua dor, a incerteza, confusão e agonia de Jay também estão claros.*] Magoávamos um ao outro e entendíamos tudo que o outro dizia de forma errada. [*Este é um exemplo do fato de que, quando um casal tenta se comunicar abertamente, uma omissão consciente (neste caso feita por Jay) conduz quase certamente a uma dificuldade de comunicação e fere.*] Finalmente, no domingo, Jay disse que precisava afastar-se por uma semana para ficar sozinho. Iria ficar numa cidade próxima com Doug e Mary. Eu estava assustada e miserável, mas queria que ele fosse feliz e ele não o era. Deixei-o ir sem uma lágrima. Mas, depois que ele partiu, aquele dia e os dois seguintes foram deprimentes para mim. Afundei-me no medo e autopiedade. Tinha medo de que ele tivesse partido para sempre e sentia-me muito só. Mas não o procurei ou tentei fazê-lo sentir-se culpado. Nem ao menos contei-lhe como isso estava afetando negativamente nosso filho. Eu realmente queria dar-lhe a liberdade de que ele precisava. [*Claramente Ruth está tentando tanto ser o que intelectualmente gostaria de ser – disposta a dar liberdade a seu marido – que os seus sentimentos conduzem-na ao desespero.*]

Jay voltou na terça-feira à noite. Conversamos durante quase a noite toda e nas noites seguintes. No sábado, ele me falou sobre Laura. Ela o ama e ele a ela. Isto era tudo o que eu temia, mas o conhecimento do fato era, de alguma forma, mais fácil do que todos os medos e dúvidas. [*De alguma maneira, devido ao compromisso que um sente em relação ao outro, a comunicação é restabelecida. E, quando a comunicação é aberta, os fatos nunca são tão devastadores quanto a imaginação sem os fatos.*]

Comecei a ler seu livro sobre grupos de encontro[10]. [*Eis o segundo contato de Ruth com uma abordagem centrada-na-pessoa.*] Se eu tivesse compreendido antes, a situação nunca teria ido tão longe. Mas ainda não é muito tarde.

Jay está mudado. Ele sente que Laura precisa dele e irá vê-la algumas vezes. Ele é capaz de dar-se, de um modo como nunca havia sido capaz antes. É uma pessoa que ama.

E o que acontece comigo? Bem, eu o amo mais do que nunca. Quero que ele se dê e ame outras pessoas. Ah! Ainda me sinto ameaçada e solitária, às vezes. Ainda quero uma segurança que nunca será possível ter. Mas estou compreendendo cada vez mais. Agora estou me dando mais a Jay, tanto física quanto emocionalmente, mais do que em qualquer outro momento de nosso casamento. Ainda tenho recaídas ocasionais de medo e solidão, mas a maior batalha terminou. [*O crescimento em direção a um amor maduro e não possessivo, tão brevemente mencionado neste parágrafo, é tremendo.*]

Seus livros me ajudaram a alcançar a compreensão de mim mesma, de Jay e de Laura. É um pouco temerário e mudar nunca é fácil, mas estou mudando. Em vez de forçar Jay a decidir-se entre mim e Laura, permiti-lhe amar ambas. Neste momento sinto-me cheia de amor e boa vontade. Hoje à noite, enquanto Jay estiver com Laura, as velhas dúvidas poderão voltar, mas sou muito mais capaz de lidar com elas. Novamente, sinto-me mais amorosa e aberta com meus alunos. E isto vale a pena. [*O caminho que Ruth está escolhendo é audacioso, arriscado e é maduro. Dará "resultado"? Quem conhece o significado desta palavra? Mas Ruth e Jay se comunicam melhor agora, estão mais generosos e a vida prossegue. É especialmente digno de nota o fato de ela agora poder ser seu "eu" amoroso e aberto com seus estudantes e com Jay. A vida não parece ser tão assustadora.*]

Provavelmente, isto está longe de ser o último capítulo de nossas vidas, somos ambos jovens e experimentaremos muitas outras mudanças e emoções. Mas agora, mais do que nunca, sou mais capaz de lidar com elas. E Jay e eu estamos conversando e nos dando um ao outro. No momento sou eu quem mais se dá, mas sinto que, com o tempo, ele se dará cada vez mais a mim. Muito obrigada pela ajuda.

Ruth_____

Ocorreram mudanças surpreendentes no *locus* do poder, de influência e de controle neste relacionamento, e ele é um exemplo dramático do fato de que uma mudança numa faceta do relacionamento altera a dinâmica de todo o sistema.

Em diferentes momentos, as circunstâncias estavam ligadas a controle. A gravidez não desejada fez de Ruth uma esposa insegura de si mesma, cheia de suspeitas e fechada. A convocação e o ano que Jay passou no Vietnã parecem ter tido efeitos devastadores sobre ele, mas, por parte de Ruth, levou a uma maior independência e satisfação, na medida em que ela buscava sua própria vida e construía sua autoconfiança.

Cada um por sua vez, ambos os cônjuges envolveram-se em relacionamentos que incluíam carinho, abertura, ao mesmo tempo que isto também trouxe intimidade, dor e crescimento. Primeiro, foi a experiência com seus amigos Doug e Mary. Para Jay isto levou a um tipo de amor comunicante e generoso. Para Ruth isto trouxe medo, ciúme e recuo. Mas então ocorreu a abertura de Ruth com seus alunos, que a levou a sentir amor, tanto por John – o aluno – quanto por Jay, seu marido. Mas para Jay isto significou ameaça e ambos recuaram. Depois ocorreu o contato de Jay com a abertura e carinho de um grupo de encontro. Aqui ele viu-se novamente como uma pessoa generosa e amorosa, o que provocou uma mudança em toda a dinâmica do relacionamento, porque *ele* havia mudado. Então, seu amor por Laura deixava-o confuso e aborrecia Ruth. Através da dor e mágoa, gradualmente ocorreu cada vez mais comunicação verdadeira. Jay tornou-se uma pessoa amorosa: Ruth está assumindo o risco de deixá-lo amar duas mulheres e tornou-se muito mais madura, em todo o processo. Ela está tentando compreender e aceitar não apenas suas próprias necessidades, como também as de Jay e Laura. Ela está se arriscando num relacionamento difícil, mas centrado-na-pessoa. Ela percorreu um longo caminho e, de acordo com seu relato, Jay também.

Como ocorre com todo relacionamento centrado-na-pessoa, não se pode prever o exato desenrolar do caso. Tudo que podemos dizer com segurança sobre o futuro é que ele está sendo encarado abertamente por dois cônjuges confiantes e comunicativos, que se esforçam para encarar a vida, suas dificuldades e recompensas nos relacionamentos, sem tentar controlar-se mutuamente. E, desta maneira, é provável que cada um deles, assim como Laura e os alunos de Ruth, sejam beneficiados.

Senti que deveria descobrir os capítulos seguintes da vida de Ruth e Jay. Como dois anos se haviam passado, eu não estava otimista em localizar Ruth, tendo em vista a mobilidade da vida moderna; mas minha carta lhes foi encaminhada e recebi resposta de *ambos*, Ruth e Jay.

Ruth, em sua carta, revê algumas de suas experiências e amplia um pouco mais a história. Ela menciona que, vários meses depois de ter conhecido Jay, eles se tornaram amantes e três meses depois: "Descobri que estava grávida (as pílulas não eram facilmente obtidas em nossa cidade naqueles tempos!). Na verdade não queria me casar – na realidade, tinha planejado nunca me casar porque queria uma carreira – mas

Jay queria muito se casar. Ele estava pronto e me amava, de forma que, com pressões dos pais de ambos os lados, nós nos casamos."

Durante boa parte do tempo, Jay esteve no exército e, durante sua permanência no Vietnã, Ruth viveu com seus sogros – "eles realmente são o máximo, o melhor que eu posso dizer". Durante o ano em que ele esteve no Vietnã, comecei a trabalhar no meu mestrado e lecionava na escola. Sentia-me solitária e escrevia para ele, todos os dias. Penso que, realmente, nunca me ocorreu ser infiel a Jay naquele ano. Naquela ocasião tais atividades extraconjugais simplesmente nunca passaram pela minha mente. Sei que algumas pessoas acharam difícil acreditar nisso, mas é verdade.

"Jay voltou depois de um ano. Ele estava mudado e foi quase como descobrirmos um ao outro pela primeira vez. Finalmente, relaxei o suficiente para ter orgasmos quando fazíamos amor, e as coisas ficaram cada vez melhores. Jay deu baixa no exército e começou a trabalhar em sua cidade natal. Ele estava pensando um bocado na ocasião (ele é um homem pacífico, calmo e ponderado para quem ter que ir para a guerra era quase demais), mas estávamos contentes com nossas vidas."

Ela menciona brevemente o período de três anos que incluía o relacionamento deles com Doug e Mary e o início de Jay em seu trabalho de graduação, sabendo que havia falado nisto anteriormente. Deixemos aqui que Jay continue com o relato: "Começarei com os sentimentos que me levaram a me envolver com Laura. Depois que voltei do Vietnã suponho que externamente eu parecia estar reajustado. Trabalhava, ganhava dinheiro, vinha para casa, assistia à televisão, lia alguma coisa, gastava dinheiro e fazia as coisas que supomos poder nos tornar felizes. Embora amasse muito Ruth e Gordon, não me sentia satisfeito comigo. Continuava a torturar-me sobre o Vietnã, continuamente lamentando os sentimentos que havia deixado em mim. Tentando afastar-me disto, decidi assistir a algumas aulas de graduação à noite. Quanto mais me envolvia com a graduação, tanto mais cresciam sentimentos de entusiasmo sobre o processo de aprendizagem. É difícil para mim conceber agora a alegria e o entusiasmo que podem ser encontrados através da aprendizagem. Descobri quantos limites desnecessários nós nos colocamos ao dizer "não sei". Assim, comprometi-me comigo mesmo a nunca mais colocar limites sobre coisas que quisesse conhecer sobre meu mundo ou as pessoas nele existentes.

"Foi nesta época, como parte de um dos meus cursos, que decidi investigar os grupos de encontro. Eu e outros cinco estudantes decidimos realmente viver a experiência de um grupo de encontro, em vez de apenas ler sobre eles. Pedimos ajuda a um professor do departamento de psicologia, para ser nosso facilitador. Laura, também estudante, tornou-se membro deste grupo. Foi um encontro muito emocional para todos os participantes. Laura e eu nos tornamos muito íntimos e, finalmente, nos tornamos amantes. Racionalizava que tudo corria bem entre Laura e mim e entre Ruth e mim. Ruth percebeu que alguma coisa estava errada comigo, de forma que começamos a falar sobre Laura. O simples fato de falar de Laura para Ruth diminuía a intensidade do caso. Depois de confessar o caso a Ruth, eu e Laura não fomos mais para a cama, embora ainda nos encontrássemos bastante na escola. Imagino que esta tenha sido a parte mais difícil para Ruth compreender. Eu contei a Ruth que nós não íamos mais para a cama, mas era impossível para ela compreender por que ainda estávamos nos encontrando. Isto tampouco eu compreendo; simplesmente não podíamos nos separar."

Mais ou menos neste ponto Ruth retoma a narrativa. No verão, Jay estava trabalhando em tempo integral no seu mestrado e ela sentia que o relacionamento dele com Laura tinha esfriado. Ruth foi para a Europa com uma amiga, lá ficando durante cinco semanas. "Eu ainda estava ferida (somente no orgulho), mas minhas férias foram fantásticas e a longa ausência fez com que nós dois enxergássemos as coisas de forma diferente.

Desde que voltei, naquele verão, as coisas têm estado cada vez melhores. Estamos mais íntimos e apaixonados do que nunca estivemos antes. Não estamos mais apenas contentes, mas realmente felizes. Nossa vida sexual está melhor do que nunca, e eu, realmente, chego a ser agressiva muitas vezes."

Jay também nos dá sua versão deste período e nos atualiza sobre seu amor, sua vida e seu trabalho. "Naquele verão, Ruth foi para a Europa, enquanto eu ainda assistia a aulas na escola de graduação. Laura ainda estava por perto, embora eu não a visse enquanto Ruth estava fora. Penso que Laura percebeu quanto eu amava Ruth e sabia que eu não queria vê-la enquanto Ruth estivesse fora. Quando Ruth voltou, penso que ambos decidimos nos comprometer com nosso relacionamento, que havia sempre sido muito bom. Não foi assumido nenhum compromisso verbal, foi apenas uma daquelas comunicações não-verbais que as pessoas que se amam podem fazer."

A necessidade de Laura de ter alguém com quem pudesse se comunicar intimamente na ocasião em que seu casamento estava se desfazendo era muito grande, "desesperada". Ruth e Jay não estavam se comunicando bem. Como freqüentemente acontece, o intercâmbio de sentimentos no relacionamento satélite era quase certamente mais profundo, mais honesto, mais significativo do que no casamento. Não há dúvida de que Laura enriqueceu a vida de Jay – e isto levou, depois de um período tormentoso, a um enriquecimento de seu casamento. Como Laura se sentiu? Estaria ela cheia de conflitos e culpa por sua intimidade com Jay? Ou ela considerava o relacionamento deles natural? Estaria ela satisfeita com o distanciamento que Jay impôs entre eles, enquanto Ruth estava na Europa, ou estava ressentida? Ela pôde aceitar a morte gradual do relacionamento ou sofreu grande dor? Tendemos a nos preocupar tanto com os parceiros conjugais, que esquecemos que o estranho também é uma pessoa, como no caso de Laura, um amor real e autêntico. Jay reconhece a profundeza do envolvimento deles quando diz: "Não podíamos simplesmente nos separar."

Está claro que Laura, ao amar Jay e falar dele, tornou Ruth e Jay muito mais próximos e restaurou o casamento deles. Mas gostaria que soubéssemos mais, o que toda a experiência significou para Laura.

Jay continua seu relato, contando a respeito de sua atividade profissional. "No momento estou lecionando numa escola elementar pequena e na zona rural, para um grupo de crianças que realmente amo. Você sabe, se você ama um bando de garotos e está desejoso de mostrar-lhes isso, eles aprendem com você, apesar de todos seus desajeitados esforços e falhas. 'Liberdade para aprender' tem sido e continua a ser uma grande ajuda em minhas aulas. Seja bom com você mesmo e com aqueles que o cercam; e obrigado por ajudar Ruth durante um período em que eu não pude."

Ruth concorda que Jay é *"por incrível que pareça um excelente* professor primário!" Eles mudaram, mas ela ainda está lecionando e trabalhando em seu doutoramento. Ela faz duas afirmações que dão uma idéia clara de seu relacionamento atual. "Estamos casados há quase nove anos, e eu não trocaria minha vida por nenhuma outra vida que conheço! Se eu tivesse *planejado* ficar grávida, naquela época, não poderia ter escolhido um pai, marido e pessoa melhor.

"Nenhum de nós ousaria dizer que não tentaremos talvez um caso, uma escapadela ou qualquer coisa do gênero, algum dia. Quem pode saber o que faremos? Mas no momento não precisamos disso e não estamos procurando isso. Talvez daqui a alguns anos queiramos tentar uma coisa inteiramente diversa, mas eu sei agora que estamos mais juntos e felizes do que nunca. Não creio que nenhum de nós dois venha a ter medo de 'perder' o outro. (Eu sei que não se perde o que não se possui, mas você sabe o que eu quero dizer, de qualquer forma!) Tudo que aconteceu em nosso casamento serviu para fortalecê-lo, no final. Talvez tenhamos apenas sorte; talvez tenham sido bons os modelos de nossos pais (ambos viemos de casamentos felizes); talvez sejamos um feito para o outro. Realmente não me interessa o porquê; estou apenas contente por termos o que temos."

À medida que estudava essas cartas, ficou claro para mim que eu *tinha* que acompanhar as últimas experiências de Ruth e Jay. Freqüentemente, tenho sido criticado por ser demasiadamente otimista em relação à natureza humana, aos relacionamentos comunicativos e ao processo de crescimento. Finalizei meus comentários sobre Ruth e Jay com palavras otimistas e posso ouvir os críticos dizendo: "Ridículo! Eis aqui um casamento inicialmente forçado, que no momento está uma 'bagunça' porque o marido ama duas mulheres ao mesmo tempo, e você tem a *coragem* de mostrar a situação como sendo construtiva!" À medida que penso sobre isto, apesar de ter acreditado no que disse, percebo que meus críticos poderiam estar certos. O casamento poderia ter-se desfeito com amargura. Cada um deles poderia estar se sentindo terrivelmente culpado. Suas esperanças numa carreira poderiam ter sido destruídas. *Tinha* que descobrir! Não poderia abandonar a história neste ponto.

Mais uma vez, como já havia acontecido antes, a experiência justifica uma visão construtiva. Ruth e Jay mostram, tão claramente quanto pode ser mostrado, que companheiros comprometidos com um *processo* de relacionamento, companheiros que assumem o risco de uma comunicação de sentimentos aberta, que tentam construir um relacionamento, em vez de garantir o futuro, irão achar que a vida é enriquecedora e recompensadora, embora certamente nem sempre suave. Eles podem, como diz Ruth, estar "contentes de terem o que têm".

Desta forma, não tenho nenhuma desculpa para meu resumo inicial. Posso suspeitar que Laura encara a sua experiência com Jay como uma experiência de crescimento em sua vida e espero que John sinta-se da mesma forma sobre sua intimidade com Ruth. Estou certo de que os alunos de Ruth se beneficiam da abordagem centrada-na-pessoa, que ela alcançou. A única coisa que não previ foi o fato de que o modo franco de ser de Jay também seria um grande benefício para seus alunos. Como Ruth, estou bastante contente em deixar o futuro como desconhecido, mas não um temível desconhecido.

Eis aqui um companheirismo no qual, inicialmente, uma grande parte do controle era externa: as circunstâncias da gravidez, as pressões dos pais, as expectativas sociais, a convocação – para mencionar apenas alguns. Fomos privilegiados em observar sua mudança durante um período de nove anos. Apesar dos períodos em que Ruth tentou controlar Jay, quando Jay tentou a estratégia do engano, vimos que cada contato com uma abordagem centrada-na-pessoa conduziu a um enfraquecimento do poder dos controles externos e a um abandono das tentativas de controlar um ao outro. À medida que cada um cresceu, através de períodos de tensão e dor, assim como de satisfação, passaram a ter cada vez menos necessidade de controlar um ao outro. Em conseqüência, cada um deles, progressivamente, propiciou ao outro um clima estimulador de crescimento. Onde inicialmente existiam fantoches, agora existem pessoas. Eles têm uma grande e amorosa influência um sobre o outro, mas cada um deles é uma pessoa respeitada em seus próprios direitos. A política de seu relacionamento é agora totalmente igualitária, sendo que cada um dos companheiros controla claramente seu próprio comportamento e vida. Eles desenvolveram, em seu casamento, uma política centrada-na-pessoa.

Referências bibliográficas

1. F. Brodie, *Thomas Jefferson: An Intimate Biography*, Nova York: Norton, 1974.
2. J. W. Ramey, "Intimate Networks", *The Futurist*, 9 # 4 (agosto 1975), pp. 175-81.
3. Suas considerações sobre este casamento podem ser vistas no filme *Carl Rogers on Marriage: An Interview with Bob and Carol*, distribuído por APGA, 1607 New Hampshire Avenue, N. W., Washington, D. C. 20009.
4. C. R. Rogers, "A Theory of Therapy, Personality and Interpersonal Relationships as Developed in the Client-centered Framework",

em S. Koch, ed., *Psychology: A Study of a Science, vol. III. Formulations of the Person and the Social Context*, Nova York: McGraw-Hill, 1959, p. 198.

5. A. Francoeur e R. Francoeur, *Hot and Cool Sex*, Nova York: Harcourt Brace Jovanovich, 1974.

6. R. May, *Power and Innocence. A Search for the Source of Violence*, Nova York: Norton, 1972.

7. N. O'Neill e G. O'Neill, *Open Marriage*. Nova York: M. Evans & Co., 1972.

8. C. R. Rogers, *Becoming Partners: Marriage and Its Alternatives*, Nova York: Delacorte Press, 1972.

9. C. R. Rogers, *Becoming Partners*, capítulo 9, "Threads of Permanence".

10. C. R. Rogers, *Carl Rogers on Encounter Groups*, Nova York: Harper & Row, 1970.

4. Poder ou pessoas:
duas tendências em educação

O sistema educacional é provavelmente a mais influente de todas as instituições – superando em alcance a família, a Igreja, a política e o governo – ao modelar a política interpessoal da pessoa em crescimento. Veremos rapidamente como tem sido nos Estados Unidos a política da educação e vamos compará-la com a política de um empreendimento educacional, quando este é inspirado na abordagem centrada-na-pessoa.

Mostraremos como a política da escola tradicional é vivenciada.

O professor é quem possui o conhecimento, o aluno é o receptor. Há uma grande diferença, em termos de *status*, entre professor e aluno.

A aula, como um meio de despejar conhecimentos dentro de um recipiente, e o exame, como a medida do grau em que o aluno recebeu estes conhecimentos, constituem os elementos centrais desta educação.

O professor é quem tem o poder, e o aluno é aquele que obedece. O administrador é também o dono do poder, e ambos, professor e aluno, são aqueles que obedecem. O controle é sempre exercido de cima para baixo, hierarquicamente.

A regra autoritária é a diretriz aceita na classe. Os professores novatos são freqüentemente advertidos: "Faça tudo para manter o controle de seus alunos, desde o primeiro dia."

Confiar só o mínimo. O que predomina é a desconfiança do professor para com o aluno. Não se imagina que o estudante trabalhe satisfatoriamente sem supervisão e verificação constantes por parte do professor. A desconfiança do estudante para com o professor é mais difusa – uma falta de confiança nos motivos, na honestidade, imparcialidade e competência do professor. Pode haver uma real relação entre o expositor que entretém a classe e aqueles que estão sendo entretidos. Pode haver uma admiração pelo professor, mas a confiança mútua não é o fator predominante.

Os sujeitos (os alunos) são mais bem governados quando mantidos em um intermitente ou constante estado de medo. Atualmente, não há muita punição física, mas a crítica e o ridículo público e o constante medo do fracasso são bem mais potentes. Este estado de medo parece aumentar à medida que progredimos na escolaridade, porque o aluno tem mais a perder. No primeiro grau, o indivíduo pode ser objeto de escárnio, ou definido como estúpido ou mau. No segundo grau existe, além disso, o medo de não chegar à conclusão do curso, o que acarreta desvantagens econômicas, vocacionais e educacionais. Na faculdade, todas essas conseqüências são aumentadas e intensificadas. Nos centros de pós-graduação, a responsabilidade, assumida através de um catedrático, oferece ainda maiores oportunidades para extremas punições devidas a alguns caprichos autocráticos. Muitos alunos graduados não receberam seus certificados porque se recusaram a obedecer a todos os desejos de seu professor-orientador. São como escravos, sujeitos ao poder de vida e morte de um déspota oriental. O reconhecimento desta degradação levou Farber a intitular sua mordaz crítica à educação de *The Student as Nigger*[1].

A democracia e seus valores são ignorados e menosprezados na prática. O estudante não participa da escolha de seus objetivos, de seu currículo, de sua maneira de trabalhar. Escolhem por ele. Também não tem nenhuma participação na escolha do corpo docente ou na política educacional. Do mesmo modo, os professores não têm nenhuma opção de escolha quanto a seu diretor ou outras autoridades. Freqüentemente, eles também não têm nenhuma participação na definição da política educacional. As práticas políticas da escola estão em marcante contraste com o que é ensinado *sobre* as virtudes da democracia e a importância da liberdade e da responsabilidade.

No sistema educacional não há lugar para a pessoa como um todo, somente para o intelecto. Na escola de primeiro grau, o excesso de curiosidade da criança normal e o acúmulo de energia física são restringidos e, se possível, até sufocados. Na escola de segundo grau, um dos interesses dominantes de todos os estudantes – sexo e relacionamento entre sexos – é quase totalmente ignorado e certamente não considerado como principal área para a aprendizagem. Na faculdade, a situação é a mesma: somente a *inteligência* é valorizada.

Se você pensa que tais pontos de vista desapareceram, ou que estou exagerando, basta olharmos para o *Los Angeles Times* de 13 de dezembro de 1974. Nele, verificamos que a Universidade da Califórnia (abrangendo todas as universidades estatais – Berkeley, UCLA e outras) está procurando afastar John Vasconcellos, legislador do Estado, de todas as comissões relacionadas com a política universitária. Vasconcellos chefiou, durante três anos, com destaque, um estudo legislativo sobre o ensino superior. E, por que está a universidade tentando mantê-lo afastado de tudo o que se refere à política universitária? Devido a duas mudanças que ele pretende realizar: primeiro, ele é a favor de reservar uma porcentagem do orçamento para programas educacionais inovadores. Isto é tremendamente combatido. Mas a mais importante razão para combatê-lo é que ele favorece a inclusão das duas aprendizagens: "a afetiva e a cognitiva", de acordo com o Dr. Jay Michael, vice-presidente da universidade. Michael diz: "Achamos que há um conhecimento separado e à parte de como a pessoa se sente... e este conhecimento acumulado da espécie humana é cognitivo. Ele pode ser transmitido, pode ser ensinado e aprendido, e o modo de prosseguir neste tipo de conhecimento é a pesquisa acadêmica. Continua ele: "Parece-nos que ele (Vasconcellos) gostaria de abandonar a aprendizagem cognitiva ou, pelo menos, reduzir sua importância a um nível inaceitável para membros da Universidade..."

Em resposta, Vasconcellos diz que valoriza as habilidades cognitivas, "mas também acredito que o componente afetivo, emocional... é terrivelmente importante". Ele acredita que as habilidades cognitivas devam ser combinadas com o melhor conhecimento do "eu" e do comportamento interpessoal.

A política desta diferença é muito fascinante. O vice-presidente adere claramente à teoria da educação "mug and jug" (caneco e jarro), em que o corpo docente domina o conhecimento e o transfere para o recipiente passivo. Tão ameaçado é ele pela possibilidade de mudança, que se opõe a qualquer inovação no procedimento educacional. Mas o mais ameaçador de tudo é a idéia de que tanto o corpo docente como os estudantes são seres humanos, humanos ao experienciar em todo conhecimento um componente do sentimento. Se isso for admitido, mesmo parcialmente, estudantes e corpo docente estarão em um nível de maior igualdade e a política de dominação ficará enfraquecida. Esta foi a posição de um dos "maiores" sistemas universitários, em 1975.

Embora esta imagem tradicional da educação seja excessivamente freqüente, já não é o único caminho pelo qual a educação deve prosseguir. Há uma década, uns raros pioneiros silenciosos e isolados ofereceram uma alternativa para o quadro tradicional. Hoje, em todas as maiores cidades dos Estados Unidos, há inúmeras "escolas alternativas", "escolas livres", "universidades sem muros", nas quais a aprendizagem humanista, centrada-na-pessoa, orientada para o processo, está se desenvolvendo.

Eis aqui as condições fundamentais que podem ser observadas, quando a aprendizagem centrada-na-pessoa se desenvolve na escola, na faculdade ou em nível de pós-graduação.

Precondição. Haver um líder ou uma pessoa que é considerada como figura de autoridade numa dada situação, tão seguro de si e de seu relacionamento com os outros, que experimenta uma confiança essencial na capacidade de as pessoas pensarem por elas. Se esta precondição existe, então os aspectos seguintes tornar-se-ão possíveis.

A pessoa facilitadora compartilha com os outros alunos e possivelmente também com os pais, ou membros da comunidade, a responsabilidade pelo processo da aprendizagem. O planejamento curricular, a maneira de administrar e agir, a obtenção de fundos e a ação política, são todos da responsabilidade do grupo envolvido. Deste modo, uma classe pode ser responsável por seu próprio currículo, mas o grupo total pode ser responsável pela política geral.

O facilitador proporciona os recursos de aprendizagem de dentro de si mesmo e de sua própria experiência, de livros, materiais ou de experiências da comunidade. Ele estimula os que aprendem a irem acrescentando os recursos de que têm conhecimento ou experiência. Ele abre pistas para recursos, que vão além das experiências do grupo.

O aluno desenvolve seu próprio programa de aprendizagem, sozinho ou em cooperação com outros. Explorando seus próprios interesses, enfrentando a riqueza de recursos, ele toma decisões quanto à direção de sua própria aprendizagem e assume a responsabilidade pelas conseqüências destas escolhas.

Proporciona-se um clima facilitador da aprendizagem. Aparece, nas reuniões de classe ou da escola como um todo, uma atmosfera de realidade, de cuidado e de atenção compreensiva. Este clima pode provir inicialmente da pessoa que é percebida como líder. Na medida em que o processo de aprendizagem continua, esse clima será cada vez mais proporcionado pelos participantes, uns em relação aos outros. Aprender através dos outros torna-se tão importante quanto através de livros, filmes, experiências comunitárias ou do facilitador.

Pode-se perceber que *o enfoque reside principalmente em desenvolver o processo contínuo de aprendizagem*. O conteúdo da aprendizagem, embora significativo, fica em segundo plano. Deste modo, um curso é considerado bem-sucedido não quando o aluno "aprendeu tudo o que ele precisa aprender", mas quando realiza um progresso significativo ao aprender *como aprender* o que ele quer saber.

A disciplina necessária para alcançar os objetivos dos alunos é a autodisciplina, que será reconhecida e aceita pelo estudante como sendo de sua própria responsabilidade.

A avaliação da extensão e significado da aprendizagem de cada aluno é feita primeiramente pelo próprio estudante, embora sua auto-avaliação possa ser influenciada e enriquecida por meio do *feedback* cuidadoso de outros membros do grupo e do facilitador.

Neste clima que promove o crescimento, a aprendizagem é mais profunda e se desenvolve num ritmo mais rápido, sendo mais útil para a vida e para o comportamento do aluno, do que a aprendizagem adquirida na sala de aula tradicional. Isto acontece porque a direção é auto-escolhida, a aprendizagem é autodidata e a pessoa como um todo, com sentimentos e paixões tanto quanto com o intelecto, é envolvida no processo.

As implicações políticas da educação centrada-na-pessoa são claras: o estudante detém seu próprio poder e controle sobre si mesmo; ele compartilha de escolhas e decisões responsáveis; o facilitador proporciona o clima propício a estes objetivos. A pessoa que está se desenvolvendo e busca o conhecimento é a força politicamente poderosa. Este processo de aprendizagem representa a reviravolta revolucionária na política da educação tradicional.

O que faz com que um professor inverta a política da classe? As razões são múltiplas.

Em primeiro lugar, cito minha própria experiência. Na medida em que meu ponto de vista em terapia se tornou cada vez mais confiante na capacidade do indivíduo, eu não poderia ajudar sem questionar minha abordagem de ensino. Se considero meus clientes como pessoas dignas de confiança e basicamente capazes de se descobrirem e de guiarem suas vidas em um ambiente que sou capaz de criar, por que não posso criar o mesmo tipo de clima para alunos graduados e incentivar o processo da aprendizagem *auto*dirigida? Foi assim que comecei a tentar esse trabalho na Universidade de Chicago. Deparei com um grau de resistência e de hostilidade mais alto do que o que havia encontrado com meus clientes. Acredito que isto me tornou mais defensivo e rígido, atribuindo *toda* a responsabilidade à classe, em vez de reconhecer-me como parte do grupo em situação de aprendizagem. Cometi muitos erros e, às vezes, pus em dúvida o valor de toda a abordagem. Apesar de toda a minha inexperiência inicial, os resultados foram surpreendentes. Os alunos trabalharam com mais dedicação, aprenderam mais, desenvolveram um pensamento mais criativo do que qualquer outra de minhas turmas anteriores. Foi desse modo que perseverei e, parece-me, aperfeiçoei minha habilidade como facilitador.

Embora tenha começado a falar e escrever sobre minha experiência e alguns de meus alunos seguissem os mesmos caminhos em aulas que eles estavam ministrando, havia sempre a dúvida inoportuna de que, se tal procedimento estava dando resultado, era simplesmente devido a um fator pessoal ou a algumas atitudes peculiares que havíamos desenvolvido no Centro de Aconselhamento de Chicago. Em conseqüência, foi um apoio considerável verificar que outros que haviam enfrentado lutas similares estavam adotando os princípios por nós planejados e estavam tendo experiências paralelas – para não dizer idênticas.

Uma professora de inglês, chamada Jacqueline Carr, com a qual eu nunca tivera contato, registrou seu próprio relato sobre o modo ambivalente pelo qual ela se "lançou"[2]. Eis como o clima político de sua classe mudou e por quê.

"Recentemente, enquanto lia alguns trabalhos de Carl Rogers, fiquei interessada, frustrada e obcecada com alguns dos conceitos 'idealísticos' que ele apresenta. Perguntei-me: 'Quanta liberdade pode, precisamente, ser dada aos alunos da escola secundária? Quanta responsabilidade eles podem aceitar na sua própria educação?'.

"Eu queria acreditar que, se lhe fosse dada liberdade, o aluno da escola secundária poderia aceitar alguma responsabilidade em sua própria educação. Porém, continuei pensando, 'Simplesmente não vai funcionar... impossível pôr em prática... as crianças ficarão rebeldes... a administração não o permitirá... etc.'. Estava perturbada pela hipocrisia de ter acreditado no que lera, apesar de recusar-me a agir em função dessas crenças."

É claro que a base da mudança reside em um período de gestação, de questionamento e de dúvidas, na pessoa do professor. Gradualmente, os alicerces se firmam para assumir o risco de mudar de professor para orientador.

"Assim, em uma sexta-feira, avisei que na segunda-feira iríamos começar a ler *Romeu e Julieta*. Um menino queixou-se: 'Por que será que nunca chegamos a ler alguma coisa boa... algo diferente... somente Shakespeare, Dickens, Hugo...' Justifiquei-me perante a classe, baseando-me nas exigências da inspetoria, diretrizes de currículo, expectativa da faculdade, demandas culturais e satisfações pessoais.

"Logo que terminei minha explicação, uma das garotas disse: 'Por que nunca fazemos o que *nós* queremos?' Questões como estas duas têm sido feitas a professores no decorrer de gerações. Parei de falar, respirei fundo, sentei-me sobre minha mesa e olhei ao redor. Todos os alunos estavam à espreita de minhas reações. Eu disse: 'Muito bem! Segunda-feira, cada um de vocês pode trazer para a classe um plano individual de estudo para as próximas seis semanas. Vocês podem estudar qualquer área que lhes interesse, contanto que inclua leitura e escrita.'"

Com uma única proposta, ela virou de cabeça para baixo a política das relações interpessoais na sua classe.

"Fez-se um silêncio mortal. Então, um dos mais jovens disse: 'Mas, assim, como você vai nos avaliar?'. Respondi: 'Não vai haver nenhuma avaliação durante seis semanas.' Um outro aluno perguntou: 'Então, como você irá nos dar nota?'. Eu disse: 'Baseados no que vocês realizarem, encontraremos, de comum acordo, um jeito de saber quanto vocês acham que aprenderam – em comparação com o que foi aprendido nas seis semanas precedentes – e quanto vocês fizeram em relação aos outros alunos da classe.'

"Vários alunos ficaram preocupados, confusos, embaraçados. Um menino perguntou: 'Podemos simplesmente adotar o trabalho que você já planejou para as próximas seis semanas?'. Alguns dos alunos estavam obviamente com medo de não saber manejar a liberdade e a responsabilidade."

As reações a esta política embaraçosa foram as mesmas que eu e muitos outros na posição da Senhora Carr temos encontrado. Os estudantes que solicitaram liberdade ficavam decididamente atemorizados quando percebiam que isto também significava responsabilidade. Há também um sadio ceticismo em relação à veracidade da mudança. Não quer mais o professor dominar pelas notas e exames? Não será esta uma pseudoliberdade? Quando eles estiverem convencidos de que é verdade, um novo espírito surgirá.

"Sugeri que falássemos a respeito de coisas que eles gostariam de fazer. Um menino disse: 'Eu gostaria de passar as seis semanas lendo histórias curtas e, depois, tentar escrever uma.' Um outro aluno disse: 'Eu gostaria de passar as seis semanas simplesmente lendo todos os livros que quero, mas não tenho tempo de ler.' Vários estudantes queriam passar as seis semanas lendo livros de um mesmo autor. Uma garota quis ler material sobre semântica, um outro sobre psicologia, um outro sobre comunismo. Um menino estava interessado na investigação dos conceitos de 'livre-arbítrio' e 'determinismo'.

"Este mesmo tipo de discussão animada continuou... Os estudantes 'médios' pareciam muito mais interessados do que os do 'cursinho'. Imaginei o que seriam seus comentários, quando eles saíssem. 'A Senhora Carr vai nos deixar fazer tudo o que queremos e, o que é melhor, nós mesmos vamos nos dar notas.' Em seguida, dirigi-me diretamente ao chefe do Departamento de Inglês e também ao diretor. Suas respostas cheias de interesse e cooperação convenceram-me de que nós, professores, freqüentemente usamos o 'a administração não permitirá' como desculpa de nossa suposta falta de liberdade."

Os alunos da Senhora Carr foram muito mais criativos em seus trabalhos do que antes. "Os alunos chegavam para a aula antes da hora do almoço e ficavam depois da aula. Durante a aula, eles trabalhavam arduamente e, isso, todos os dias." Mas, como diz a Senhora Carr, "o conteúdo dos trabalhos dos alunos parecia menos importante do que suas reações pessoais aos projetos".

Eis quatro citações do que disseram os alunos dela. As duas primeiras indicam que o fato de dar o poder de escolha ao estudante resulta num senso de responsabilidade totalmente diferente e num esforço muito maior. A terceira indica o aumento da autocompreensão, e a quarta uma crescente maturidade. Estes são resultados típicos de uma abordagem centrada-na-pessoa dentro da sala de aula.

"Porque eu não gostava da escola, fiquei surpreso ao descobrir como podia estudar e aprender, quando não sou forçado a isto."

"Eu nunca li tanto em minha vida."

"Várias discussões 'livres' ajudaram-me muito a entender a mim mesma."

"Sentia-me como se eu fosse um adulto sem estar sendo supervisionado e orientado durante todo o tempo."

Nem todo o mundo tem sido tão feliz ao colocar em prática a abordagem centrada-na-pessoa. Joann Lipshires[3] conduziu três seminários, em escolas de ensino médio, sobre Relações Humanas. Teve muita dificuldade em lidar com o problema dos sentimentos negativos – dela própria e dos alunos. Achou que um dos seminários foi um "desastre". Mas seu chefe de departamento estimulou-a a continuar e, gradativamente, ela pôde dizer: "Afinal, acho que deu certo, que meus esforços foram bem-sucedidos em propiciar aos jovens alguma coisa de que eles necessitam desesperadamente."

Quando ela restringiu o grupo a quinze alunos, propiciou um ambiente menos tenso e mais confortável, e estabeleceu a regra de que comentários humilhantes ou destruidores não seriam tolerados, seu seminário começou a seguir os padrões que se tornaram habituais. Os estudantes foram quase unanimemente favoráveis.

Seu relato acrescenta dois outros aspectos que nem sempre estão bem documentados. Ela mostra como as mudanças na atmosfera da escola, incluindo um maior auto-respeito e uma melhor capacidade para ouvir os outros, afeta a política da família. Eis o relato de um aluno: "Agora, ao ouvir minha mãe em casa, começo a interessar-me por ela, assim como pelas coisas que tem a dizer-me. Não costumo mais classificá-la como 'mãe' ou 'figura materna', o que para mim representa um símbolo de autoridade, que desafiarei em quaisquer circunstâncias, mas sim como um outro ser humano que merece tanto amor e atenção quanto eu ou qualquer outra pessoa. Não tentamos de jeito nenhum mudar a maneira de os outros verem a vida, mas tentamos, antes de mais nada, compreendê-los."

O pai de uma aluna do segundo ano, que havia escolhido o curso de Relações Humanas, fez o seguinte comentário: "Como pai de aluna que fez o curso de Relações Humanas, gostaria de recomendá-lo para outros estudantes. Este curso deu à minha filha oportunidade para refletir sobre si mesma, sob muitos aspectos. Fez com que ela percebesse por que dizia certas coisas e como se sentia em relação aos outros. Seu senso de valores parece ter tomado uma forma mais positiva. A honestidade em lidar com os sentimentos do outro ajuda a tornar a pessoa melhor. Creio que é este o tipo de curso que poderia ser ministrado em uma escola de graduação."

Além disso, a senhora Lipshires tem o relato de dois observadores – estagiários designados pelo Departamento de Educação de uma faculdade vizinha – sobre a disciplina em seus seminários. Os relatos apresentam o mesmo tom: "Além de os estudantes gostarem da aula, a confiança que a professora tem neles é retribuída pelo esforço de todos para manter o funcionamento e a ordem da classe".

A disciplina constitui um problema para a maioria dos professores. É sempre considerada como se os alunos estivessem passando por cima da autoridade do professor – "esses rapazes não têm respeito!". Em Relações Humanas, nunca parece haver problemas sérios de disciplina ou mesmo aborrecimentos menores, como, por exemplo, conseguir a atenção de cada um em aula. A professora é o ponto-chave: ela sempre se expressa em termos de *sentimentos* honestos e reais e demonstra enorme respeito pelos *sentimentos* de seus alunos.

Raramente se encontra um relato mais claro de como a disciplina exercida pela autoridade externa transforma-se em autodisciplina.

A mudança nunca é fácil. Inovar é fonte de ansiedade para o professor e representa uma ameaça para os colegas. Parece que seria muito mais simples voltar a ser a autoridade. É difícil ser pessoa diante dos próprios alunos. E há ainda, nas escolas de ensino fundamental e médio, as atitudes de pais céticos ou antagônicos a enfrentar. Muitos professores verificaram que o único modo de lidar com as dúvidas dos pais é achar um meio de incluí-los no processo de aprendizagem. Alguns convidaram os pais para servirem como voluntários, de diferentes maneiras, na classe. Uma professora de ensino médio cheia de imaginação convidou os pais de seus alunos para "Uma noite de aprendizagem", em que experimentariam e discutiriam a abordagem facilitadora que ela estava usando com os filhos deles.

Uma nova abordagem em relação à educação requer novos modos de ser e novos métodos de lidar com diferentes problemas. Também os indivíduos estão verificando que, se eles devem desencadear uma revolução silenciosa nas escolas, decididamente, precisam de um grupo de apoio. Este pode ser pequeno, talvez constituído de duas ou três pessoas, mas um conjunto de pessoas diante das quais não se precisa estar defendendo o próprio ponto de vista, e se possa discutir livremente sucessos e fracassos, os problemas enfrentados e as dificuldades não resolvidas.

Tenho falado principalmente dos riscos que o professor enfrenta no relacionamento professor-aluno, quando a política da classe muda. Mas um facilitador está também assumindo o risco de ameaçar a administração. Como é isto conduzido?

Em muitos estados e comunidades, os professores estão sendo considerados cada vez mais responsáveis. Espera-se que eles redijam "objetivos comportamentais" para cada aluno ou para cada curso e, posteriormente, demonstrem que esses objetivos foram atingidos. A ansiedade subjacente a essas demandas – algumas vezes contidas na lei – é compreensível. O público espera que os jovens estejam aprendendo, e este tem sido o único meio que lhes permite determinar se a aprendizagem está se realizando.

A partir do ponto de vista de qualquer bom professor, convencional ou inovador, isto se torna uma nova camisa-de-força que impede qualquer desvio do esperado, quaisquer riscos nos estimulantes caminhos da aprendizagem. O Dr. David Malcolm, professor universitário, conta como enfrentou essas solicitações de objetivos comportamentais[4].

"Exatamente agora, minha universidade está iniciando um novo programa de 'responsabilidade', e escrever 'objetivos comportamentais' para alunos é uma coisa importante. Ambos violentam todas as minhas crenças pessoais sobre aprendizagem e sobre o que as pessoas devam ser. Meu protesto tem consistido em recusar-me a escrever objetivos para 'minhas' (que arrogância!) classes. Em vez disso, redigi algumas idéias provisórias, tentando expressar objetivos para meu próprio comportamento. Eles se adaptam muito bem a seu propósito e eu gostaria de compartilhá-los com você."

Ei-los, resumidamente.

UM CONJUNTO DE OBJETIVOS COMPORTAMENTAIS ESCRITOS POR E PARA DAVE MALCOLM

(O que vem a seguir está escrito na pressuposição de que os objetivos comportamentais começam no lar.)

PERGUNTA: Muito bem, exatamente o que *faz* o membro do corpo docente (*eu* precisamente) em meu "lugar de aprendizagem" idealizado, isto é, aquele *não*-contaminado por uma maneira rotineira de agir?

RESPOSTA: Bem... *primeiro*, devo dar aos estudantes acesso a mim, como uma pessoa, à minha experiência, à minha sabedoria; *segundo*, devo estar tão pronto quanto puder para sugerir experiências (materiais para ler, coisas para fazer, pessoas para entrar em contato, processos para observar, idéias para ponderar, práticas para tentar, etc.) que eles, de outro modo, não poderiam ter imaginado, aumentando, assim, as opções que lhes são oferecidas; *terceiro*, devo respeitar a autonomia e liberdade de cada estudante, incluindo a liberdade de falhar; e, *finalmente*, devo estar disposto a (talvez fosse melhor dizer *ter a coragem para*) dar a cada estudante um *feedback* honesto, tão correto quanto possível, de acordo com o melhor de minha capacidade, em tantas das seguintes áreas quantas eu possa:

(Ele descreve nove áreas, incluindo capacidade para conceitualizar; habilidade demonstrada na prática; eficiência na comunicação oral e escrita; grau de autocompreensão, percepção e habilidade nos relacionamentos interpessoais; capacidade de inovar; meu melhor julgamento quanto a seu progresso ou crescimento. Ele está *disposto* a dar *feedback* nestas áreas caso o estudante deseje.)

Eis uma afirmação conscienciosa e inspiradora dos verdadeiros "objetivos" de um facilitador da aprendizagem centrada-na-pessoa. Malcolm é totalmente contra a impossível tarefa de definir seus objetivos para os alunos, uma vez que esperam dele que siga o antigo quadro de referência convencional e autoritário. Sua própria política de educação simplesmente não permite isto. Assim, ele destemidamente estabelece, de modo reflexivo e preciso, os objetivos que tem para *ele mesmo*, não para o estudante. Sua proposição pode constituir uma diretriz para os professores. Entretanto, acima de tudo, ele mostra a completa incompatibilidade da antiga com a nova política, e assim prepara uma definição que tem sido dada para revolução. "O que é uma revolução? Uma redefinição dos fatos da vida de tal modo que a nova e a antiga definição dos mesmos fatos não possam coexistir"[5]. Evidentemente, promover uma revolução ameaça o poder de uma administração convencional e representa um conseqüente risco para o facilitador, que é um radical, no verdadeiro sentido de ir até a raiz do problema. Este risco não pode ser ignorado.

Tem-se prestado muito pouca atenção nos problemas do estudante ao enfrentar o desafio de um meio de educação centrado-na-pessoa. Inicialmente, os estudantes sentem suspeita, frustração e raiva; depois, interesse e criatividade substituem esses sentimentos. Ninguém melhor do que o Dr. Samuel Tenenbaum, membro de um seminário que realizei na Brandies University, em 1958, percebeu estas reações mutáveis. Seu relato indica o impacto causado sobre um estudante por uma sensível mudança no relacionamento de poder na sala de aula[6].

Muitas vezes, tenho ponderado as razões por que, neste seminário, reações eram mais fortemente negativas e eventualmente mais fortemente positivas do que em qualquer outra classe que conduzi. Creio que se deva, em parte, ao fato de que eles estavam tão ansiosos para aprender do "mestre", do "guru", que estavam relutantes para aceitar qualquer mudança na autoridade. Talvez uma outra razão seja que todos eram estudantes graduados, a maioria deles já empregada profissionalmente, ou, como o Dr. Tenenbaum, assistindo ao curso como um seminário de pós-doutoramento. Creio que esses estudantes são até mais dependentes da autoridade do que o são as crianças da escola primária.

Utilizei a maior parte do primeiro encontro do seminário (aproximadamente vinte e cinco estudantes) apresentando-me e colocando meus propósitos e perguntando se outras pessoas desejavam fazer o mesmo. Após alguns silêncios embaraçados, revelaram o que os havia levado ao seminário. Falei ao grupo sobre os inúmeros recursos que havia levado comigo – reimpressões, material mimeografado, livros, uma relação de leituras recomendadas (não obrigatórias), gravações de entrevistas terapêuticas e filmes. Solicitei alguns voluntários para organizar e emprestar estes materiais, rodar os *tapes* e providenciar um projetor de filme. Tudo isso foi facilmente manipulado e a sessão terminou. Então, o Dr. Tenenbaum resumiu a história:

Depois disso, seguiram-se quatro sessões difíceis e frustradoras. Durante este período a classe não parecia chegar a parte alguma. Os estudantes falavam, ao acaso, dizendo qualquer coisa que lhes vinha à cabeça. Tudo parecia caótico, sem objetivo, uma perda de tempo. Um estudante poderia apresentar um aspecto da filosofia de Rogers; e o seguinte, completamente sem levar em conta o primeiro, poderia conduzir o grupo em uma outra direção; e, além disso, um terceiro, completamente sem considerar os dois primeiros, poderia começar algo inteiramente novo. Tudo isso junto e ao mesmo tempo. Às vezes, havia alguns esforços tímidos para uma discussão coerente, mas, para a maior parte, parecia faltar continuidade e direção aos procedimentos de sala de aula. O instrutor recebia cada contribuição com atenção e consideração. Ele não considerava a contribuição de nenhum estudante como em ordem ou fora de ordem.

A classe não estava preparada para uma abordagem tão completamente desestruturada. Eles não sabiam como proceder. Em sua perplexidade e frustração, solicitaram que o professor desempenhasse seu papel de modo tradicional e habitual; que ele estabelecesse para nós uma linguagem autoritária, que fosse certa e errada, boa e má. Eles não tinham vindo de longas distâncias para aprender através do próprio oráculo? Eles não estavam felizes? Não estavam próximos de serem iniciados em rituais e práticas corretas pelo próprio grande homem, o fundador do movimento que traz o seu nome? Os cadernos de anotações estavam imobilizados para o momento de clímax, quando o oráculo se apresentasse, mas a maior parte permanecia intocada.

Muito curiosamente, desde o início, mesmo com sua raiva, os membros do grupo sentiram-se unidos e, fora da sala de aula, havia agitação e efervescência, pois, apesar de sua frustração, eles haviam se comunicado como nunca o fizeram antes em nenhuma classe, e provavelmente, nunca de modo tão completo como o fizeram... Na classe de Rogers, eles expressavam seus pensamentos; as palavras não vinham de um livro, nem eram o reflexo do pensamento do professor, nem o de nenhuma outra autoridade. As idéias, emoções e sentimentos vinham deles mesmos; e isto era o processo estimulante e liberador.

Nesta atmosfera de liberdade – algo com que eles não contavam e para que não estavam preparados –, os estudantes se manifestaram como raramente o fazem. Durante este período, o instrutor foi muito agredido; e tive a impressão de que muitas vezes ele parecia ter sido abalado; e, embora ele fosse a fonte de nossa irritação, tivemos, por mais estranho que pareça, uma grande afeição por ele; pois não parecia correto ficar zangado com um homem tão simpático, tão sensível aos sentimentos e idéias dos outros. Sentimos todos que o que estava acontecendo era alguma ligeira incompreensão, a qual, uma vez esclarecida e remediada, poderia fazer com que tudo ficasse bem novamente. Mas nosso instrutor, bastante gentil na aparência, tinha "uma vontade de aço". Ele não parecia compreender; e, se compreendeu, foi obstinado e inflexível; recusou-se a mudar de opinião; assim, esta luta decisiva continuou. Todos nós observávamos Rogers, e Rogers nos observava. Um estudante, em meio da aprovação geral, disse: "Estamos centrados em Rogers e não centrados no estudante. Viemos para aprender com Rogers."

Depois disto, os estudantes, individualmente, tentaram assumir a liderança e organizar o seminário em torno de certos tópicos ou meios de planejamento, mas estas tentativas para estruturar foram completamente postas de lado. Gradativamente, o grupo começou a insistir para que eu fizesse uma conferência. Disse-lhes que estava exatamente terminando um artigo e estaria disposto a divulgá-lo como uma conferência, mas também os informei de que desejava muito reproduzi-lo, de modo que cada um pudesse lê-lo. Eles pediram que eu fizesse uma palestra sobre o assunto e concordei. Era um tópico no qual estava muito envolvido e, acredito, transmiti-o tão bem quanto fui capaz, falando pouco mais de uma hora. Tenenbaum registrou os resultados.

Após os intercâmbios vívidos e acrimoniosos aos quais estávamos acostumados, isto foi certamente uma decepção, tola e letárgica ao extremo. Esta experiência reprimiu todas as outras demandas para a realização de palestras.

Por ocasião da quinta sessão, algo definido havia acontecido. Não havia engano quanto a isto. Os estudantes falavam uns com os outros; deixaram Rogers de lado. Os estudantes pediam para ser ouvidos e queriam ser ouvidos e o que antes era um grupo vacilante, inseguro, constrangido, tornou-se um grupo interatuante, uma unidade completamente nova, conduzindo-se de modo único. E deles surgiram discussões e reflexões que só poderiam se repetir dentro desse próprio grupo. O instrutor também uniu-se ao grupo, mas seu papel, mais importante do que qualquer outro membro do grupo, de qualquer modo, emergiu com o grupo; o grupo era importante, era o centro, a base da operação; e não o instrutor.

Qual foi a causa disso? Posso apenas fazer conjecturas quanto à razão. Creio que o que aconteceu foi isto: durante quatro sessões os estudantes recusaram-se a acreditar que o instrutor poderia recusar-se a desempenhar o papel tradicional. Ainda acreditavam que ele pudesse estabelecer as tarefas; que poderia ser o centro de qualquer coisa que acontecesse e que poderia manipular o grupo. A classe levou quatro sessões para perceber que eles estavam errados, que ele não chegou à classe com nada além de si mesmo, além da sua própria pessoa; que se eles realmente queriam que alguma coisa acontecesse, eles é que teriam que propiciar o conteúdo – realmente, uma situação desafiadora e incômoda. Eram eles que deviam falar francamente, com todos os riscos que isto envolve. Como parte do processo, participavam, faziam objeções, concordavam, discordavam. De qualquer modo, suas pessoas, seus mais profundos "eus" estavam envolvidos e, a partir desta situação, este grupo especial e único, esta nova criação estava nascendo...

Após a quarta sessão e progressivamente dali em diante, os membros deste grupo, casualmente reunidos, tornaram-se íntimos uns dos outros e seus verdadeiros "eus" apareceram. Na medida em que interagiam, houve momentos de entendimento, de revelação e de compreensão que eram de natureza quase terrível; creio ser o que Rogers descreveria como "momentos de terapia", os momentos significativos quando você vê a alma humana revelada diante de você, com todas as suas limitações surpreendentes; e, então, um silêncio, quase como uma reverência, poderia surpreender a classe. E cada membro da classe estaria envolto em um calor e encanto que se confinam com o místico. Quanto a mim, e estou bastante seguro quanto aos outros também, nunca houve uma experiência semelhante a esta. Foi aprendizagem e terapia, e por terapia não quero dizer doença, mas o que seria caracterizado por uma mudança saudável na pessoa, um aumento de sua flexibilidade, sua abertura e disposição para ouvir. No decorrer do processo, sentimo-nos com o moral mais elevado; mais livres, mais receptivos a nós mesmos e aos outros, mais abertos a novas idéias, tentando arduamente compreender e aceitar.

Este não é um mundo perfeito e havia mostras de hostilidade quando os membros divergiam. De certo modo, neste conjunto, cada golpe era atenuado, como se as arestas agudas tivessem sido removidas; se injusto, os estudantes poderiam sair para qualquer outra coisa, e o golpe estava, de certo modo perdido. Em meu próprio caso, até os estudantes, que inicialmente me irritavam, foram por mim aceitos e respeitados depois de ter mais familiaridade; e o pensamento me ocorreu quando tentei compreender o que estava acontecendo: desde que você se aproxime de uma pessoa e perceba seus pensamentos, suas emoções, seus sentimentos, ela se torna não apenas compreensível, mas também boa e agradável...

No curso deste processo, vi, em um breve período de várias semanas, pessoas rígidas, inflexíveis, dogmáticas mudarem diante de meus olhos e tornarem-se simpáticas, compreensivas e com acentuado grau de não-julgamento. Vi pessoas neuróticas, compulsivas aliviarem-se e tornarem-se mais aceitadoras de si mesmas e dos outros. Em um momento, um estudante, que me impressionou particularmente por sua mudança, disse-me quando mencionei isto: "É verdade. Sinto-me menos rígido, mais aberto para o mundo. E sinto-me melhor por isso. Não creio que em nenhum momento aprendi tanto, em tal grau." Vi pessoas tímidas tornarem-se menos tímidas e pessoas agressivas tornarem-se mais sensíveis e moderadas.

Poder-se-ia dizer que isto parece ser um processo essencialmente emocional. Mas, essa, acredito, seria uma descrição errônea. Havia uma grande parte de conteúdo intelectual, e esse conteúdo intelectual era significativo e essencial para a pessoa. De fato, um estudante propôs esta verdadeira questão. "Devemos estar interessados", perguntou ele, "apenas nas emoções? O intelecto não tem nenhuma função?" Era a minha vez de perguntar: "Há algum estudante que tenha lido tanto ou pensado tanto para qualquer outro curso?"

A resposta era óbvia. Tínhamos despendido horas e horas lendo; a sala reservada para nós tinha ocupantes até as dez horas da noite e alguns somente saíam porque os guardas da universidade queriam fechar o edifício. Os estudantes ouviam gravações; assistiam a projeções de filmes; mas, acima de tudo, eles falavam, falavam e falavam.

O método de Rogers era livre, fluente, aberto e permissivo. Um estudante poderia iniciar uma interessante discussão; ela seria continuada por um segundo; mas um terceiro estudante nos conduziria para uma outra direção, introduzindo um assunto pessoal de nenhum interesse para a classe, e todos nós poderíamos nos sentir frustrados. Mas isto era como a vida, fluindo como um rio, sem que ninguém soubesse o que poderia acontecer no momento seguinte. Havia nisto uma expectativa, um alerta, uma coisa repleta de vida; pareceu-me tão perto de um sinal de vida quanto o que se pode obter em uma sala de aula. Para a pessoa autoritária, que deposita sua fé em fatos nitidamente atestados, creio que este método pode ser ameaçador, porque dele ela não obtém tranqüilidade, apenas uma abertura, um fluxo, e não um encerramento.

Não tenho encontrado, em parte alguma, um relato tão vívido do modo – inicialmente caótico, gradualmente mais fluido – pelo qual o grupo assume temerosamente a responsabilidade por si mesmo, torna-se um organismo construtivo, ouvindo e respondendo com sensibilidade às suas próprias necessidades. É a política externamente confusa, internamente organizada, de um propósito de grupo sempre-em-mudança, à medida que a classe se movimenta para enfrentar suas necessidades emocionais, intelectuais e pessoais.

Uma educação centrada-na-pessoa produz resultados? Temos uma resposta definitiva, a partir de pesquisas. Durante dez anos, o Dr. David Aspy tem conduzido pesquisas com a intenção de verificar se as atitudes humanas centradas-na-pessoa, em sala de aula, têm quaisquer efeitos mensuráveis e, se assim for, que efeitos são esses[7]. Ele reuniu 3.700 horas gravadas em sala de aula, de 550 professores de escolas de ensino fundamental e médio, e usou métodos rigorosamente científicos para analisar os resultados. Ele e sua colega, Dra. Flora Roebuck, verificaram que os alunos de professores mais centrados-na-pessoa diferiam acentuadamente de alunos de professores menos centrados-na-pessoa. Apresentavam melhores resultados ao aprender matérias convencionais. Mostravam que eram hábeis ao usar seus processos cognitivos superiores, como o de solução de problemas. Tinham um autoconceito mais positivo do que se verificou nos outros grupos. Começaram a comportar-se melhor em sala de aula. Apresentavam menos problemas de disciplina. Tinham uma porcentagem mais baixa de ausências da escola. Apresentavam mesmo um aumento de QI.

Os professores podem melhorar suas atitudes facilitadoras, centradas-na-pessoa, com apenas quinze horas de treinamento intensivo. É significativo, para toda a educação, o resultado de que os professores melhoram nestas atitudes *apenas* quando seus *instrutores* mostram um alto nível dessas condições facilitadoras. Em termos comuns, isto significa que essas atitudes são "apreendidas", vivencialmente, de um outro. Não constituem simplesmente aprendizagens intelectuais. Esses professores têm um autoconceito mais positivo do que professores menos centrados-na-pessoa. São mais auto-reveladores para seus alunos. Respondem mais aos sentimentos do aluno. Fazem mais elogios. São mais receptivos às idéias dos alunos. Dão aulas com menos freqüência.

A localização geográfica das classes, a composição racial ou raça do professor não têm alterado esses sentimentos. Se estivermos falando de professores negros, brancos ou chicanos, alunos negros, brancos ou chicanos, classes do norte, do sul, das Ilhas Virgínia, Inglaterra, Canadá ou Israel, os resultados são essencialmente os mesmos.

Os resultados de Aspy são confirmados na experiência prática, na educação média. A Medical School of McMaster University tem adotado uma abordagem facilitadora centrada-na-pessoa, para o treinamento de médicos. Embora esses jovens nunca tivessem tido os cursos médicos convencionais, eles aprenderam intensivamente durante os três anos os conhecimentos de que necessitavam para tratar os pacientes. Eles se saíram muito bem no rigoroso exame de licenciatura canadense e além disso são mais criativos e humanos.

Como um outro exemplo, novecentos professores de medicina do mais alto escalão, nos Estados Unidos, preocupados com os efeitos desumanizantes do treinamento médico, inscreveram-se no programa "Dimensões Humanas na Educação Médica". Em conferências intensivas de quatro a dez dias, aprenderam a ouvir, a serem mais centrados-na-pessoa em suas aulas, a serem mais comunicativos em seus relacionamentos pessoais. As mudanças em algumas escolas de medicina já são surpreendentes.

Em resumo, no nível da escola elementar, secundária, universitária ou pós-graduada, *atitudes centradas-na-pessoa são eficientes*, mudando, no processo, a política de educação.

Referências bibliográficas

1. J. Farber, *The Student as Nigger*, North Hollywood, Calif.: Contact Books, 1969.
2. J. B. Carr, "Project Freedom", *The English Journal* (março 1964), pp. 202-4.
3. J. Lipshires, "Human Relations Training in High School", School of Education, Rider College, Trenton, N. J., 1974 (panfleto mimeografado).
4. D. Malcolm, correspondência pessoal, 1972.
5. J. W. Ramey, "Intimate Networks", *The Futurist*, 9, # 4 (agosto 1975), p. 176.

6. S. Tenenbaum, "Carl R. Rogers and Non-Directive Teaching", in C. R. Rogers, *On Becoming a Person*, Boston: Houghton Mifflin, 1961, pp. 299-310.

7. D. N. Aspy e F. N. Roebuck, "From Humane Ideas to Humane Technology and Back Again Many Times", *Education*, 95, # 2 (inverno 1974), pp. 163-71; D. N. Aspy e F. N. Roebuck e outros, *Interim Reports* 1, 2, 3, 4. National Consortium for Humanizing Education, Washington, D. C., 1974.

5. A política de administração

Organizações – governamentais, industriais, educacionais ou médicas – têm sido tradicionalmente administradas através de uma distribuição hierárquica de poder. Nas posições mais elevadas encontramos uma única pessoa, como nas empresas ou na Igreja Católica, ou um pequeno grupo, como no Partido Comunista. Embora, de inúmeras maneiras, o fluxo de poder venha dos que são governados para os que estão no topo, a organização é geralmente *vivenciada* como um processo de controle que flui de cima para baixo. Isto pode ocorrer por meio de ordens e regulamentos, ou de recompensas concedidas seletivamente, tais como promoções e aumentos de salário.

Recentemente, muitas das maiores empresas norte-americanas têm modificado este rígido controle hierárquico. Elas têm tentado descentralizar a autoridade, responsabilidade e iniciativa por toda a organização, especialmente nos níveis gerenciais. Em outros países – especialmente na Suécia – a experiência foi levada mais adiante, buscando incluir o nível operário. Em todos estes esforços, as pessoas detentoras de controle tentaram aumentar a livre comunicação, em todas as direções: de baixo para cima, dos altos postos de administração para baixo; horizontalmente, de departamento para departamento, e de especialistas para especialistas. Efeitos construtivos foram observados em certas indústrias. Muito do que acontece tem dependido da autenticidade do desejo da alta direção de criar oportunidades para que os indivíduos que trabalham na organização maximizem seu desenvolvimento pessoal.

Entretanto, tais tendências construtivas são freqüentemente neutralizadas ou contrariadas por dois elementos. Um é o fato de que, quase sem exceção, a gerência detém o "direito" de admitir ou demitir. O segundo é o fato de o aumento dos lucros, mais do que o crescimento das pessoas, ser considerado como objetivo principal.

Há alguns anos, tive a oportunidade de apresentar aos dirigentes de grandes empresas a possibilidade de utilizarem, em administração, uma abordagem centrada-na-pessoa. Distribuí ao grupo algumas anotações antes do início de nossa reunião, a fim de provocar a discussão. Essas anotações representavam meu ponto de vista pessoal sobre o significado de uma administração centrada-na-pessoa.

Anotações sobre a liderança:
DOIS EXTREMOS

Influência e impacto	Poder e controle
Dar autonomia a pessoas e grupos	Tomar decisões
Liberar o pessoal para "fazer suas coisas"	Dar ordens
Expressar idéias e sentimentos próprios como um aspecto dos dados do grupo	Dirigir o comportamento dos subordinados
Facilitar a aprendizagem	Conservar as próprias idéias e sentimentos "no bolso"
Estimular a independência, pensamento e ação	Exercer autoridade sobre as pessoas e a organização

Influência e impacto	Poder e controle
Aceitar as criações inovadoras "inaceitáveis" que surgem	Dominar quando necessário
Delegar, dando plena responsabilidade	Coagir quando necessário
Oferecer *feedback* e recebê-lo	Ensinar, instruir, aconselhar
Encorajar e confiar na auto-avaliação	Avaliar os outros
Encontrar recompensas no desenvolvimento e realizações dos outros	Dar recompensas Ser recompensado pelas próprias realizações

Eis minhas preferências, convicções
e experiências pessoais que, no continuum *da liderança,*
concentram-se no ponto extremo à esquerda.

Quero muito ter influência e impacto – influência e impacto significando para mim um comportamento de minha parte que produz uma *diferença* no comportamento dos outros, mas não através da imposição de minhas opiniões sobre eles ou do exercício de controle sobre eles – mas raramente tenho desejado, ou sabido como, exercer controle ou poder.

Minha *influência* tem sempre *aumentado* quando compartilho meu *poder* e *autoridade*.

Recusando-me a coagir ou dirigir, penso que tenho estimulado a aprendizagem, criatividade e autodireção. Estes são alguns dos produtos em que estou mais interessado.

Encontro minha maior recompensa em ser capaz de dizer: "Tornei possível a esta pessoa ser e realizar alguma coisa que ela não poderia ter sido ou realizado antes." Em resumo, obtenho grande satisfação em ser um facilitador do tornar-se.

Ao encorajar a capacidade das pessoas de auto-avaliarem-se, tenho estimulado a autonomia, auto-responsabilidade e maturidade.

Ao liberar as pessoas para "fazerem suas coisas", tenho enriquecido suas vidas e aprendizagens, tanto quanto a minha.

O elemento que mais prezo em mim mesmo é o grau de habilidade que tenho para criar, ao meu redor, um clima de liberdade pessoal real e de comunicação.

Adoro estar em contato com as pessoas mais jovens, com sua capacidade de ter novas idéias e ação criativa, ou com o lado novo e em crescimento das pessoas de qualquer idade.

Estas idéias não eram simplesmente teóricas. Elas cresceram, a partir de uma revolução ocorrida em minha própria maneira de ser como administrador; uma maneira de ser que mudou acentuadamente por volta de 1945, quando fundei o Counseling Center of the University of Chicago (Centro de Aconselhamento da Universidade de Chicago). Foi uma abordagem *terapêutica* centrada-na-pessoa que mudou minha concepção de administração. Numa palestra realizada em 1948, disse: "Há quase vinte anos venho assumindo a responsabilidade administrativa de equipes de trabalho de tipos diversos. Desenvolvi maneiras de manejar problemas administrativos – maneiras que se tornaram mais ou menos padronizadas. Certamente, à medida que me tornava cada vez mais profundamente interessado em um tipo de aconselhamento centrado-no-cliente, estava mais longe de mim a idéia de que isto poderia, de alguma forma, afetar a maneira pela qual lidava com problemas de organização. Foi apenas nos últimos dois ou três anos que me tornei realmente consciente da revolução que isto poderia criar para os procedimentos administrativos. Menciono novamente uma afirmação que fiz, no início, de que a eficiência de uma abordagem centrada-no-cliente, em aconselhamento, significa que esses conceitos introduzem-se continuamente em outras áreas, em que ninguém tinha ainda pensado em usá-los.

"No que me diz respeito, tenho considerado tanto difícil quanto recompensador tentar aplicar esses conceitos em administração."[1]

Sem dúvida alguma, achei que *praticar* uma administração centrada-na-pessoa no Centro de Aconselhamento era, ao mesmo tempo, complicado e difícil. Seguimos muitas direções em nossas tentativas e mesmo algumas delas, que a princípio pareciam caminhos sem saída, mais tarde provaram ser valiosas. Num grupo de assistentes que aumentou para aproximadamente cinqüenta pessoas, havia sempre estímulo, mudança e crescimento pessoal. Nunca vi semelhante dedicação e lealdade de grupo, tal produtividade e esforço criativo, como presenciei nesses doze anos. O horário regular de trabalho não era mais levado em conta e, a qualquer hora do dia, da noite, mesmo de madrugada, fins de semana e feriados, os membros do grupo estavam trabalhando porque assim o queriam.

Aprendi muitas coisas extraordinárias através da experiência no "Centro de Aconselhamento". A princípio era quase desesperador para mim o fato de parecermos sempre incapazes de encontrar a maneira *certa* de fazer funcionar o Centro. Inicialmente, todas as decisões eram tomadas por consenso. Isto era muito penoso. Delegamos o poder de decisão a um pequeno grupo. Isto mostrou-se muito lento. Escolhemos uma coordenadora e concordamos em acatar suas decisões, embora, como a um primeiro-ministro, pudéssemos dar-lhe um voto de descrédito. Foi apenas aos poucos que fui percebendo que não existe a maneira certa. A vida, a vitalidade e a crescente capacidade do Centro estavam intimamente ligadas à sua falta de rigidez, à sua capacidade continuamente surpreendente de mudar sua mentalidade coletiva e de utilizar um novo modo de funcionamento.

Descobri que, quando o poder era distribuído, não tinha grande importância alguém ser coordenador, chefe de comitê de finanças ou qualquer outra coisa. Conseqüentemente, as tarefas administrativas eram, com muita freqüência, procuradas pelos membros mais novos do grupo, porque essa era uma forma de se familiarizar com as tarefas da operação. Um interno poderia chefiar um grupo para decidir o orçamento do próximo ano. O membro mais novo da equipe poderia liderar um grupo de planejamento ou um grupo para obter afiliações ou promoções. Não deixamos de lado, totalmente, as distinções entre pessoal de secretaria, estudantes graduados em treinamento, internos e membros assistentes. Os membros mais antigos do grupo eram liberados para dedicarem mais tempo à pesquisa e à terapia, sabendo que, se os vários grupos de tarefas administrativas não representassem com exatidão o sentimento dos membros, suas decisões poderiam ser rejeitadas pela equipe, como um todo.

Descobri a enorme importância dos sentimentos pessoais em questões administrativas. Freqüentemente, a equipe passava *horas* (ou pelo menos assim o parecia) discutindo um problema trivial, até que algum membro mais perceptivo visse e apresentasse os sentimentos latentes da questão – animosidade pessoal, sentimento de insegurança, competição entre dois prováveis líderes ou apenas o ressentimento de alguém que nunca havia sido realmente ouvido. A partir do momento em que os *sentimentos* eram trazidos à tona, o problema que anteriormente parecia ser tão importante esvaziava-se. Por outro lado, quando a equipe se comunicava abertamente, questões sérias como a fixação do orçamento para o próximo ano, a eleição de um coordenador, a adoção de uma importante política, podiam ser decididas em questão de minutos.

Em um grupo de trabalho com comunicação franca e freqüentemente íntima, dificilmente um membro se desliga do grupo. Apenas uma vez, em doze anos, demitimos uma pessoa, mesmo assim não antes de tentarmos ajudá-la durante um bom tempo, e de várias advertências de que seu trabalho e atividades eram questionáveis e simplesmente não podiam ser toleradas pelo grupo. Por outro lado, muitas de nossas admissões eram por um ano de residência, e não podíamos conservar todas aquelas pessoas em nosso quadro permanente de trabalho. Conseqüentemente, nesta área poderíamos ter de enfrentar o problema de selecionar apenas duas pessoas e dispensar quatro ou cinco. Isto também era uma experiência desagradável para a equipe e houve muitos acordos para cargos nominais, não-remunerados, ou para tarefas de meio período, a fim de encontrar uma solução humana para uma dispensa eventualmente constrangedora.

Desenvolvemos uma forma bastante eficiente para lidar com crises. Quando a ameaça ou crise surgia de fora do grupo – um corte drástico de orçamento ou uma crítica feita pelo departamento de psiquiatria, por exemplo – o grupo tendia a permanecer coeso e a delegar autoridade total a um ou a alguns membros para que lidassem com o problema, da forma que melhor lhes parecesse. Quando a crise era interna – uma rixa latente entre dois membros do grupo ou alguma questão sobre a ética das ações de um membro do grupo – então a tendência era convocar todo o grupo para encontros especiais, a fim de discutir abertamente os sentimentos pessoais envolvidos e para facilitar o tipo de solução interpessoal aceitável.

É muito raro que o impacto de uma abordagem centrada-na-pessoa se desloque verticalmente na organização. Nossa forma de trabalho no Centro de Aconselhamento *não* mudou as práticas administrativas da reitoria, sob cuja supervisão trabalhávamos. Certamente, não tivemos nenhuma influência na administração total da universidade, que era decididamente hierárquica. Creio que esta aprendizagem é apenas um dos fatos da vida. Um indivíduo com uma filosofia centrada-na-pessoa pode freqüentemente conseguir uma área de liberdade de ação, como o fiz em meu relacionamento com o reitor e, então, implementar esta filosofia em toda sua extensão com aqueles que, no quadro da organização, estão "abaixo" dele. Mas não é provável que esta abordagem penetre verticalmente no esquema da organização, a menos que exista um alto grau de receptividade para inovações entre as pessoas que ocupam os mais altos cargos.

Existe ainda uma outra aprendizagem derivada, em parte, de minha experiência no Centro de Aconselhamento e, principalmente, de experiências com outros grupos. Se sou algo inseguro, não muito disposto a compartilhar o poder e autoridade com o grupo, sentindo alguma necessidade de controle, então *devo* ser *aberto* sobre isto. É perfeitamente possível para uma organização ou grupo funcionar com alguma liberdade e algum controle, se *conhece*, clara e inequivocamente, quais comportamentos serão controlados pela pessoa que está no poder e em quais áreas o indivíduo ou o grupo é livre para escolher. Esta, talvez, não seja uma situação ideal, mas é perfeitamente viável. Entretanto, descobri através de amarga experiência que permitir ao grupo um pseudocontrole que lhe é retirado em momentos de crise é uma experiência desastrosa para todos os que nela estão envolvidos. Aprendi que meu desejo de investir o grupo de autoridade precisa ser, acima de tudo, *autêntico*.

Há provas de que uma organização que dê ênfase à pessoa e a seu potencial possa funcionar tão eficazmente quanto a convencional equipe de trabalho hierárquico? Sem dúvida alguma, há.

Uma equipe de pesquisadores, sob a orientação de Rensis Likert, realizou um estudo de supervisão numa companhia de seguros[2]. Inicialmente, mediram a produtividade e moral dos que estavam sendo supervisionados, dividindo-os em "indivíduos de alta produtividade e alto moral" e "indivíduos de baixa produtividade e baixo moral". Encontraram diferenças significativas no comportamento, método e personalidade dos supervisores daqueles que foram considerados de "alta produtividade" em relação aos supervisores daqueles que foram considerados de "baixa produtividade". Nas unidades de trabalho cujos elementos apresentaram alta pontuação, os supervisores e líderes do grupo interessavam-se, em primeiro lugar, pelos trabalhadores como pessoas e, em segundo lugar, pela produção. Os supervisores estimulavam a participação e discussão em grupo; a tomada de decisões a respeito dos problemas e das orientações a seguir no trabalho era um processo do qual todos participavam. É interessante notar que os supervisores nestas unidades de "alta produtividade" não supervisionavam de perto o trabalho a ser realizado, confiando no trabalhador como sendo capaz de assumir a responsabilidade de realizar um bom trabalho. Os supervisores das unidades em que a produtividade e o moral eram baixos mostravam um comportamento totalmente oposto. Preocupavam-se principalmente com a produção, tomavam decisões sem consultas e supervisionavam o trabalho de perto. Não se poderia encontrar prova mais clara dos resultados de uma abordagem centrada-na-pessoa.

Mais tarde, este estudo inicial foi ampliado por Likert para aproximadamente cinco *mil* diferentes organizações[3]. Ele foi de novo até essas companhias e identificou os gerentes mais produtivos e os menos produtivos, ignorando, para fins de seu estudo, aqueles que se situavam na média. Harold Lyon[4], que tentou sem muito sucesso introduzir uma abordagem centrada-na-pessoa na administração de um departamento burocrático do governo federal, faz um excelente resumo dos resultados obtidos por Likert.

Os altos produtores eram muito "orientados para a pessoa". As pessoas eram indivíduos únicos para eles. Por outro lado, os baixos produtores eram "orientados para a produção". As pessoas eram instrumentos para obter-se que o trabalho fosse feito.

Os altos produtores sabiam como delegar poderes; os baixos produtores delegavam mal.

Os altos produtores permitiam a seus subordinados participarem das decisões. Os baixos produtores eram muito autocráticos.

Os altos produtores eram relativamente pouco severos. Os baixos produtores eram muito severos.

Os altos produtores tinham um fluxo de comunicação pessoal bom, aberto e que funcionava nos dois sentidos. Os baixos produtores eram fechados e relativamente inacessíveis.

Os altos produtores realizavam poucas reuniões formais em que apenas uma ou duas pessoas falavam. Não precisavam reunir-se com freqüência, uma vez que tinham tal fluxo aberto de comunicação. Isto é interessante, tendo em vista a freqüência de reuniões numa burocracia. Os baixos produtores realizavam com freqüência reuniões formais, nas quais apenas o chefe tinha a palavra, para dar geralmente instruções explícitas.

Os altos produtores tinham grande orgulho de seus grupos de trabalho. Os baixos produtores eram importunados pelo moral baixo.

Os altos produtores planejavam eficientemente a longo prazo. Não eram precisamente calmos ou do tipo que se relaciona na base da camaradagem. Os baixos produtores não eram bons planejadores.

Em períodos de crise, os altos produtores mantinham seus papéis de supervisão, enquanto os baixos produtores arregaçavam as mangas e se punham também a trabalhar. Se existisse uma fenda no dique, os baixos produtores iriam até lá e tentariam vedá-la com o próprio dedo. Então, se surgisse outra fenda, não existiria nenhum outro supervisor a ser enviado para a área da crise[5].

Um tipo de estudo bem diferente foi completado por G. W. Cherry em 1975[6]. Ele utilizou métodos de pesquisa altamente sofisticados e técnicas estatísticas apropriadas para estudar as seguintes questões e suas inter-relações:

Que tipo de pessoa é a "pessoa plenamente atuante" (Rogers) ou a "pessoa auto-realizada" (Maslow)? Os cientistas do comportamento podem definir objetivamente esta pessoa?

Que tipo de pessoa as grandes organizações – privadas ou públicas – desejam ter como gerente de alto nível? Esta pessoa pode ser objetivamente definida?

Como o gerente buscado pela questão 2 se compara com a pessoa plenamente atuante da questão 1?

Como as características da pessoa plenamente atuante se relacionam com a real produtividade, criatividade, cooperação interpessoal e satisfação no trabalho dos gerentes de fato?

Sem me deter nos seus métodos, tentarei apresentar suas descobertas de maneira simplificada. Em primeiro lugar, ele verificou que os cientistas comportamentais experientes concordavam substancialmente ao dar uma descrição objetiva da pessoa plenamente atuante.

Verificou que trinta e sete gerentes de nível superior, que ocupam relevantes postos executivos, eram capazes de dar um retrato objetivo do tipo de gerente desejado pelas organizações em que trabalhavam.

Não é surpreendente que houvesse uma diferença considerável entre os dois retratos. As diferenças mais acentuadas eram:

A pessoa auto-realizadora possui, significativamente, *mais* dessas características do que o gerente desejado.

Envolve-se em fantasia pessoal, devaneios e especulações fictícias.

Expressa diretamente sentimentos hostis.

Aprecia experiências sensoriais (incluindo tato, gosto, cheiro, contato físico).

Pensa e associa idéias de maneira pouco comum; tem processos de pensamento não-convencionais.

Preocupa-se com problemas filosóficos, como, por exemplo, religião, valores, o significado da vida, etc.

Aprecia impressões estéticas, reage esteticamente.

Tem *insights* sobre seus próprios motivos e comportamentos.

É hábil no uso de técnicas sociais de jogos imaginativos, de simulação e humor.
Valoriza sua própria independência e autonomia.

A partir destes exemplos pode-se obter claramente um retrato da pessoa auto-realizadora como sendo um indivíduo animado, mais original, mais sincero e expressivo, com amplos interesses filosóficos e artísticos, com maior apreciação de seu psicológico e físico. Por exemplo, o gerente "ideal" reprime os sentimentos positivos e negativos. A pessoa plenamente atuante expressa abertamente tanto os sentimentos de ternura quanto os sentimentos hostis. O gerente "ideal" está muito mais próximo do estereótipo público de um "líder" – fidedigno, produtivo, sério, franco, alguém em quem se pode confiar, mas não um sonhador ou filósofo, nem uma pessoa inteiramente autônoma.

Qualquer um poderia muito bem reagir: "E daí? Trata-se de dois ideais diferentes. A pessoa auto-realizadora provavelmente não seria um bom gerente."

Aqui, a resposta de Cherry para sua quarta pergunta é interessante. Uma pessoa auto-realizada seria um bom gerente? Ele conseguiu responder a esta questão através de um método engenhoso.

Ele descobriu que o conjunto de traços ligados com cordialidade, capacidade para relacionamentos interpessoais íntimos, compaixão e consideração correlacionavam-se muito significativamente com as qualidades de produtividade, criatividade, cooperação e satisfação no trabalho. Ao que parece, um gerente centrado-na-pessoa seria mais útil para a organização do que um líder estereotipado.

Uma outra descoberta mostra que a pessoa que reconhece e compartilha sentimentos negativos (tanto quanto os positivos) bem como as informações, que é sensível, mas não superprotetora, tem mais probabilidade de ser produtiva – menos probabilidade de estar satisfeita com seu trabalho!

Finalmente, um conjunto de características freqüentemente associadas com gerência – orientação para o poder, agressividade, exploração, realização de objetivos através da manipulação e/ou fraude – não está correlacionado com produtividade e possui uma correlação negativa com criatividade, cooperação e satisfação no trabalho.

Tudo isto parece indicar a conclusão, algo surpreendente, de que a pessoa capaz de desenvolver relacionamentos interpessoais íntimos, que é antes de tudo centrada-na-pessoa, que não dá grande valor ao poder, que é uma pessoa em desenvolvimento, com compreensão de si mesma, é, no fim de contas, a que poderá tornar-se o gerente mais eficiente e produtivo de uma empresa.

Os céticos – e existem muitos deles em postos administrativos – podem ainda ter muitas perguntas. "Esses estudos são todos muito bons, mas tais idéias poderiam realmente funcionar numa situação industrial típica? E, acima de tudo, poderia uma organização como essa manter-se financeiramente? Seria lucrativo?" Para tais indivíduos, o seguinte relato pode ser interessante. Garanto sua veracidade.

Conheço um homem que há muitos anos é consultor de uma firma industrial muito grande. Os negócios desta firma são diversificados, mas, na maioria, suas unidades de manufatura são pequenas e amplamente utilizadas.

Por seu modo de ser, por sua abordagem de treinamento e por meio de métodos cognitivos, esse homem implantou nesta organização uma forma de gerência centrada-na-pessoa – não em toda a organização, é claro, mas em relação a uma parte considerável do pessoal de gerência de médio e alto nível.

Ele era tão altamente considerado e os gerentes por ele treinados tinham se tornado tão eficientes que, alguns anos atrás, foi-lhe permitido desenvolver um "experimento". Algumas fábricas foram selecionadas como instalações experimentais de manufatura; nelas o consultor treinou e continuou a trabalhar com o pessoal de gerência e com os outros trabalhadores comuns. Outras fábricas foram escolhidas como unidades de controle. Deve-se ressaltar o fato de esta organização ser um gigante industrial muito moderno, com relacionamentos de trabalho geralmente bons, com alto nível de eficiência em comparação com outras firmas fabricantes de produtos similares e, é claro, com um rigoroso sistema de custos. Conseqüentemente, ambas as fábricas, a experimental e a de controle, iniciaram o experimento como sistemas "bem dirigidos".

Durante os últimos sete anos, o pessoal que trabalhava nas fábricas experimentais tornou-se cada vez mais profundamente envolvido em uma filosofia centrada-na-pessoa. A tendência é a de que os empregados recebam a confiança dos chefes, em vez de terem seu trabalho minuciosamente supervisionado, inspecionado e examinado. Da mesma forma, os empregados tendem a confiar uns nos outros. O grau de respeito mútuo entre os empregados é extraordinariamente elevado, assim como o respeito pelas capacidades do outro. A ênfase do consultor e do pessoal da fábrica tem sido colocada no desenvolvimento de bons relacionamentos interpessoais, na comunicação nos dois sentidos, vertical e horizontal, e na distribuição de responsabilidade, de escolha e de tomada de decisão.

Agora os resultados são bastante evidentes. Nas fábricas experimentais, o custo médio de uma dada unidade é de aproximadamente 22 *cents*. Nas fábricas de controle, o custo médio do mesmo produto é 70 *cents*! Nas fábricas experimentais existem agora de três a cinco gerentes. Nas unidades de controle, com tamanho equiparável, existem de dezessete a vinte e três gerentes! Nas unidades experimentais os trabalhadores e supervisores vêm, sem pressa, dos pátios de estacionamento, envolvidos em sérias conversas, geralmente relativas ao trabalho. Nas fábricas de controle eles se dirigem para o trabalho rapidamente, na maioria das vezes sozinhos, para bater o relógio de ponto.

Qual é o nome da companhia? Quem é o consultor? Quando disse ao meu conhecido que estes resultados *precisavam* ser publicados, ele disse estar proibido de fazê-lo. O lucro obtido pela companhia é tão grande que isto é considerado como um segredo comercial, que *não* pode ser conhecido por outras firmas, em suas indústrias altamente competitivas! Quando protestei contra a ironia de tal fato – do tratamento de indivíduos como pessoas ser um segredo comercial! – ele explicou que a alta direção entende pouco de seu trabalho. A eles interessa apenas as folhas dos balancetes. "Uma vez por ano visto-me formalmente para um almoço com o presidente. Ele me diz que está muito impressionado com o trabalho que tenho realizado nas fábricas e quer saber de qual orçamento necessito para o próximo ano. Este é praticamente o limite de sua compreensão."

Já que não posso fornecer a documentação deste relato, posso entender prontamente o ceticismo de qualquer leitor. A história é contudo verdadeira, e eu próprio a verifiquei. O fato de ela não poder ser contada publicamente é um reflexo dos confusos propósitos de uma empresa capitalista moderna – muito interessada nas pessoas desde que este interesse se torne lucro.

À medida que obtive a comprovação acima, teórica, prática e testada no campo, vi-me perguntando a mim mesmo, por que quero apresentá-la? Esta pergunta dá início a um diálogo interno. Será porque quero convencê-lo, intelectualmente, de que uma abordagem centrada-na-pessoa é melhor? Não, porque mesmo intelectualmente convencido, você não teria a base para as atitudes essenciais, as aprendizagens em nível visceral, que tornam possível tal abordagem. Será porque acredito que ler tais provas faria com que seu comportamento se tornasse centrado-na-pessoa? Não. De fato, acredito que raramente um comportamento se modifique, de forma significativa, apenas por meio de leituras. Então, por quê?

À medida que medito sobre isto, passo a crer que a apresentação da evidência real – seja ela originada de estudos empíricos, seja uma pesquisa de ação, exemplos de caso ou relatos subjetivos – pode ter um efeito que a torna valiosa: ela pode intrigá-lo a ponto de torná-lo receptivo a novas possibilidades. E isto pode aumentar a possibilidade de você tentar verificar, aos poucos, em sua *própria experiência*, algumas das hipóteses de uma abordagem centrada-na-pessoa. Você pode experimentá-las para provar que estão erradas. Mas, se você as experimenta, seja de que modo for, você se abre para as aprendizagens viscerais que podem mudar seu comportamento e você próprio.

Você pode começar a ser mais aberto, empático e confiante com um filho ou filha adolescente. Você pode, se for um executivo, ver o que acontece se der mais autonomia responsável a um ou dois de seus subordinados. Ou você pode tentar entender sua esposa (ou marido), puramente através dos pontos de vista dela (ou dele), não tentando mudar ou controlar essas percepções. Você pode, se é professor, dar a seus alunos a liberdade de escolha em alguma área da aprendizagem deles, em que você se sinta à vontade para fazê-lo. Em cada um destes casos, você pode estar alterando um pouco a política do relacionamento e, então, observar cuidadosamente as conseqüências nas atitudes e nos comportamentos. Isto é uma pequenina abertura para a possibilidade de compartilhar poder e controle, para formas de ser mais humanas e comunicativas, o que, para mim, justifica a apresentação de provas.

Espero ter deixado claro que é perfeitamente possível ter uma organização centrada-na-pessoa, na qual as bases do poder e controle são *sentidas*, pelo indivíduo, como se estivessem dentro dele próprio. Está solidamente comprovado que, em tal organização, os indivíduos podem e realmente trabalham juntos, de modo responsável, para estabelecer objetivos, para determinar as orientações a seguir, para tratar de detalhes administrativos, para utilizar diferentes modalidades organizacionais e para lidar com as crises que inevitavelmente ocorrem. O grupo está mais capacitado para tomar decisões sábias do que uma única pessoa, pois ele apela para as potencialidades de liderança de todos.

Creio que os problemas de uma organização centrada-na-pessoa são mesmo tão complexos e difíceis quanto os de uma organização hierárquica. Entretanto, eles são bem diferentes quanto ao tipo e, para serem resolvidos, supõem muito mais crescimento pessoal. Acredito que uma organização centrada-na-pessoa nunca *parece* ser particularmente eficiente. Os procedimentos de rotina são freqüentemente interrompidos por razões humanas. A organização nunca *parece* muito boa para quem está de fora, porque não se pode facilmente reconhecer quem está no "comando". Sua eficiência é humana, sua liderança é multifacetada e um de seus mais importantes "produtos" é o desenvolvimento das pessoas em direção à sua capacidade total.

Não usei com muita freqüência o termo "política" nesta descrição, mas deve estar claro que a política de uma organização centrada-na-pessoa é diametralmente oposta à organização tradicional. Baseia-se em valores diferentes, trabalha com princípios diferentes, chega à eficiência através de operações diferentes. Uma organização centrada-na-pessoa não é uma modificação da organização tradicional. É um organismo coletivo, totalmente diferente das organizações atuais. É uma revolução na realização dos propósitos humanos.

Referências bibliográficas

1. C. R. Rogers, "Some implications of Client-centered Counseling for College Personnel Work", in *College and University* (outubro 1948), p. 64.
2. *Survey Research Center Study N.º 6. Selected Findings from a Study of Clerical Workers in the Prudential Insurance Company of America*, Human Relations, University of Michigan, 1948.
3. R. Likert, *New Patterns of Management*, Nova York: McGraw-Hill, 1961.
4. H. C. Lyon, Jr., *It's Me and I'm Here!*, Nova York: Delacorte Press, 1974.
5. Lyon, *It's Me*, pp. 165-6.
6. G. W. Cherry, "The Serendipity of the Fully Functioning Manager", Sloan School of Management, Massachusetts Institute of Technology, 1975 (manuscrito inédito).

6. *A abordagem centrada-na-pessoa e o oprimido*

A questão do oprimido surge com freqüência, quando falo para grandes auditórios e, de forma mais nítida, em *workshops*. Afirma-se que a abordagem centrada-na-pessoa é um luxo talvez apropriado para a classe média próspera, mas que não tem significado quando se trata de uma minoria oprimida. Quando se trata de negros, chicanos, porto-riquenhos, mulheres, estudantes ou outros grupos marginalizados e relativamente sem poder, diz-se que essa abordagem "moderada" não tem relevância. Que esses grupos precisam de empregos, ou iguais salários, ou direitos civis, ou oportunidades educacionais – as coisas precisam ser *arrancadas* do opressor, que não irá desistir delas voluntariamente. Portanto, uma abordagem centrada-na-pessoa é muito "fraca" para ser aplicada a essas situações.

Eu poderia responder que, embora as ocasiões de trabalhar com minorias raciais e étnicas tenham sido para mim limitadas, minha experiência é de todo oposta a tais afirmações. Mas acredito que a melhor resposta vem do pensamento de Paulo Freire, que trabalhou com lavradores brasileiros analfabetos, cujo estado era ligeiramente melhor do que o dos servos medievais. O livro de Freire, *A pedagogia do oprimido*[1], foi primeiramente publicado em português, em 1968, e traduzido para o inglês, em 1970. Meu livro, *Freedom to Learn*[2], foi publicado em 1969. Não há indícios de que ele tenha ouvido falar do meu trabalho e nunca ouvi nada a respeito do trabalho dele. Eu dirigia-me a estudantes em instituições de ensino. Ele fala sobre trabalho com camponeses amedrontados e oprimidos. Gosto de dar exemplos concretos, ele usa quase só elementos abstratos. Ainda assim, os princípios sobre os quais assenta seu trabalho são tão semelhantes aos princípios de *Freedom to Learn*, que fiquei boquiaberto e estarrecido.

Eis o seu método de trabalho e os resultados que obteve junto aos lavradores. Ele teve apenas cinco anos para trabalhar no Brasil, antes de ser preso; a antiga ordem e a junta militar que assumiu o poder, em 1964, temiam-no. Ele foi convidado a deixar o país, indo para o Chile, onde, desde então, tem trabalhado com várias organizações internacionais. Tenho dito sempre que, caso nosso país venha a ser governado por uma ditadura, um de seus primeiros atos – se eles forem mesmo inteligentes – será prender a mim e aos outros adeptos de um ponto de vista centrado-na-pessoa.

Freire opõe-se de modo intransigente ao tipo de educação "bancária", na qual o professor sabe tudo e ensina, e os alunos nada sabem e são ensinados. Ele se encaminha para uma nova concepção, a qual, quando desenvolvida na prática, implica uma equipe interdisciplinar que se dirige, por exemplo, a uma área geográfica com alto grau de analfabetismo e dependência apática. Em encontros informais, a equipe expõe seus objetivos, procura estabelecer a confiança e recruta assistentes voluntários. Os membros da equipe agem "como observadores interessados, com uma atitude de *compreensão* para com o que vêem"[3]. Não tentam impor nenhum valor, mas observar as pessoas pelo seu lado interior – como falam, como pensam e constroem o seu pensamento, a natureza de seus relacionamentos interpessoais. Isto é discutido com os assistentes voluntários, que participam de todas as atividades da equipe. Eles procuram, em especial, as contradições, problemas e questões que existem na mente e na vida do pobre.

Tentam apresentar esses problemas a grupos de moradores do lugar, quase sempre através de forma ilustrada.

Por exemplo: trabalhando com um grupo de arrendatários, o pesquisador – no intuito de focalizar o problema do alcoolismo – mostrou uma cena na qual um homem bêbado caminhava por uma rua, enquanto três rapazes, parados numa esquina, conversavam. Os participantes do grupo concordaram em que "o único dali que é produtivo e útil a seu país é o bêbado, que está voltando para casa após trabalhar o dia todo em troca de salários baixos e que está preocupado com a família porque não pode atender às necessidades dela. Ele é o único trabalhador. É um trabalhador decente e um bêbado como nós"[4]. Sabiamente, o pesquisador (eu o chamaria de facilitador) abandonou seu propósito inicial e extraiu do grupo mais informações sobre seus sentimentos reais – salários baixos, o fato de ser explorado, o fato de beber para fugir à realidade e a frustração de sentir-se "sem poder".

No processo de discussão, o facilitador defronta-se com os mesmos problemas que qualquer professor centrado-no-aluno encontraria. Depois de alguns momentos de discussão animada, um grupo pode subitamente parar e dizer ao líder: "Desculpe-nos, devemos ficar quietos e deixá-lo falar. Você é aquele que sabe, nós não sabemos nada." Em outro grupo, um lavrador diz: "Por que você não nos explica os quadros? Dessa forma levará menos tempo e não nos dará dor de cabeça."[5] Mas Freire chegou a compreender que só se deixarmos as pessoas enfrentarem, do seu jeito, essas situações-problema ocorrerá uma verdadeira autoformação. Gradualmente, eles tomam consciência de seu mundo e de seus problemas. Começam então a procurar respostas. As questões "que vieram das pessoas, retornam a elas – não como conteúdos a serem depositados, mas como problemas a serem resolvidos"[6].

Embora Freire fale pouco a respeito dos resultados gerais, as mudanças de atitudes são claras. Primeiramente, "O lavrador sente-se inferior ao patrão porque este parece ser o único que sabe as coisas e é capaz de manipulá-las"[7]. Eles se consideram preguiçosos, incapazes, sem valor, menos livres do que um animal. Por isso, sentem-se atraídos pelo opressor e seu modo de vida; seu maior sonho é ser como o opressor e, por sua vez, oprimir outros. Mas, pouco a pouco, o autoconceito e o objetivo mudam. Os lavradores fazem afirmações como estas: "Agora compreendo que sou um homem, um homem educado." "Nós estávamos cegos e agora nossos olhos se abriram." "Agora não seremos mais um peso morto na fazenda-cooperativa." "Trabalho e, trabalhando, transformo o mundo."[8]

A abordagem de Freire segue este processo. Primeiramente, elabora-se o programa da aprendizagem a partir dos problemas tal como são vistos pelos lavradores, e a equipe facilita este processo. A seguir, recursos materiais são preparados para ressaltar os problemas e contradições e, progressivamente, surgem discussões livres, em grupos que nunca antes haviam articulado seus pensamentos ou sentimentos. Ocorre então a animação da auto-aprendizagem. Os membros, ao se revelarem uns aos outros, começam a acreditar em si mesmos como pessoas, assim como nos outros membros do grupo. Mudam seus objetivos. Em vez de simplesmente aspirarem a tornar-se opressores, imaginam um novo tipo de sistema social, mais humano. Finalmente, começam a avançar no sentido de mudar as terríveis condições sob as quais vivem.

Vocês poderiam dizer que Freire falhou, visto que foi expulso do país como um revolucionário perigoso. Talvez. Mas, de acordo com minha experiência com a abordagem centrada-na-pessoa, acho que, para cada pessoa despedida ou exilada, surgem inúmeros agentes de mudança, independentes em pensamento e ação.

A experiência que tenho tido com grupos oprimidos – antes de tudo estudantes, mas incluindo negros, chicanos e mulheres – faz-me concordar com Freire em que esta abordagem é basicamente um processo revolucionário, subversivo para qualquer estrutura autoritária. Eis quatro de seus principais pontos. O primeiro é uma proposição sobre a mudança nas relações de poder. Falando da quebra dos padrões de autoridade vertical, característicos da educação "bancária", diz ele: "Através do diálogo, deixam de existir o professor-dos-alunos e os alunos-do-professor e surge um novo termo: professor-aluno com alunos-professores. O professor não é mais simplesmente aquele-que-ensina, mas aquele que também é ensinado no diálogo com os alunos, os quais por sua vez também ensinam enquanto são ensinados. Eles se tornam responsáveis em conjunto pelo processo no qual todos crescem."[9]

Sua crença na importância dessa mudança no poder é muito profunda. "O importante, do ponto de vista da educação libertadora, é que os homens venham a se sentir donos de seus pensamentos e da visão que têm do mundo, explícita ou implicitamente manifestados em suas próprias sugestões e nas de seus companheiros. Como esta concepção da educação parte do princípio de que não pode apresentar um programa feito, mas que deve procurá-lo através do diálogo com as pessoas, ela serve para introduzir a pedagogia do oprimido, na elaboração da qual o oprimido deve participar."[10]

Numa terceira proposição, Freire refuta a idéia de que um movimento revolucionário só pode ser bem-sucedido se *antes* for estabelecida uma liderança dogmática e propagandística. "A educação que parte da proposição de problemas não serve e não pode servir aos interesses do opressor. Nenhuma ordem opressora poderia permitir ao oprimido que começasse a perguntar: Por quê? Embora somente uma sociedade revolucionária possa levar a cabo essa educação em termos sistemáticos, os líderes revolucionários não precisam ter assumido o pleno poder para empregar o método. No processo revolucionário, os líderes não podem utilizar o método bancário como uma medida provisória, justificada pela conveniência, com a intenção de comportar-se *posteriormente* de modo autenticamente revolucionário. Eles precisam ser revolucionários – isto é, dialogar – desde o princípio."[11]

Finalmente, há no prefácio um indício das implicações de longo alcance de seu trabalho. "Um eminente brasileiro, estudioso do desenvolvimento nacional, afirmou recentemente que este tipo de trabalho educacional entre as pessoas representa um novo fator na mudança e desenvolvimento sociais, 'um novo instrumento de conduta para o Terceiro Mundo, por meio do qual ele pode sobrepujar as estruturas tradicionais e participar do mundo moderno'."[12]

Concordo com as concepções básicas de Freire. Já indiquei, ao falar de educação, que eu estenderia os princípios básicos, sobre os quais ambos parecemos estar de acordo, a todas as situações de aprendizagem.

O National Health Council (Conselho Nacional de Saúde) é uma organização composta de representantes da American Medical Association, da American Dental Association, organizações de enfermeiras, companhias de seguro de saúde, agências de orientação de saúde e muitos outros grupos similares. Poucos anos atrás, esses "fornecedores de saúde", como eles próprios se denominaram, decidiram incluir, em seu encontro anual, um grupo de "consumidores de saúde" de guetos urbanos e os desprivilegiados rurais. Eles deveriam receber crédito total por essa decisão humana e corajosa que obviamente implicaria riscos. Os "consumidores de saúde" foram eleitos ou selecionados por grupos locais, em suas próprias áreas. Eram todos pobres, muitos eram negros e alguns eram méxico-americanos. Ao aproximar-se a época do encontro, os planejadores tornaram-se apreensivos e convidaram o pessoal do Center for Studies of the Person para agir como facilitadores de grupos no encontro. O convite foi aceito.

Quando o encontro começou, a hostilidade dos "consumidores" era tão densa que se tornava palpável. Depois da habitual sessão amena de abertura, o encontro ameaçou explodir. Os "consumidores" iam retirar-se. O encontro foi considerado como mais uma tentativa, por parte do *establishment*, de dar ao pobre uma representação simbólica, sem significado. Eles não teriam nada disso. Somente as declarações dos facilitadores, de que tinham atravessado todo o país, gratuitamente, apenas para ter a certeza de que *todos* seriam *ouvidos* no encontro, e teriam uma voz verdadeiramente representativa, mantiveram, temporariamente, o encontro.

Foram formados vinte grupos de vinte a vinte e cinco pessoas cada um, constituído de "fornecedores" e "consumidores". Lembro-me do grupo que coordenei. A amargura do pobre irrompeu com toda a força. Sua raiva pelos profissionais brancos, pela falta de serviços de saúde, pela falta de alguém representativo que cuidasse da saúde deles, era tão forte, que alguns dos profissionais ficaram assustados, enquanto outros, convictos de estarem certos, reagiram agressivamente. A utilidade de um facilitador, que pudesse verdadeiramente entender e esclarecer os sentimentos expressos, estava mais do que demonstrada. Não há dúvida de que, sem os facilitadores, o encontro ter-se-ia fragmentado. Exprimindo seu ódio pela opressão, um negro disse que os Fuzileiros Navais o haviam treinado para matar e, se fosse necessário, ele usaria esse treinamento contra as pessoas e as instituições que o estivessem oprimindo. Uma negra quase sem instrução era, sem dúvida alguma, a pessoa mais influente no grupo. Muito cética quanto aos motivos de todos, inclusive quanto aos meus, ela falou abertamente de uma longa e terrível batalha pessoal contra a pobreza, o preconceito e a opressão. Cada vez que ela falou, todos escutaram-na – e aprenderam.

À medida que as sessões de grupo continuavam, havia um pequeno mas significativo aumento de compreensão. Os profissionais brancos começaram de fato a ver como sua ação era percebida pelos receptores. Um membro do gueto, que odiava companhias de seguro de saúde, percebeu que o executivo da companhia de seguros que estava no nosso grupo não era de todo mau, e que eles podiam comunicar-se. Uma assistente social branca finalmente criou coragem para contar como havia forjado uma história na qual se fazia passar por uma trabalhadora desempregada precisando de cuidados de saúde e como, nesse papel, ela havia entrado em contato com várias agências "de ajuda" de orientação para a saúde. O tratamento desanimador que recebeu desiludiu-a sobre sua própria profissão, mas agora ela sentia renascer-lhe a esperança. Alguns negros começaram a discordar entre si, fato que muito os embaraçou, pois sentiam que deveriam manter uma frente unida contra os brancos. Finalmente, uma mulher méxico-americana contou, chorando, como se sentia totalmente desprezada e desamparada, *tanto* pelos negros *como* pelos brancos.

Sintetizando, os conflitos existentes, entre os-que-têm e os-que-não-têm, entre negros e brancos, entre profissionais e não-profissionais, entre situação e radicais, irromperam abertamente. Mas esses extravasamentos violentos ocorreram num clima em que cada pessoa era respeitada e tinha permissão para expressar seus sentimentos sem ser interrompida: clima no qual os facilitadores mostraram que seu interesse referia-se à dignidade de cada pessoa e que seu propósito principal era encorajar uma comunicação aberta. Nessa atmosfera, os problemas ficaram bem esclarecidos e, o que talvez seja igualmente importante, as pessoas emergiram como indivíduos únicos e independentes, cada um com sua própria percepção dos problemas. Pouco a pouco, iniciou-se uma real comunicação interpessoal.

Neste ponto, alguns radicais dirão: "Veja, o que você está realizando é uma comunicação melhor e menos agressiva! Você está destruindo a possibilidade de mudança revolucionária! Você está removendo o ódio e a amargura, que constituem únicas motivações capazes de conduzir a qualquer mudança real para o oprimido!" Eu só pediria a esses leitores que esperassem pelo resto da história.

Embora não se conhecessem anteriormente, os "consumidores de saúde", rapidamente, uniram-se e começaram a formular resoluções que circularam nos vários grupos, onde foram discutidas, revisadas e reformuladas. Fomos então informados de que "a política adotada" pelo National Health Council era que ele fosse somente um fórum, e que não tomaria posição nos assuntos de saúde. Assim, nenhuma resolução poderia ser adotada. Destemidos, os "consumidores" esperaram até a longa reunião final do encontro, que estava programada para ser uma série de palestras, "resumindo" o encontro, embora alguns dos conferencistas nem tivessem estado presentes às discussões. Um porta-voz do "consumidor" imediatamente propôs que o programa total fosse abandonado e que o tempo fosse usado para examinar e votar as resoluções que haviam circulado nos grupos. A animação foi grande, e os prós e contras, emocionais. A moção foi aprovada por grande maioria. Agradeceu-se aos pseudo-oradores e eles foram dispensados. A assembléia, então, depois de discussões acaloradas, aprovou uma longa série de resoluções, sem menção da "política adotada". O encontro terminou com sentimentos altamente positivos, não só por parte dos "consumidores", como também por parte da maioria dos membros da situação. O resultado surpreendente foi que, no ano seguinte, um grande número dessas resoluções foram postas em prática.

Eis, aqui, minhas próprias conclusões a respeito do trabalho de Freire, assim como da minha experiência com os "consumidores", resumida na forma "se-então".

Em uma situação que envolve grupos minoritários, oprimidos, ou quem quer que se sinta sem poder, concluo que:

Se uma pessoa com atitudes facilitadoras pode ingressar no grupo;

Se esse facilitador está verdadeiramente livre do desejo de controlar o resultado, respeita a capacidade que o grupo tem de lidar com seus próprios problemas, e tem habilidades para liberar a expressão individual;

Se *todas* as atitudes e sentimentos, não importa quão "extremos" ou "irreais" sejam, forem respeitosamente levados em consideração;

Se os problemas vivenciados pelo grupo são aceitos e claramente definidos como temas de discussão;

Se o grupo e seus membros têm permissão de escolher, coletiva e individualmente, seus próprios caminhos;

Então, desenvolve-se um processo que tem estas características:

Sentimentos, há muito reprimidos, de alguns membros virão à tona – sentimentos em sua maior parte negativos, hostis e amargos.

Percebendo que essas atitudes foram aceitas e entendidas, um número cada vez maior de membros do grupo sentir-se-á livre para expressar toda a série de sentimentos vivenciados.

Com uma possibilidade mais completa de expressão, cada pessoa é reconhecida por sua singularidade e forças, e a confiança mútua começa a se desenvolver.

Ao ser plenamente expressado e ao receber o *feedback* dos membros do grupo, o mais irracional dos sentimentos é, de alguma forma, diluído.

Os sentimentos baseados em experiências comuns ao grupo são esclarecidos e reforçados.

A confiança aumenta: no indivíduo, a autoconfiança; e, no grupo, a confiança geral.

Existe uma consideração coletiva mais realista dos problemas, com menos sobrecarga de irracionalidade.

Confiando mais um no outro, há menos *ego trips* (viagens do ego) em que os membros competem pela liderança, tentando atribuir-se o mérito ou a defesa de uma solução proposta.

O grupo caminha em direção a atitudes inovadoras, responsáveis e muitas vezes revolucionárias, atitudes que podem ser tomadas agora, em uma atmosfera de realismo.

A liderança no grupo multiplica-se. Cada indivíduo tende a respeitar a si mesmo e às qualidades de liderança que possui.

Ações construtivas são empreendidas, tanto pelo grupo como por cada um de seus membros, a fim de mudar a situação em que se encontram.

Os indivíduos sentem-se suficientemente apoiados pelo grupo para empreenderem ações que serão consideradas como radicais, mesmo quando isso os coloque em situações de alto risco.

Referências bibliográficas

1. P. Freire, *Pedagogy of the Oppressed*, Nova York: Seabury Press, 1970.
2. C. R. Rogers, *Freedom to Learn*, Columbus, Ohio: Charles E. Merrill Publishing Co., 1969.
3. Freire, *Pedagogy*, p. 102.
4. Freire, *Pedagogy*, p. 111.
5. Freire, *Pedagogy*, pp. 49-50.
6. Freire, *Pedagogy*, p. 110.
7. Freire, *Pedagogy*, p. 49.
8. Freire, *Pedagogy*, p. 14.
9. Freire, *Pedagogy*, p. 67.
10. Freire, *Pedagogy*, p. 118.
11. Freire, *Pedagogy*, p. 74.
12. Freire, *Pedagogy*, p. 14.

7. Solucionando tensões interculturais: um início

Estou tocando violino enquanto Roma se incendeia? Que diferença faz uma nova abordagem para a vida familiar ou para a psicoterapia, quando todo o planeta está ameaçado de extinção? Será importante que nossas escolas se tornem mais centradas-na-pessoa, se uma guerra nuclear eliminar *todas* as escolas, *todos* os estudantes, *todos* os professores, *todos* os defensores de qualquer filosofia educacional – de qualquer tendência? Não podemos ignorar o fato de que o mundo – o planeta Terra – está em perigo mortal. Em 1969, U Thant, Secretário Geral das Nações Unidas, disse: "Não desejo parecer melodramático, mas só posso concluir, a partir das informações de que disponho... que aos membros das Nações Unidas restam talvez dez anos para resolver suas desavenças antigas e instaurar uma comunidade global." Um pouco mais otimistas, os autores de uma recente e vigorosa obra sobre relações internacionais intitulam seu livro de *7304* para indicar que em apenas 7304 *dias*, no período de vinte anos, acreditam eles, o destino do planeta será decidido[1].

Encimando a lista dos problemas mundiais que decidirão se *temos* um futuro, estão tanto as antigas quanto as novas contendas que dividem culturas, ideologias, religiões e nações. Ninguém sabe se o ódio entre árabes e israelenses inflamará uma nova – e possivelmente catastrófica – guerra. A inimizade centenária existente entre protestantes e católicos, no norte da Irlanda, pode, a qualquer momento, transformar-se em uma explosão desenfreada e mortífera. A situação na África do Sul é uma bomba-relógio mortal. As tensões entre a União Soviética e a República Popular da China constituem ameaça latente de proporções desconhecidas. A discrepância, quanto a riqueza e renda, entre os "que-têm" e os "que-não-têm" no mundo todo, está assentando uma base para ódios presentes e futuros. Nos Estados Unidos, brancos altercam-se com negros por causa de emprego e de outros problemas relativos à integração. Em uma escala mais ampla, grupos terroristas perambulam pelo mundo, descarregando violência em pessoas totalmente inocentes. Parece não ter fim a lista de perenes hostilidades entre raças, culturas e nações.

Nosso mundo diminuto e nossa tecnologia borbulhante fazem de cada uma dessas rixas uma questão de vida ou morte para cada cidadão do globo.

A abordagem centrada-na-pessoa tem algo útil a oferecer para a solução desses imensos e perigosos problemas globais? Já há modelos significativos, em pequena escala, para lidar com essas tensões; tudo leva a crer que eles poderiam ser ampliados e utilizados criativamente. O custo seria ínfimo, comparado aos 280 *bilhões* de dólares que o mundo todo gastou em armas, em 1975[2].

Os próprios cientistas políticos começaram a interessar-se pela abordagem centrada-na-pessoa. Finlay e Hovet dizem que "para lidar construtivamente com os problemas mundiais é necessária uma estratégia global. Tal estratégia precisa tentar o que parece impossível: *estabelecer um sentido de causa comum entre as nações altamente discrepantes e competitivas do mundo.* Isto exige que as nações vão além dos próprios interesses, definidos em termos de poder e que se concentrem em interesses comuns, definidos em termos de realização das plenas potencialidades do homem"[3]. Embora os autores sublinhem a segunda parte do parágrafo, eu daria mais ênfase à sentença final. O desejo de que os cidadãos desenvolvam suas potencialidades é um dos poucos itens com os quais a maioria das nações poderia concordar. E é precisamente neste ponto que a experiência com a abordagem centrada-na-pessoa pode ter algo a oferecer.

Em épocas de importante mudança social, há um longo período silencioso de gestação, experimentação e construção de modelos, antes que algo aconteça. Informações são colhidas, soluções são descobertas e, freqüentemente, fazem-se tentativas malsucedidas para propagar essas soluções. Enquanto isso, o cidadão médio está se tornando altamente conhecedor do problema e frustrado pelas tentativas superficiais de correção. Então, às vezes repentinamente, o público, como um todo, vê o problema com clareza, procura mais profundamente as soluções e descobre que as respostas, em pequena escala, já estão à mão. Desenvolve-se uma evidente *vontade* generalizada de tratar o problema, e enormes forças são postas em movimento. Isso não significa que uma solução miraculosa seja rapidamente alcançada, porque a maioria dos problemas sociais – e os tecnológicos também – são altamente complexos e surgem muitas dificuldades não previstas. Mas, uma vez ultrapassado o ponto crítico, uma vez que essa criatura amorfa, "o público" decide atacar o problema, há um grande avanço.

O telefone, o rádio, o automóvel, passaram por um lento período de gestação, antes que o público compreendesse o valor de cada um deles e exigisse seu rápido desenvolvimento.

Margaret Sanger organizou a primeira clínica de controle da natalidade em 1916. O público manifestou um interesse negativo através de implacável oposição. Apesar disso, graças a um grupo dedicado, trabalhando em pequena escala, muitos dos problemas de contracepção foram enfrentados e resolvidos, e um enorme número de dados sobre a explosão demográfica e seus efeitos foi reunido. Somente a partir dos anos 60, quando a superpopulação tornou-se sério problema, foi que o povo acordou. Agora, as nações estão tomando providências efetivas para difundir o planejamento familiar e o controle da reprodução.

Há anos que conhecemos a poluição gerada pelas fábricas, minas e automóveis. Inúmeros dados foram acumulados. Mas, de repente – tornada mais dramática, talvez, pelo nevoeiro de Los Angeles e pela morte do Lago Erie –, a poluição tornou-se preocupação *nacional*. O povo decidira enfrentar a poluição.

Durante várias gerações, foi negado ao negro o direito de votar e ele não podia contar com igualdade de direitos perante a lei. Nas décadas de 50 e 60, o público decidiu fazer algo com relação a isso. Mudanças começaram a ocorrer, às vezes, com velocidade surpreendente, às vezes, com trágica lentidão. Mas *estão* sendo feitas.

Exatamente quando parece tarde demais, a grande consciência social coletiva apreende a seriedade de um problema e começa a progredir dramaticamente. Pelo fato de a decisão coletiva ser tão tardia, o resultado é sempre duvidoso – o mundo pode ainda ser submerso pela superpopulação, podemos ainda morrer por poluição, podemos ainda ver violenta rivalidade racial – mas, pelo menos, estamos fazendo esforços maciços para tratar dessas questões. É este conhecimento do passado que me encoraja a propor métodos para lidar com tensões interculturais, inter-raciais e internacionais. Acredito que, se o público tornar-se verdadeiramente consciente de que as orientações atuais visam diretamente à destruição de todos nós, ele irá então procurar alternativas. E a abordagem centrada-na-pessoa oferece exatamente essa alternativa.

Ao apresentar tal alternativa, começo com os exemplos mais simples de conflito e de solução, primeiramente dentro do indivíduo, depois entre indivíduos, em seguida entre pequenos grupos e, finalmente, com as mais acirradas lutas e tensões entre grandes grupos. Já dispomos de soluções em pequena escala, soluções mínimas para algumas das mais desnorteantes contendas internacionais. Estou bem consciente de que esses modelos em pequena escala passarão por enormes dificuldades caso sejam transpostos para termos globais; mas essas serão dificuldades *tecnológicas*, que nossa cultura está bem apta a solucionar. Alguns desses *princípios* básicos têm coerência, consistência e eficiência comprovada, que merecem exame minucioso. Muitos desses princípios fundamentais envolvem a abordagem centrada-na-pessoa com relação ao problema de poder, controle e tomada-de-decisões.

O conflito dentro do indivíduo é a mais básica de todas as contendas e tensões. Um dos problemas mais comuns que encontrei como psicoterapeuta foi o da pessoa que se sente em guerra consigo mesma: "Externamente, sou uma pessoa bem aceitável; sou capaz de construir uma vida [ou um lar]; recebo um certo reconhecimento das pessoas de meu mundo. Mas, internamente, sinto-me um impostor. Não tenho valor, sou incompetente, cheio de maus impulsos e intenções maldosas. Há uma discrepância irreconciliável entre o que *aparento* ser e o que realmente *sou*. Se as pessoas soubessem como sou, elas me rejeitariam."

Eis uma luta pelo poder, dentro da pessoa. Para "arranjar-se" ela *precisa* manter a fachada, embora essa imagem fraudulenta seja continuamente solapada pelo "verdadeiro eu". Ela está certa de que, qualquer que seja a parte vencedora, a vida será insatisfatória ou ameaçadora, ou ambas.

Como terapeuta, aprendi a aceitar cada um desses sentimentos evidentemente contraditórios. Houve um jovem que, simplesmente, "teve um vazio" em pontos cruciais – sua mente parou de funcionar, ele tornou-se confuso e quase desorientado, fracassou em exames decisivos e foi incapaz de desempenhar tarefas importantes. Por algum tempo não consegui ver por que isso lhe parecia uma prova tão conclusiva de um aspecto mau e perverso de sua natureza, embora eu aceitasse seus sentimentos tão contraditórios. Aí, ele revelou mais coisas sobre o relacionamento com seu pai e outras autoridades. Finalmente, arrisquei: "pergunto-me se o que você está me contando é que você, por meio desse vazio, encontrou uma boa maneira de vencer todos aqueles que querem controlá-lo e moldá-lo, segundo a imagem que criaram para você". Após um momento de silêncio, no qual ele parecia estar digerindo isto, caiu numa gargalhada incontrolável, muito embaraçosa para ele – e desorientadora para mim. Então, hesitante, e com um sentimento de vergonha, reconheceu que, não só minha suposição era exata, mas que sua risada desenfreada fora uma completa experiência, pela primeira vez em sua vida, do júbilo que tinha sentido em vencer o pai e todos os outros, através dos penosos períodos de "vazio".

Em entrevistas subseqüentes veio o reconhecimento mais lento e mais difícil de que essas duas partes dele poderiam ser aceitas, que ele poderia viver satisfatoriamente como uma só pessoa, que elas não eram fundamentalmente incompatíveis. Começou a ver que não era verdade que uma parte dele era má e a outra boa, uma certa e outra errada. Mais especificamente, passou a perceber que poderia procurar abertamente a aprovação dos outros e esforçar-se para obter reconhecimento; e que poderia também resistir ao controle dos outros. Reconheceu que poderia fazer o que ele quisesse e não simplesmente o que os outros esperavam ou exigiam dele. Os dois elementos de sua vida emocional, antes tão incompatíveis que nem chegavam a se encontrar, poderiam, talvez, coexistir dentro de uma pessoa.

Como se pode estabelecer pontes entre indivíduos? Entre as forças que criam abismos entre as pessoas estão os conflitos conjugais, rivalidade entre irmãos, ferrenhas competições atléticas ou acadêmicas e diferenças raciais e educacionais. Procure, por um momento, a enorme distância entre a experiência de vida de um membro do gueto negro, em uma cidade do interior dos Estados Unidos, e de um profissional branco instruído que nunca tenha de fato sentido fome, que nunca tenha vivido a vida de rua e nunca tenha sido vítima de preconceito irracional. Como seria possível a esses indivíduos sentirem algo em comum? Recentemente, recebi uma prova tocante de que tal abismo pode ser transposto. Um professor de uma classe de educação de adultos mandou-me uma redação feita por Michael, um de seus alunos negros, sem instrução e que mal se expressava. Michael tinha lido e ficado impressionado com o capítulo "Este sou eu", de meu livro *On Becoming a Person* [*Tornar-se pessoa*][4]. "Este sou eu" descreve as lutas e o aprendizado que tiveram significado para mim e para minha vida pessoal interna. Não há *nada* que pareça ligado à experiência no gueto ou à luta do homem negro pela condição de pessoa. E, no entanto, eis o relato inculto, mas vigoroso, de Michael:

"Retornei ao primeiro capítulo que tinha lido para este curso. Esse capítulo era uma obra de literatura, bem escrita, que tinha chegado bem perto de me definir como estou vivendo hoje. Estive naquela mesma situação que esse autor está esclarecendo nessa parte de seu trabalho. Lidei com essas mesmas idéias, conceitos e experiências de que o autor está falando. Estou também confuso pela história que pretendi compreender até agora [por esse capítulo que estou pretendendo entender] pela simples razão de que sinto que o autor é uma pessoa branca e bem-educada que, de acordo com a sociedade atual, está muito longe de ser um negro pobre. Portanto, se a sociedade nos coloca em dois níveis diferentes, então eu não deveria estar pensando no mesmo nível que este bom autor. A capacidade [possibilidade] de eu pensar no mesmo nível desse homem não existe [não pode existir]; por isso uma pergunta surgiu dentro de mim ao ler este capítulo: Por que eu posso entender o que este autor escreveu e que me serve como uma luva?

"Também tive alguns sentimentos positivos ao ler o trabalho desse homem e essa era a sensação de que eu e ele não éramos realmente diferentes porque descobri que a única coisa na vida de uma pessoa que a torna diferente de outra são seus pensamentos, que só ela, e ninguém mais, conhece. Agora, sinto que esse autor também sabe disso pela maneira como ele se empenhou em deixar a gente entrar nele, de tal forma que a gente seja capaz de conhecer o ser verdadeiro que ele tinha descoberto nele mesmo.

"Compreendi o que ele estava dizendo sobre si mesmo porque entendi a mim mesmo até o ponto em que ele estava falando dele. Era como ler uma 'formiua' [uma fórmula?] que eu não tinha lido antes, mas tinha vivido as experiências exatas da viagem deste homem dentro de si. Agora, se por acaso este homem maravilhoso não escreveu [não tivesse escrito] sobre sua viagem dentro de si, então as possibilidades de eu entender que o que tinha sido 'introjetado' [em mim] antes, pela sociedade, estava errado [teriam sido quase nulas] e é por isso que, na época, pareceu-me que algo não estava certo com o que a sociedade estava dizendo sobre todos os homens serem iguais por dentro. Se este [capítulo] não tivesse cruzado o meu caminho, quando o fez, então eu ainda estaria procurando um esclarecimento. Agradeço a essa pessoa pela compreensão que ela compartilhou comigo."

Embora eu não o tenha conhecido, sinto-me perto de Michael, assim como ele se sente perto de mim. Por quê? Porque está em nossa própria humanidade – os conflitos compartilhados, sentimentos, aprendizagens, perplexidades, "experiências" – o fato de podermos conviver, apesar de as vidas, em seu aspecto exterior, não terem provavelmente *nada* em comum, exceto o fato de ambos termos nascido e estarmos vivos. Entretanto, ele sente que o que escrevi "serve-lhe como uma luva", embora ele não consiga compreender como um homem branco e instruído possa ter algo em comum com um negro que aprendeu as lições do gueto.

Eu vi isto ser demonstrado antes. Como seres humanos tentando enfrentar a vida, entendê-la e aprender com ela, dispomos de vastos conjuntos de coisas em comum. Não faz diferença que eu seja um homem branco, idoso, da classe média americana, e você seja amarelo ou negro, comunista, judeu ou árabe, russo, jovem ou mulher. Se estivermos francamente querendo compartilhar algo, então há uma grande área na qual a compreensão é possível. É pelos "pensamentos que estão em sua cabeça e que você, e ninguém mais, conhece" que começamos uma comunicação aberta e íntima.

Um ensinamento destaca-se claramente da declaração de Michael. Na mesma medida em que eu, em minha obra, fui capaz de me abrir a ele – sem desejo de conduzir, direcionar nem persuadir – ele foi capaz de se abrir e de se habilitar a ser pessoa independente e digna de valor.

Se, por um trágico acaso, Michael e eu nos encontrássemos em lados opostos das barricadas, numa luta racial, poderíamos ainda nos comunicar, descobrir um caminho para a solução construtiva da crise? Se pudéssemos nos comunicar pessoalmente – sim. Temos, entre nós, a base humana para solucionar problemas de economia, ideologia, justiça civil e violência revolucionária.

Em situações de tensão, o esquema é simples. *Cada uma* das partes envolvidas mantém, com igual convicção, idêntica opinião: "Eu estou certo e você está errado; eu sou bom e você é mau." Isto mantém a tensão entre indivíduos e entre grupos, onde se torna: "*Nós* estamos certos e vocês errados; *nós* somos bons e vocês são maus." Uma de nossas maiores dificuldades, em qualquer disputa, é reconhecer ou, até mais difícil, aceitar que a certeza que sentimos sobre nossa retidão e bondade é igual à certeza do indivíduo ou grupo oposto, sobre sua retidão e bondade. Caso se queira reduzir a tensão, é esse esquema que precisa, de certa forma, ser desarmado. É aqui que a abordagem centrada-na-pessoa tem sua máxima eficácia.

Vários anos atrás, uma comunidade de "ajuda" chamada "Mudanças" foi formada num bairro do sul de Chicago, por Eugene Gendlin e outras pessoas que tinham estado ligadas ao Counseling Center. A comunidade estendeu-se aos moradores do bairro, muitos deles marginalizados ou membros da contracultura. Treinou seus membros para "ouvir incondicionalmente", editando um "Rap Manual" e promovendo sessões sobre o mesmo assunto. Como explicar um conceito, como empatia, a uma pessoa qualquer? Eis um parágrafo do "manual" sobre a disponibilidade para ouvir:

"Isso não é preparar armadilhas para as pessoas. Você apenas ouve e repete o que a pessoa diz, passo a passo, exatamente como ela parece tê-lo percebido naquele momento. Nunca introduza nenhuma de suas próprias coisas ou idéias, nunca atribua à outra pessoa algo que ela não tenha expressado... Para mostrar que você entende perfeitamente, faça uma ou duas sentenças que exprimam com exatidão o sentido pessoal que ela queria transmitir. Normalmente, você poderia dizer com suas próprias palavras, mas use as palavras da própria pessoa para as coisas principais e delicadas."

Um outro aspecto dessa formação, o "estar atento", ajuda a pessoa a atingir "contato consciente, de minuto a minuto, com o que acontece dentro dela, a maneira como se sente, o que a afeta e como, o que é realmente importante, com toda a complexidade que isso implica"[5]. Portanto, os membros de "Mudanças" são ajudados a tornarem-se peritos em *ouvir* o outro, e a *estarem atentos* – ao que se passa dentro deles mesmos. Um membro conta como essas atitudes afetam a tensão intergrupal:

"Estas técnicas podem melhorar radicalmente as interações do grupo. Isso aconteceu quando as mulheres do grupo de libertação das lésbicas, no sul de Chicago, estavam negociando um 'Café' para reuniões mensais, de lésbicas, com uma igreja local que apoiava inúmeros grupos comunitários radicais. Um dos problemas era o desejo, profundamente arraigado nas mulheres, de banir os homens, enquanto a política da comunidade da igreja era a de manter seus 'Cafés' abertos a todos, independentemente do grupo que fosse o responsável da semana. A maior parte das negociações realizaram-se entre uma lésbica hipersensível, que se sentia marginalizada pelos homens tanto do mundo homossexual quanto do convencional, e um homem, membro da equipe comunitária da igreja, que queria defender a atitude aberta e transcendente da política da 'porta aberta' e que não entendia a história e a necessidade implícita de fazer do 'Café' de lésbicas um reduto defensivo, reservado exclusivamente a mulheres.

"Houve conflitos de personalidade e tensões ao tentarem elaborar uma política conveniente para ambos os lados; vários acontecimentos aumentaram a tensão, sobretudo devido a mal-entendidos, até que a existência do 'Café' foi ameaçada e uma reunião geral foi convocada. Sem ter sido planejado com antecedência, aconteceu que os membros de ambos os grupos presentes foram envolvidos na comunidade terapêutica radical 'Mudanças', tendo aprendido e incorporado em seu comportamento as técnicas da abordagem centrada-na-pessoa. Devido a isto, as duas personagens centrais, que antes tinham tido dificuldades em chegar a um acordo, foram capazes não só de expor suas posições, mas de se aprofundar em seu sentimento ferido, malcompreendido e desconfiado, com a ajuda do resto do grupo. Isso acabou com a polarização, mudou a energia defensiva interior de cada um e desanuviou o ambiente para uma nova negociação, baseada num claro, aberto e completo senso das necessidades e medos subjacentes de cada grupo, a partir do que se desenvolveu um procedimento específico para o 'Café', que não comprometia os ideais de nenhum dos grupos. O incidente, na verdade, ampliou as possibilidades de comunicação entre os dois grupos em um nível mais profundo do que teria sido provável, dada a distância social existente, no início, entre eles. O 'Café' das Lésbicas tornou-se e continuou sendo uma próspera instituição comunitária até o fim do ano passado. Esse 'negócio' funciona."[6]

Esse pequeno fato demonstra que, no início, o esquema é o de sempre: "A decisão precisa ser tomada do meu jeito, porque estou me baseando no princípio correto de que lésbicas oprimidas têm direito a reuniões privadas." "Não, a decisão precisa ser tomada do meu jeito porque estou me apoiando no princípio correto de que reuniões nesta igreja são abertas a todos." É um conflito frontal entre princípios irreconciliáveis. O fato de alguns membros de cada um dos grupos conflitantes terem sido treinados por "Mudanças", segundo a abordagem centrada-na-pessoa, dá a essa pequena contenda todo o significado de uma pura experiência de laboratório. Escutando os dois principais antagonistas, ajudando-os a estar atentos aos seus próprios sentimentos de mágoa e desconfiança, o conflito de "princípios" torna-se completamente redefinido. É, agora, uma questão de sentimentos, de necessidades, de medos de cada grupo e das duas personagens principais. Redefinido, cada grupo percebe então que pode satisfazer suas necessidades sem violar as necessidades do outro grupo. Novos canais de comunicação realista são abertos. A política de confronto para tomada-de-decisões muda completamente quando cada pessoa tem o poder de ser integralmente ela mesma – com sentimentos, medos, idéias, esperanças, desconfianças. A decisão é, então, tomada a partir de uma base humana, não como conseqüência de um conflito político.

Judy Henderson, que me contou o incidente do "Café", é um membro peculiar da Esquerda radical. Ela acredita que a abordagem centrada-na-pessoa é útil na atividade revolucionária, mas freqüentemente tem visto grupos radicais destruirem-se por causa de tensões interpessoais. Ela diz que "esses grupos, em nome do radicalismo, exerceram sobre mim ambos os tipos de autoritarismo: o explícito e o tácito. Refiro-me à tirania de normas e papéis implícitos controlando sutilmente que tipo de coisa se diz e não se diz, quem fala mais e quem escuta, quem acaba sustentando as necessidades ou idéias de alguém, mas não as suas próprias".

Ela acha que o interesse pelos sentimentos de uma pessoa é considerado contra-revolucionário. "A maioria de nós ouviu *slogans* como: 'Isto é política, não terapia! Não há solução a não ser a coletiva: soluções individuais são seletivas.' Estive com um grande número de grupos em que a idéia de lidar com experiência e interação pessoais era considerada menos do que nada, desperdício de energia, fuga dos 'problemas reais', e até 'elitista, mimada, auto-indulgente'." Mas Henderson chegou a ver essas maneiras de "escutar" e "estar atento" como novos instrumentos de mudança. "Elas oferecem instrumentos fecundos para uma auto-experiência radical, interação e processo de grupo. Na minha opinião, essas técnicas constituem material básico para descobrir uma política nova e uma nova abordagem para conscientizar os outros; eles provêm de uma profunda compreensão – ainda não explorada – do *locus* de poder no indivíduo e do acesso a esse *locus*... Mas elas não acontecem sem retrocessos e cansaço. Digo isto agora, depois de lutar durante um ano, juntamente com várias pessoas, para integrar essas atitudes e processos em nossas vidas pessoais, coletivas e políticas. Acontece vagarosamente; exige muita fé e perseverança. O começo parece demorar muito; é preciso reaprender o que significa ser eu mesmo, depois, ser com alguém e, então, formar um grupo. Tenho que ter em vista objetivos de longo alcance quando me sinto envolvida em dificuldades de cunho pessoal. Tenho que manter controle sobre os processos nos quais aprendi a confiar, mesmo quando estou temendo e duvidando de todos ao meu redor e do que estamos fazendo. Tenho que ter viva e sempre em mente que coisa nova estamos tentando encontrar e quanto temos de enfrentar, quando começo a invejar a eficiência das instituições estabelecidas e a ação fácil de grupos que organizam seu poder de maneira costumeira e ostensiva... Mas isso, depois de um ano, parece-me valer a pena, porque vejo em mim e nos desafios reais que começamos a enfrentar como comunidade, mudanças e possibilidades *reais* de um novo sistema social que alcança as raízes de nosso mal... Nessa luta, sinto-me bem e com razão; como nunca me senti antes. Disponho agora de uma lucidez interior e da possibilidade de encontrar beleza humana naqueles com quem trabalho, e isso está impregnando minha visão e ação políticas, trazendo-me grande alegria, de maneira absolutamente estranha e inesperada, até mesmo quando 'amo'."[7]

Eis alguém que aprendeu que as mudanças revolucionárias, em grupos sociais, são melhores e mais duradouras quando desencadeadas por meio de atitudes sutis, difíceis, aparentemente "ineficientes", incorporadas numa abordagem centrada-na-pessoa.

Tensões na comunidade, raciais ou outras, podem ser aliviadas mediante o uso da abordagem centrada-na-pessoa para fortalecer as pessoas dos dois lados do conflito.

Um jovem ministro de uma cidade, Wyoming, de cerca de nove mil habitantes, estava transtornado pela divisão acentuada entre os habitantes de origem mexicana (chicanos) e os de origem inglesa (anglos) e decidiu tentar fazer algo a respeito. A cidade era dividida por uma estrada de ferro; os chicanos (cerca de um quarto da população) viviam do lado sul, e os anglos, do outro. Os americanos brancos achavam que tudo estava bem na cidade, porque não havia discriminação declarada. Por outro lado, os méxico-americanos sentiam que eram discriminados. Sentiam-se oprimidos, achavam que a comunidade não era receptiva às suas necessidades e os sentimentos contidos iam desde a resignação passiva até um ressentimento ardente.

Lloyd Henderson, o ministro, conseguiu uma modesta doação para financiar um programa de melhora da comunicação. Primeiramente, escolheu nove líderes da comunidade, representando um corte transversal – anglos e chicanos; classes alta, média e baixa; homens e mulheres. Convidou um facilitador do "Center for Studies of the Person" para fazer treinamento intensivo para os líderes num fim de semana. Isso ajudou-os a descobrir que não se pretendia que fossem líderes no sentido convencional, mas facilitadores da expressão e comunicação. Os grupos deviam focalizar a comunicação, e não a iniciativa da ação. Então, foram formados nove grupos, compostos de oito a quinze elementos. Eles se encontraram semanalmente, durante doze semanas, e tiveram a opção de passar juntos um fim de semana, o que alguns aceitaram e outros, não.

Os grupos também eram formados com elementos de todas as categorias; de fato, num grupo estava o juiz local e alguns jovens chicanos, que o tinham sempre considerado como o pior inimigo.

Em primeiro lugar, os grupos voltaram-se para os líderes, esperando que estes assumissem a responsabilidade; mas, gradualmente, perceberam que, para que os grupos funcionassem, tinham que se responsabilizar por si mesmos e por sua própria expressão. A conversação era pessoal mas focalizada em questões comunitárias. Falou-se do desemprego. Veio à tona a frustração com a estrada de ferro, que era uma característica fundamental da comunidade. Discutiram os problemas educacionais de seus filhos. Os tópicos principais foram, portanto, os problemas comunitários, mas colocados num quadro de referência pessoal. Os chicanos ficaram desanimados ao se defrontar de novo com a falta de solidariedade do próprio grupo. Embora os anglos pensassem freqüentemente que os chicanos eram um grupo unido, os próprios chicanos sabiam que sua desunião constituía uma barreira para a melhoria da situação.

Uma das descobertas mais características nessas reuniões foi que as atitudes dos participantes, independentemente de proveniência ou idade, eram mais similares do que eles supunham. Quando discutiram sobre os filhos ou sobre a necessidade de emprego, os sentimentos eram os mesmos dos dois lados. Uma expressão de assombro e estupefação surgiu nas faces de duas mães, uma anglo e uma chicana, quando descobriram o quanto eram iguais nas suas expectativas e nos seus problemas em relação aos filhos.

Os membros dos grupos foram convidados a participar de um *show* local de televisão, para relatar o que estavam fazendo e o progresso que estavam conseguindo. Isto ajudou a comunidade a manter-se em contato com o projeto e a dar-lhe mais elementos para uma melhor comunicação.

Aos poucos começaram a ocorrer mudanças. Indivíduos que, no decurso normal dos acontecimentos, nunca se teriam encontrado, fizeram amizades, ultrapassando as barreiras culturais e etárias. O juiz veio a ter uma melhor compreensão dos jovens com os quais estava lidando em seu tribunal. No fim, alguns grupos resolveram agir – por exemplo, falando aos empregadores sobre a política adotada na admissão de pessoal.

Depois de terminadas as sessões, os chicanos formaram um grupo, escreveram uma proposta e obtiveram uma doação do governo federal, que tinha como objetivo reduzir a evasão escolar, propiciar treinamento técnico e levar os pais méxico-americanos a visitarem a universidade estadual, a fim de elevar suas aspirações educacionais. Esses são exemplos das atividades do grupo. Eles contrataram um diretor para administrar esse programa. O que representou decisivo incentivo moral para o lado sul da cidade.

Tudo isto foi realizado por intermédio da abordagem centrada-na-pessoa, com um orçamento de menos de quinhentos dólares. O ministro acreditou em dar responsabilidade à liderança local. Propiciou, então, a esses líderes e a si mesmo, um período de treinamento muito breve, mas intensivo, nas habilidades de escuta e facilitação. Ele foi capaz de iniciar *um número suficiente* de grupos para criarem uma "massa crítica". Um só grupo poderia ter sido útil para os participantes nele envolvidos, mas é quase certo que não teria afetado a comunidade. Mas nove grupos, envolvendo umas cem dentre as nove mil pessoas, provou ser um número suficiente para dar início a uma ação social criativa. Os resultados falam por si mesmos, são indicadores do que pode ser realizado quando as tensões não são demasiado grandes e o rancor não é profundo demais. Indivíduos das duas partes da cidade vivenciaram e usaram seu poder porque foram capazes de perceber, por meio da expressão franca e da comunicação pessoal, de que forças dispunham.

Vivenciei um profundo desentendimento, quando trabalhava com um grupo de Belfast, na Irlanda do Norte. Foi possível observar o que acontece em um grupo cujo rancor envolve gerações de ódio econômico, religioso e cultural. Havia no grupo cinco protestantes – incluindo um inglês – e quatro católicos. Os nove foram escolhidos de modo que abrangesse extremistas e moderados de ambos os lados, homens e mulheres, velhos e jovens. O inglês era um coronel reformado do exército. Queríamos facilitar a comunicação direta e filmar essa interação[8].

Nas primeiras sessões, o rancor, horror e desespero da vida diária em Belfast estavam extremamente claros. A irmã de Tom foi despedaçada por uma bomba que pode ter sido atirada por terroristas de qualquer facção. Dennis e sua família esconderam-se atrás de colchões quando as balas atingiram sua casa, durante um terrível tiroteio na rua. Dennis, em diversas ocasiões, teve que ajudar a retirar os corpos vivos e mortos, lacerados pelas explosões de bombas. Becky falou várias vezes da brutalidade das patrulhas do exército britânico para com seus filhos adolescentes. Após um episódio, no qual o menino foi levado a crer que ia ser morto, "o pequeno entrou e nunca vi tanto medo estampado na face de ninguém, em toda a minha vida".

Gilda, jovem e atraente, falou da desesperança. "Eu só sei ficar desesperada. No fundo, desisti." Becky disse: "Sinto-me mesmo sem esperança... Se algo não for feito, o rancor continuará simplesmente devorando as crianças que eventualmente poderão tornar-se homens do IRA (Exército Republicano Irlandês)."

Havia rancor dos dois lados. A bela protestante Gilda disse: "se eu encontrasse um homem do IRA, deitado no chão – estou vendo que, pelo jeito, vocês me desaprovam – eu *pisaria* nele, porque, para mim, ele simplesmente transgrediu e tirou a vida de gente inocente".

Todos os sentimentos violentos deixam marca. Sean, jovem e sensível professor católico, contou como foi forçado a derrubar um "portão de aço" entre o que o seu "eu" aparentava e os sentimentos interiores em ebulição. De outro modo, ele teria ficado louco furioso. Com voz muito calma e macia ele falou da fera selvagem que havia no seu interior: "Sim, eu me conheço. Estou bem ciente desse tipo de coisa e apavora-me saber que ela está lá. Porque ela é violenta, emocional e insensata... Dou longas caminhadas e deixo essa coisa falar dentro de mim. Não é como se fossem sentimentos humanos – não é exatamente o mesmo que ter uma fera dentro de você – é um tipo de sentimento animal, sabe?"

Todo o fluxo misturado de rancor e violência, de medo e desespero, é tão poderoso que pareceria incrivelmente quixotesco pensar que um fim de semana pudesse fazer *alguma* diferença. Entretanto, ocorreram mudanças. Um pequeno exemplo encontra-se nestes diálogos entre Dennis, protestante, e Becky, católica:

DENNIS *(falando sobre Becky)*: Lá em Belfast a impressão geral é que, se ela é católica, é católica; ela é posta de lado e acabou-se. Mas não se pode fazer isso. Ela me contou que está numa posição pior do que a minha... eu detestaria estar no lugar dela... porque sei que ela sente o desespero absoluto que eu sentiria. Não sei como eu reagiria se fosse um de seus filhos. Provavelmente, iria arranjar um revólver e acabar fazendo algo radical e sendo morto.

BECKY *(mais tarde)*: Palavras não conseguem descrever o que sinto em relação a Dennis desde a conversa que tivemos durante o jantar. Conversamos calmamente, cerca de dez minutos, e senti que então tinha arranjado um amigo e que foi para valer.

DENNIS: Estávamos sentados aqui na hora do jantar e batemos um papo tranqüilo, enquanto vocês todos saíram para jantar.

BECKY: Penso que ele me compreende plenamente, como pessoa.

DENNIS: De fato, não há dúvida sobre isto.

BECKY: E por isso estou muito grata e acho que encontrei um amigo.

Durante nossas sessões, os ódios, as suspeitas, as desconfianças dos dois grupos inimigos eram muito perceptíveis; às vezes, de forma velada e, aos poucos, manifestando-se mais abertamente. Os indivíduos falavam não só por eles, mas representavam gerações de ressentimento e preconceito. Houve apenas dezesseis horas de interação de grupo. Entretanto, durante esse período incrivelmente curto, esses ódios centenários foram não só amainados, mas, em alguns momentos, profundamente mudados. É evidente que as atitudes facilitadoras podem criar uma atmosfera em que seja possível uma expressão aberta. Expressão aberta, neste tipo de clima, leva à comunicação. Melhor comunicação leva, freqüentemente, à compreensão, e compreensão derruba muitas das antigas barreiras. O progresso foi tão rápido, foram tão significativas as mudanças, que alguns dos depoimentos que citei aqui tiveram que ser suprimidos do filme. Mostrar tanta compreensão por parte da oposição teria colocado em perigo a vida dos entrevistados, quando o filme fosse exibido em Belfast.

Quando o grupo retornou a Belfast, quase todos continuaram a encontrar-se na casa do coronel britânico, cuja vizinhança era a mais segura. Após o término do filme, eles formaram equipes – uma protestante e outra católica – mostraram-no a muitos grupos de igrejas de ambas as facções e orientaram discussões. Nenhuma destas discussões foi planejada. Não se dependia de doações em dinheiro. Tudo foi feito pela própria e espontânea iniciativa.

O fato de um grupo ter caminhado no sentido da reconciliação não terminou com as matanças em Belfast. É verdade; mas suponhamos que houvesse mil ou dois mil grupos. A despesa seria uma fração do que os exércitos particulares católicos, o exército de ocupação britânica e os exércitos particulares protestantes têm custado. Quanto aos facilitadores, há centenas deles já suficientemente treinados e que, se fossem avisados com três meses de antecedência, poderiam dedicar-se a essa tarefa.

Tal opinião está integralmente confirmada em recente entrevista com dois cidadãos de Belfast, muito conhecidos na comunidade, familiarizados com o projeto e que presenciaram o impacto causado pelo filme em grupos pequenos. Eles são a favor do treinamento de um grande número de irlandeses como facilitadores. "Temos que fazer com que milhares de pessoas se interessem. Feito isso, torna-se mais difícil para os dois por cento de 'pistoleiros' paramilitares [controlarem a opinião pública]. Toda a idéia de grupos de encontro – é isso aí! Grupos de encontro precisam ser feitos em nível de rua-por-rua."

Quando acontecerá isto? Acontecerá quando o público que se preocupa com o assunto decidir que o problema é tão sério que algo deve ser feito. Não é experiência nem provas consistentes ou pessoais o que está faltando. É a vontade popular. O povo não está convencido ainda de que há soluções possíveis e, mesmo que elas existam, ele não está disposto – ainda – a correr o risco. Quando ele se dispuser, a abordagem humanista centrada-na-pessoa terá algo a oferecer, mesmo em situações de antagonismo mortal.

Tive a ocasião de trabalhar com grupos negros/brancos, grupos compostos por chicanos e brancos e grupos mistos, formados de mestiços de brancos com negros, chicanos, filipinos e outros. Membros de grupos minoritários têm raiva e rancor tremendos dos brancos. Com um líder facilitador, o grupo torna-se o lugar propício à expressão verbal violenta desses sentimentos. Os brancos sentem-se caluniados quando são insultados. A raiva é esmagadora. Há várias reações naturais por parte dos americanos brancos as quais não ajudam em nada: "Posso entender o seu rancor porque também fui oprimido"; "Está certo, posso entender como você se sente, mas eu, pessoalmente, nunca tomei parte na sua opressão. Foi a sociedade branca que o oprimiu". Brancos que chegam a algum resultado parecem assumir duas atitudes – uma em relação a si mesmos e a outra em relação aos membros de grupos minoritários. A primeira é a compreensão e apreensão do fato de que "Penso como branco". Para os homens que tentam lidar com o ressentimento feminino, pode ser de grande ajuda reconhecer "Penso como macho". Apesar de todos os nossos esforços para parecermos sem preconceitos, temos, na realidade, dentro de nós, muitas atitudes preconceituosas.

A raiva precisa ser *ouvida*. Isso não significa que ela precisa simplesmente ser escutada. Ela precisa ser aceita, levada a sério e compreendida com empatia. Embora as discussões infindas e as acusações pareçam ser tentativas deliberadas para ofender os brancos – um ato de catarse para dissolver séculos de maltrato, opressão e injustiça – a verdade sobre o ressentimento é que ele só se dissolve quando é ouvido e compreendido de fato, sem reservas. Posteriormente, os negros ou outros membros de minorias mudam de uma maneira que parece miraculosa, como se um peso lhes fosse tirado dos ombros.

Para conseguir esse tipo de atenção empática, o branco precisa ouvir também seus próprios sentimentos, seus sentimentos de cólera e de ressentimento perante acusações "injustas". Em certo momento, ele também necessitará expressá-los, mas a tarefa primeira é penetrar, com empatia, no mundo do grupo minoritário, mundo de ódio, rancor e ressentimento, para conhecê-lo como uma parte compreensível e aceitável da realidade.

Quando se trabalha com grupos internacionais, é fascinante observar como se desenvolve a apreciação dos costumes e crenças de nacionalidades, raças e culturas diversas. As reações dos participantes e facilitadores em relação à abordagem centrada-na-pessoa têm sido esmagadoramente positivas. Eles falam de perda do medo ao tentar comunicar-se, do sentimento de ser ouvido e da consciência de beleza e riqueza das diferenças culturais.

Quero propiciar ao leitor o sentimento do que seja participar de um grupo que supera limites culturais, religiosos, raciais e nacionais. Eis o depoimento de uma sueca, Binnie Kristal-Andersson[9], que fala bem pessoalmente da experiência que teve em um grupo que se reuniu durante dez dias.

KRISTAL-ANDERSSON: Tive uma experiência prévia num seminário de comunicação intercultural, de três dias, em

Estocolmo, em 1974. Foi lá que conheci Charles Devonshire, quando veio para este primeiro *workshop* piloto, na Suécia; senti que aqueles três dias constituíram uma das experiências mais significativas de minha vida – encontrar e conhecer um grupo de pessoas totalmente diferentes, de diversas nações e conversar sobre tudo, desde o medo da morte até o medo da vida, e tudo o que há entre isso. Compartilhamos lágrimas, sorrisos, raiva, pensamentos, medos e inseguranças; aprendemos a nos abrir aos valores e costumes dos outros, mesmo que fossem completamente diferentes dos nossos; aprendemos a expressar sentimentos a pessoas a quem não nos abriríamos normalmente; a escutar, a expressar nossas necessidades interiores sem expressões ambíguas ou confusas. Vivenciamos cada um desses sentimentos com o conhecimento crescente de que somos mais parecidos do que diferentes.

Poderia este encontro de dez dias em Furudal ser mais uma experiência assim tão rica? Eu havia terminado exatamente agora um período de dois anos com um grupo de orientação psicodinâmica (com uma sessão semanal de hora e meia). Senti comigo mesma que tinha aprendido mais sobre mim e sobre outras pessoas, no *workshop* centrado-na-pessoa que teve a duração de três dias, do que aprendi na experiência de grupo, durante dois anos. Quis ver de novo se eu me sentiria dessa maneira.

O grupo reunido em frente à lareira na primeira noite – dezesseis pessoas bem diferentes: executivos de organizações, psicólogos, um professor americano negro que trabalhava na Alemanha, uma alemã que trabalhava com crianças retardadas em Hamburgo, uma universitária americana de dezenove anos, jornalistas da rádio sueca, duas donas de casa americanas com educação acadêmica, um assistente social e uma psicóloga holandesa. A variação de idade ia dos dezenove aos cinqüenta e dois anos. A variação de interesses ia do jogar tênis até o escrever poesia. Éramos de diferentes raças e nacionalidades – holandesa, alemã, americana, negra, branca, sueca, malaia.

Tínhamos crenças religiosas totalmente diversas – desde a dona de casa americana profundamente religiosa, até os frios protestantes suecos e os ateus radicais. Diferentes filiações e interesses políticos bem como tantos estilos de vida quantos eram os participantes. Como disse um dos participantes: "Quando ouvi falar das diferentes origens do grupo, pensei então que isso tudo ia acabar mal, que não ia funcionar." Todos nós parecíamos ter motivos muito diferentes para ter vindo...

Sentimentos difíceis apareceram no começo, nos primeiros dias: agressões, chavões, impressões falsas sobre a pessoa ou sobre sua raça ou nacionalidade. Mas tudo isso desapareceu lentamente, dissipado ou tornado sem importância, quando a pessoa que estava por trás da nacionalidade, da pronúncia, da raça ou da cor foi descoberta... Quando uma mulher se descreveu como sendo uma extensão do marido, uma outra enfureceu-se e perguntou se ela estava ouvindo as palavras que estava dizendo e o que elas significavam. A primeira mulher ficou triste e começou a falar de sua raiva pelo marido e, às vezes, pelos filhos, por ter sacrificado sua vida por eles.

A garota de origem chinesa pedia humildemente permissão toda vez que queria dizer alguma coisa ao grupo. "Posso..." "Poderia...". Outra garota perguntou-lhe por que tinha que se desculpar cada vez que queria dizer alguma coisa – pedir permissão para dizer algo. Ela ficou muito perturbada com o comentário, permaneceu silenciosa por um tempo e depois ficou com raiva e chorou. A outra disse que não queria ofendê-la, mas que ela lhe lembrava todas as garotinhas humildes, bem educadas, que têm que se desculpar, sentir-se culpadas por terem algo a dizer, por serem diferentes do modelo que alguém traçou para elas. A garota malaia começou então a falar de sua criação – em uma casa burguesa chinesa – ensinada desde tenra idade a ser silenciosa, educada, para dedicar sua vida a um eventual marido, a estudar, ir à escola, até mesmo à universidade – esperando pelo casamento. Ao fim da sessão de grupo, essas duas mulheres abraçaram-se e saíram de mãos dadas...

Charles Devonshire[10], o facilitador do grupo, foi atacado, de vez em quando, por diversos membros do grupo, por não conduzir, não ajudar ou não servir de intermediário numa discussão, por não explicar, ou por não acalmar ânimos, mas ele calmamente repetia, incansavelmente, que não podia assumir a responsabilidade do grupo; que eles mesmos deveriam fazê-lo – que ele não queria tornar-se nem o líder nem o deus do grupo –, não, que eles poderiam encontrar respostas. Alguns pensaram que era brincadeira ou que ele estava fingindo ou que estava esperando o momento propício para assumir a liderança. Mesmo quando, um dia, ele disse que se sentia com muito medo e inseguro, um membro do grupo riu e não acreditou, não podia acreditar...

O grande grupo freqüentemente dividiu-se em menores, nos quais as conversas do grupo maior continuaram, muitas vezes com um contato mais profundo, mais intenso, às vezes até madrugada afora. Dormiu-se muito pouco naqueles dez dias. A exatidão e honestidade do que dizíamos constantemente, uns aos outros, davam uma intensidade a cada situação – mesmo àquelas em que não se falava, como: correr, nadar, velejar, dançar, ouvir música de violino num antigo "fabod" no alto das montanhas –, não podíamos evitar por muito tempo confronto, tensão, intimidade – ambos positivos e negativos – aonde quer que fôssemos...

É difícil descrever com palavras – a doação de nós mesmos, a retirada das máscaras e todos os sentimentos de ter que ser simpático, de ter que fazer algo. A plenitude de ser capaz de dizer, de manhã à noite, o que a gente está pensando e sentindo...

Nos últimos dias, entrevistei os participantes. Todos foram embora com uma nova compreensão deles e de suas vidas, da cultura em que viviam, de seus diferentes papéis na sociedade, de como as outras pessoas os viam como pessoas e como parte de uma cultura...

Quando vim para o grupo, estava com medo de não ser aceita. Estava procurando um espaço que sentia não poder encontrar no grupo (ou no mundo). Estava com medo de não ser aceita e então encontrei aceitação e um espaço; percebi que eu *não queria* ser aceita, que não necessitava ser aceita por cada membro do grupo. Aprendi a aceitar a rejeição tão bem quanto a aceitação, e a não ter medo de minha força como mulher e como pessoa. Pude mostrar tantas faces diferentes de minha pessoa, testá-las e ver que algumas eram aceitas e outras rejeitadas. Quando, um dia, fui rejeitada por alguém de que eu gostava muito, consegui, depois de fugir, voltar, e antes eu nunca tinha voltado.

Uma das coisas mais extraordinárias sobre os grupos internacionais é que são muito semelhantes a qualquer outro grupo de encontro. Como diz Binnie, as diferenças nacionais, raciais e culturais parecem não ter importância quando a *pessoa* é descoberta. Apesar de todas as diferenças, há um grande potencial de compreensão e intimidade nos problemas humanos que todos estamos tentando enfrentar. Os participantes deste *workshop* não falam muito de problemas culturais. Em vez disso, falam de coisas como: "Encontrei minha família novamente"; "Não estava sendo honesto comigo mesmo"; "Posso chorar, mostrar meus sentimentos, em vez de estar constantemente fazendo piada"; "Se vou mudar, posso mudar, ou ouso mudar, não sei ainda; mas estou mais seguro de mim mesmo"; "Estou mais autoconfiante"; "Aprendi a confiar mais em meus sentimentos". Considerem esses depoimentos. Qual deles foi feito por um negro, por um alemão, por um homem, por um sueco? É impossível mesmo adivinhar. São depoimentos *humanos*, e este parece ser o resultado típico de tais grupos centrados-na-pessoa. É sendo humano que se dissolvem barreiras e que se encontra a intimidade.

Este parece ser o resultado quando pessoas de culturas bem diferentes sentem-se fortalecidas por serem ouvidas e aceitas e lhes é permitido autodirigirem-se. Essa é a política interpessoal de uma aplicação intercultural da abordagem centrada-na-pessoa.

Espero ter conseguido demonstrar que existem modelos para o tratamento eficaz de quase toda a variedade de tensões intergrupais. Quer estejamos falando de diferenças religiosas, quer do rancor baseado na pobreza *versus* riqueza, quer da desconfiança enraizada nas diferenças de costumes culturais, quer da crescente fúria em ebulição da discriminação racial, quer dos seculares conflitos mortais envolvendo vários desses elementos, não desconhecemos, nem nos falta experiência, quanto à utilização de habilidades interpessoais que ajudam a solucionar essas tensões. Precisamos melhorar nossas habilidades. Precisamos reconhecer os problemas que emergirão se esses esforços forem multiplicados por cem ou por mil. Mas a experiência com a abordagem centrada-na-pessoa indica que não há razão fundamental para desespero. Progredimos ao propor soluções de "laboratório". Quando o mundo estiver pronto, poderemos dizer, tateando e com humildade, que estamos prontos para começar.

Através de cada exemplo há uma corrente palpável de política interpessoal. O indivíduo não é manipulado por um líder poderoso; não é convertido por alguma personagem carismática; pode tornar-se mais voltado para si, mais expressivo, mais aberto a sentimentos, bons e maus. E é nessa humanidade mais completa e poderosa que uma pessoa toca a outra, que a comunicação torna-se real, as tensões são reduzidas e os relacionamentos tornam-se mais expressivos e compreensivos, com uma aceitação tanto do negativo quanto do positivo. Este é o resultado final de uma política centrada-na-pessoa, em atritos intergrupais.

Meu propósito em toda esta primeira parte do livro foi mostrar que é possível uma nova política de relacionamentos. Desde a intimidade do casamento às disputas entre países, há exemplos vivos e positivos do que, na prática, uma abordagem centrada-na-pessoa significa.

Segundo essa nova política, descobriu-se que a posição mais forte que alguém pode ter em um relacionamento é, paradoxalmente, deixar o poder responsável nas mãos de cada pessoa ou cada grupo. Então, este relacionamento auto-investido de poder pode tornar-se construtivamente dinâmico e crescente, se uma ou outra parte for capaz de fazer algo para criar melhores condições. Onde o poder é relativamente igualitário, cada parte pode proporcionar condições de mudança. Onde o poder é desigual, ou onde alguém é *considerado* como mais poderoso – o professor ou o administrador, por exemplo – os primeiros passos devem ser dados pelo suposto líder, pelo suposto poder.

As atitudes que conduzem à mudança, ao crescimento e a melhores relacionamentos não são misteriosas, embora possam ser difíceis de ser alcançadas. Uma é a vontade de "viver" na realidade que percebemos do outro; uma disposição para entrar no mundo privado dele ou dela e percebê-lo como se fosse o nosso próprio. Quanto mais ocorre tal compreensão, mais as tensões distendem-se, surgem novas percepções e a comunicação torna-se possível. Uma outra atitude facilitadora é valorizar, respeitar e importar-se com a outra pessoa. Quanto mais isto existe, mais o indivíduo ganha em auto-estima e, portanto, uma posição mais responsável e receptiva em relação aos outros. Finalmente, realidade e ausência de máscara, de um lado, provocam a realidade no outro, tornando possível um encontro verdadeiro (para usar o termo de Buber).

Não usei um modelo teórico para expor essa nova política interpessoal. Recorri à minha própria experiência e à de outros para mostrar que exemplos atuantes, modelos vivos, existem em qualquer nível e em todas as áreas mais importantes de nossas vidas – quer nos consideremos como pais, cônjuges, terapeutas, professores, administradores, contestadores sociais ou mediadores internacionais.

Talvez o mais importante de tudo é que tentei apontar a natureza revolucionária dessa abordagem direta e aparentemente simples. Ela ameaça a vida da família como esta existiu no passado. Coloca a educação "de pernas para o ar". Modifica toda a configuração das profissões de ajuda. Ameaça o número, o poder e a importância de supervisores e administradores na indústria ou em qualquer outra organização. É ameaçadora tanto para revolucionários como para conservadores, em problemas sociais, tensões inter-raciais e disputas internacionais. É uma abordagem verdadeiramente nova, embora não necessariamente em suas idéias, as quais podem ser apresentadas como tendo velhas raízes. O que é novo e altamente ameaçador para o *establishment* é que ela prova que *funciona*. Não é uma ideologia piedosa que possa ser ignorada como irrealista. Em todas as áreas que mencionei, ela mostrou-se prática, construtiva e eficiente. É a compreensão de que ela é uma *alternativa viável* para nossa atual maneira de tomar e usar o poder, o que a torna ameaçadora ao máximo. Trata-se, não apenas em princípio, mas *de fato*, de uma revolução silenciosa.

Referências bibliográficas

1. D. J. Finlay e T. Hovet, Jr., *7304 International Relations on the Planet Earth*, Nova York: Harper & Row, 1975.
2. Stockholm Peace Research Institute, junho 17, 1976.
3. Finlay e Hovet, *7304 International Relations*, p. 5.
4. C. R. Rogers, *On Becoming a Person*, Boston: Houghton Mifflin, 1961. [Trad. bras. *Tornar-se pessoa*, Martins Fontes, São Paulo, 1997.]
5. J. Henderson, "The Politics of Group Process", *Rough Times* (jan./fev. 1974), p. 5.
6. Henderson, "Politics", p. 5.
7. Henderson, "Politics", pp. 4-5.
8. Este filme, *The Steel Shutter*, pode ser alugado no Center for Studies of the Person, 1125 Torrey Pines Road, La Jolla, Calif., 92037.
9. B. Kristal-Andersson, "Intercultural Communication Encounter Groups", *Invandrar Rapport*, vol. 3, # 7 (1975), Stockholm Immigrant Institute.
10. C. Devonshire e A. Auw, "First Report of Cross-cultural Communications Workshop" (relatório mimeografado), 1972.

Segunda Parte
A abordagem centrada-na-pessoa em ação

8. Um workshop *centrado-na-pessoa:* *seu planejamento e realização*

Durante os últimos dez dias habituei-me ao saguão cavernoso com paredes revestidas de madeira escura e vigas intrincadas, apoiando o alto teto de frontões. Aí encontrei-me com muitas das cento e trinta e cinco pessoas que se aglomeravam numa massa irregular, ocupando metade do espaçoso salão. Suas faces estavam iluminadas pelas suaves luzes do teto. Estavam impacientes, procurando acomodar-se para uma reunião de comunidade, quase todos sentados juntos, no chão, de maneira que pudessem ouvir-se uns aos outros, mas rodeados por um círculo irregular de cadeiras e poltronas onde se instalaram os que eram demasiado idosos ou formais para apreciar o chão acarpetado. Vejo que Clancy está aqui, ele que tem espírito vivo e jovial e corpo pequenino e definhado. Ele tira sua perna artificial, coloca a muleta no chão e senta-se no carpete. Rachel, do Brasil, aristocrata e refinada; o barbudo Frank, da Argentina; a sorridente Betsy, de Vermont; Jane, de olhos claros, apreciadora de cavalos, da Bay Area; Don, o dedicado professor de música, do Kansas; Júlia, da Holanda, com sua face serena; e Clifton, cuja pele morena apenas realça seus olhos grandes e expressivos.

Não há ninguém encarregado. Ninguém convocou a reunião. Apenas nos encontramos juntos. Duas ou três pessoas deram avisos sobre reuniões, sobre planos. Então, Vicente levanta-se e fala, contando de modo emocionado como vivem as pessoas desesperadamente pobres com que ele trabalha nos guetos mexicanos. Seu inglês não é bom, mas sua mensagem é que precisamos ser socialmente mais conscientes. Não compreenderemos isto enquanto levarmos uma vida farta. Ele questiona se a abordagem centrada-na-pessoa tem algum significado para esses bairros pobres e oprimidos. Esforça-se para transmitir a dor e a premência de sua situação.

Ele comete o erro de fazer uma pequena pausa, e alguém põe-se a contestá-lo. "Existem opressores e oprimidos aqui também. Se pudermos nos melhorar, se conseguirmos aqui ultrapassar as ninharias, tornar-nos-emos mais capazes de tratar as pequenas e grandes questões do resto do mundo." Outra pessoa reforça: "Mudando a nós mesmos, estaremos trabalhando para transformar todo o problema da riqueza *versus* pobreza, no mundo." Conseguiram calar Vicente, que se senta, mas com um ar triste e irônico.

A questão, no entanto, não está liquidada. Uma outra pessoa levanta-se para falar e tem que se calar logo. Os prós e os contras desta questão estão emaranhados.

Surge outro tema. "Quando os opressores são derrubados, os revolucionários não fazem nada mais que assumir exatamente os velhos papéis opressores. Temos aqui, porém, uma oportunidade de alterar a *natureza* da revolução. Este grupo *é* a revolução. Podemos manter um diálogo contínuo com todos os tipos de instituições. Educadores estão aprendendo a revolucionar escolas. Alguns de nós estão aprendendo como agir em hospitais. Outros estão modificando as igrejas..." O orador continua, empolgado com suas idéias.

Então Gary – um cabeludo de olhar franco – começa a falar tão baixo que é difícil ouvi-lo. Ele trabalha em uma clínica vizinha, de ideologia psicanalítica estritamente ortodoxa, muito rígida em sua estrutura. Ele havia pedido permissão para vir a este *workshop*, valendo-se do dispositivo que permite breves saídas a título de aperfeiçoamento educacional. Permissão negada: "As idéias de Rogers são especulativas e sem valor." Gary decidiu agir por conta própria. Organizou um horário de modo que pudesse atender seus clientes nas horas em que conseguisse "escapar" do *workshop*. Pôs em dia todos os seus relatórios, dados estatísticos e trabalhos escritos. Fez arranjos, a fim de poder elaborar os relatórios diários imediatamente após o *workshop*. E então veio, sem mais pedir permissão. Hoje ele tinha sido chamado para receber uma repreensão do diretor. "Vejo que você não completou quarenta horas na semana passada." Gary explicou que estava sendo um profissional totalmente responsável. Estava cuidando, ou tinha feito arranjos para cuidar, de todas as suas responsabilidades profissionais. Estava comparecendo ao *workshop* porque achava que o que iria aí aprender sobre o processo de relacionamento profundo poderia contribuir para o seu trabalho com os pacientes, para a assistência clínica, para o hospital como um todo, bem como para seu próprio benefício.

Isto deu margem a muita discussão entre o diretor e Gary. Finalmente, o diretor disse-lhe que ele poderia ser mandado embora por não seguir as regras e o horário estipulado pela clínica. Gary exaltou-se (embora nesta clínica os sentimentos sejam sempre considerados indicações de imaturidade, dependência, transferência, narcisismo ou revolta contra a figura do pai): "Dediquei-me com responsabilidade ao meu trabalho; irei compensar o tempo que perdi; estou tendo experiências que melhorarão meu trabalho com os pacientes, ajudarão a clínica e serão muito instrutivas para mim. O único aspecto com o qual não me preocupei é seu poder e autoridade sobre mim. *Estou* agindo sob minha própria responsabilidade e sei que você tem o poder de me punir." O diretor olhou para ele, parecendo que ia despedi-lo e, depois, baixou o olhar. De cabeça baixa, ficou em silêncio.

"Creio que não há mais nada a dizer." Gary levantou-se, saiu e veio para esta reunião da comunidade, em que nos está contando agora a discussão que teve. Não sabe se será despedido ou não.

Os presentes respondem, apoiando-o de inúmeras maneiras, mas logo recomeçam as conversas paralelas. Até certo ponto, as pessoas apresentam avaliações positivas de suas experiências. "Estou aumentando minhas habilidades de ouvir." "Tolero melhor a ambigüidade." "Estou me sentindo melhor comigo mesmo."

Mas, então, Denny – tensa, dramática, muito engajada politicamente – começou a falar. "A auto-realização não é suficiente! Temos apenas três ou quatro anos para controlar a expansão das usinas de energia nuclear incrivelmente perigosas! Não basta ficar sentindo e pensando! *Devemos agir!* Preciso do *corpo* de vocês para bloquear as estradas onde estão construindo tais usinas. Preciso da *energia* de vocês para lutar nesta batalha! O tempo é terrivelmente curto!"

Os protestos são imediatos. Este não é um grupo de correligionários e fazem com que Denny se torne bem consciente deste fato. Uma pessoa diz: "É a primeira vez, neste *workshop*, que alguém tenta dizer-me o que devo fazer. Estou ressentido com isto." Denny senta-se, desconcertada.

Então, Anne começa a falar. Falei com ela muitas vezes. Está com quase setenta anos, mas nos últimos três ou quatro refez sua vida. É surpreendentemente admirável e espontânea em seu modo de ser. Tornou-se independente em seu modo de pensar e em seus interesses. Também é mais livre sexualmente e contou-me que seu casamento, com um homem de trinta e cinco anos, é mais rico e estimulante do que nunca, com mais liberdade para o crescimento de ambos e progressiva habilidade no trato dos aspectos negativos do seu relacionamento. De certa forma, ela aprendeu e viveu sua própria vida – um revigorante exemplo do que as pessoas idosas podem ser. Ela fala suavemente, mas com uma firmeza que não deixa dúvidas. "Tenho-me sentido aflita porque não *ouvimos* nada do que Vicente disse. Não prestamos atenção ao fato de que, quando ele se sentou, disse: 'Eu ainda não tinha terminado.' Ele ficou magoado, desde então. Quero *ouvi-lo*."

Isto muda totalmente o caráter da reunião. Prestamos atenção em Vicente e ouvimos seu exaltado desespero. Escutamos, então, cada um dos que tinham sido tão sumariamente interrompidos – Denny, que havia irritado muitos com sua cruzada. *Compreendemos* sua insistência, sem humilhá-la. O que havia sido, até este momento, um grupo desunido de cento e trinta e seis pessoas, torna-se, gradualmente, um organismo social unificado. Estamos dispostos a receber, a apreender e a assimilar contribuições dos indivíduos extremamente diferentes que aqui estão. Paira no ar uma mentalidade muito diferente. E isso ocorreu intuitivamente, sem que ninguém delineasse o curso ou orientasse o caminho. Parece ter ocorrido porque, coletivamente, um senso interior, operando no grupo, assim o quer.

Sinto-me muito motivado – e também muito cansado. Saio da reunião e vou para meu quarto, para descansar e dormir. Mas o sono não vem. Então, levanto-me e escrevo estas notas.

11 de agosto de 1975
23h30 min

Deixei a reunião da comunidade só porque já tinha acumulado muito mais do que poderia digerir e queria tentar esclarecer meus próprios sentimentos, que já estavam ficando confusos pela plenitude dos acontecimentos. Saí despreocupadamente porque sabia que a comunidade tinha a capacidade de tratar qualquer coisa que pudesse surgir, e o faria mais sabiamente do que eu – ou qualquer *outra* pessoa presente – poderia fazê-lo.

O primeiro dos meus sentimentos que se tornou claro para mim foi o *orgulho*. Estava orgulhoso de ser membro de uma comunidade em que havia muita preocupação em relação aos outros, um interesse mais amplo e intenso do que eu, ou qualquer um dos presentes, seria capaz de ter.

Pensei em Vicente e no fato de que alguém, finalmente, percebeu – e eu não o fizera – que ele não havia sido totalmente ouvido ou aceito. Ouvi uma comunidade que insistiu, através de muitos de seus membros, para que Denny, sua raiva e sua veemência, fossem *ouvidos*, ainda que a forma de expressão não lhes agradasse. O ressentimento também foi sentido e aceito. Observei que as pessoas realmente ouviam-se umas às outras. Havia angústia, dor, raiva e frustração – e uma mistura de orgulho, satisfação, tristeza em torno da confrontação corajosa de Gary. Havia idéias, causas e soluções para os problemas – e nós *ouvimos*, concordando ou discordando violentamente.

Não digo que *todos* nós ouvíssemos, que todos escutássemos. Houve interrupções, interpretações errôneas, distorções e dificuldades para compreender e, às vezes, falta de *vontade* de compreender. Também eu fazia tudo isso. Mas, no fim das contas, pareceu-me que em quase todos os casos, alguém *escutou*. E senti-me orgulhoso de nós e de meu próprio esforço para atingir novas áreas, tendo que encarar novos problemas, às vezes esmagadores, mas avançando, em processo, melhorando, fosse qual fosse o raio de coisa que estivéssemos fazendo.

Pensei em algo de minha própria experiência, que se relaciona com tudo isto: fui responsável, em parte, pelo aparecimento da atitude, da filosofia e da abordagem que me parece serem predominantes aqui. Eu não tinha a menor noção de que ela se estenderia além da terapia individual. Mas havia uma convicção firme que, agora percebo, foi muito significativa. Era o seguinte: acreditava que, se pudéssemos descobrir nem que fosse uma só verdade pertinente sobre as relações entre *duas* pessoas, isto deveria tornar-se mais amplamente aplicável. E é claro que não me referia à verdade com *V* maiúsculo, mas apenas a uma aproximação da verdade sobre o que acontece entre uma pessoa com problemas e uma pessoa que está tentando ajudar. Se pudéssemos descobrir essa verdade, essa ordenação, essa legitimidade, isso acarretaria muitas implicações. E, a meu ver, isto ficou provado. O que descobrimos tem sido amplamente aplicado.

Gosto de recordar que, quando os primeiros astrônomos começaram a descobrir que a Terra não era o centro do universo e sim girava em torno do Sol, tais descobertas estavam repletas de erros, mas, mesmo assim, tiveram conseqüências profundas. Foram descobertas absolutamente revolucionárias pelos impactos que causaram em todos os aspectos da vida – religião, filosofia, arte e cultura. E é bem possível que estejamos fazendo descobertas como essa.

Como participo do processo penoso, difícil, aproximativo e doloroso dos primeiros passos para nos tornarmos uma comunidade, tenho duas reações. Uma é que, às vezes, fico tão frustrado que me indago se ele é importante. A outra reação, porém, é muito mais intensa. Vislumbro, com receio, as dores do parto de algo novo no mundo. E minha convicção fundamental retorna. Se pudermos encontrar uma verdade, ainda que parcial, a respeito do processo pelo qual 136 pessoas podem viver juntas sem se destruírem umas às outras, podem viver juntas com interesse voltado para o completo desenvolvimento de cada pessoa, podem viver juntas na riqueza da diversidade, em vez da conformidade estéril, então podemos ter encontrado uma verdade com muitas e muitas implicações.

Não sei como resolver os problemas da exploração do pobre pelo rico, nem o horror da ameaça nuclear, nem as incríveis injustiças sociais do mundo. Gostaria imenso de sabê-lo. Mas, se pudermos descobrir uma verdade sobre o processo de construção da comunidade, não vou me desesperar. A descoberta de *alguma coisa* que encerra alguma *verdade* tem um poder revolucionário abalador. Creio que estamos fazendo descobertas desse tipo, embora não possa defini-las, mas apenas observar algumas de suas características. Por isso, tenho a esperança de que algumas das ameaçadoras questões mundiais possam ser afetadas – de que jeito, não tenho a mínima idéia – pelo que estamos fazendo.

O que acaba de ser relatado é o extrato de um momento vivido por um *workshop* intensivo, de dezesseis dias, segundo a abordagem centrada-na-pessoa. É a minha percepção da reunião naquela noite. Cheguei a acreditar que estavam ocorrendo 136 *workshops*, que cada um de nós via os acontecimentos de modo algo diverso e atribuía-lhes significados diferentes. Este capítulo é, em grande parte, o planejamento e o processamento do *workshop*, tal como eu o percebi e vivenciei em mim mesmo. Entretanto, sempre que possível, utilizei-me de material que os outros participantes me deram, para mostrar algumas variações das percepções individuais.

A que leva este projeto? Em que sentido este *workshop* é diferente de qualquer outro encontro, *workshop* ou seminário? Creio que existam profundas diferenças e que elas surgirão, à medida que descrevo os passos distintos que conduzem à formação de uma comunidade de vida, embora temporária. Os métodos foram exatamente o contrário dos procedimentos utilizados em empreendimentos convencionais.

Em primeiro lugar, havia o problema de escolher a equipe para conduzir o *workshop*. Havia três de nós que tinham trabalhado juntos como membros de equipe, em dois *workshops*, no verão anterior; John, Natalie e eu. Decidimos que poderíamos propor um *workshop* maior no verão, com aproximadamente cem participantes e com a duração de dezesseis dias. Para um número tão grande, desejávamos uma equipe de nove elementos – no caso de pequenos grupos intensivos participarem da experiência, cada membro da equipe poderia orientar um grupo de onze.

Encontramo-nos para escolher mais seis elementos da equipe; ao fazer, cada um de nós, a lista de pessoas com quem gostaríamos de trabalhar, ficamos surpresos com o consenso que havia em torno de quatro nomes. Concordamos com esses nomes, mas havia dificuldades quanto a dois deles. Discutimos exaustivamente estas diferenças até alcançar uma solução que satisfez de fato a todos. Também concordamos em que Joann, que havia sido coordenadora de assuntos administrativos no verão anterior, fosse convidada novamente e, caso aceitasse, poderia tornar-se um membro reconhecido da equipe, participando de todas as decisões. Não gostaríamos de ter alguém que fosse simplesmente "contratado para uma tarefa".

Tudo isto pode parecer um tanto sem importância, mas gostaria de chamar a atenção para os aspectos do poder. Nós três atuaríamos como iguais. Ninguém seria o encarregado. As idéias de uma única pessoa não prevaleceriam. Eu era o membro mais velho da equipe, em idade e *status* profissional, mas minhas idéias e sentimentos predominavam apenas quando tinham significado para os outros.

Joann e os outros seis – Maria, Jared, Maureen, David, Marion e Dick – foram convidados imediatamente, exceto dois, por telefonemas interurbanos e, para nossa alegria, tivemos num só dia sete confirmações.

Os que estavam nas proximidades de La Jolla encontraram-se para planejar as etapas seguintes. Alguns se ofereceram para assumir diferentes responsabilidades e tais oferecimentos, com modificações, foram aceitos. Ofereci-me para redigir o prospecto. As responsabilidades não poderiam ser divididas igualmente, de maneira que foi decidido que cada pessoa anotaria o número de horas despendidas nas atividades preliminares do *workshop* e seria paga nessa base, a tarifa horária sendo a mesma para todos.

Aí começou o trabalho ativo. Nenhuma decisão importante foi tomada sem a aprovação da equipe, por carta ou telefone. Como nossa equipe estava muito dividida geograficamente – quatro na área de La Jolla, três na área de São Francisco e os outros três em Ohio, Texas e Maine – conseguir a aprovação do grupo nem sempre era fácil, mas percebemos que era importante.

Redigi um pequeno prospecto, enviei-o para a equipe e fiquei espantado ao ser bombardeado com pedidos de mudanças essenciais. Se existe algo como orgulho de autor, o meu foi um pouco ferido. Voltando à calma, percebi como essas mudanças poderiam melhorar o prospecto e que desafio seria tentar reunir pontos de vista às vezes tão contraditórios. Foi feita, então, uma segunda redação, que propiciou um número menor de sugestões de mudanças. Nesta ocasião, o título do *workshop*, nossa intenção, a descrição da forma que ele deveria tomar e as qualificações dos participantes foram mudados drasticamente. O terceiro esboço foi aceito por todos.

Pode parecer uma grande perda de tempo elaborar assim um prospecto. Mas deixe-me chamar novamente a atenção para o que nos norteava. Dez pessoas, das quais só algumas já haviam trabalhado juntas, e nenhuma bem familiarizada com as outras nove, estão agora se reunindo, por correspondência, como iguais. Além disso, o *workshop* agora *pertence* aos dez, pois todos contribuíram para a proposta preliminar. Ninguém se sente como: "Fui contratado para ser membro da equipe do *workshop*"; todo o mundo sente que: "Estou compartilhando a responsabilidade de *nosso workshop*."

Devido ao fato de o prospecto ter desempenhado um papel importante na maneira pela qual o grupo se desenvolveu, eis aqui os parágrafos mais importantes.

UMA ABORDAGEM CENTRADA-NA-PESSOA: O PROCESSO DE CRESCIMENTO INDIVIDUAL E SUAS IMPLICAÇÕES SOCIAIS
Um *workshop* de verão, 1? a 16 de agosto de 1975.

OBJETIVO

O objetivo é organizar um *workshop* em torno de uma abordagem das relações humanas e do desenvolvimento humano, que reconheça que o potencial para aprender e o poder de agir encontram-se *dentro* da pessoa – em vez de um tratamento com um especialista que trate de um ou de uma cliente; ou ainda de um sistema controlador dele ou dela.

O *workshop* propiciará um lugar onde as pessoas que acreditam no valor e na dignidade do indivíduo, e na capacidade de cada pessoa para a autodireção, possam reunir-se para formar uma comunidade. O *workshop* valoriza o que os participantes têm a oferecer. É bem-vinda toda forma de desprendimento da força interior da pessoa. Esperamos que a comunidade seja um intercâmbio de nossos mundos profissionais, de nossas questões pessoais, problemas e satisfações, de nossa criatividade e de nossas inovações. Acreditamos que o *workshop* mostrará o clima psicológico que sabemos poder suscitar o comportamento de autocompreensão e de autodireção. É desejável que a experiência não leve apenas ao desenvolvimento pessoal interior como também a uma compreensão, cada vez maior, da responsabilidade que cada pessoa tem no mundo, e de como a pessoa pode agir com esse senso de responsabilidade.

Prevê-se que, ao procurar alcançar seus propósitos, a comunidade possa considerar tópicos, tais como: a política da abordagem centrada-na-pessoa; a facilitação da mudança na solução de problemas da sociedade e suas instituições; os novos papéis da mulher e do homem, modos de viver, trabalhar e relacionar-se com pessoas diferentes; maneiras de uma pessoa viver a sua solidão e sua intimidade com outros; os problemas das transições da vida; mudanças nos estilos de vida; psicoterapia e tratamento; os "outros mundos" dos fenômenos psíquicos; o desenvolvimento de uma mais ampla filosofia e teoria centrada-na-pessoa; os problemas da pesquisa humanista.

Finalmente, acreditamos que todos nós – participantes e facilitadores – obteremos e desenvolveremos apoio, sistemas que nos darão vitalidade, energia e renovação, quando voltarmos com nossos aprendizados para a situação de "volta ao lar".

A FORMA

O objetivo será combinar a aprendizagem experiencial com a cognitiva – a abordagem pessoal com a intelectual. Conseqüentemente, reuniões da comunidade, grupos de interesse, grupos de encontro, seminários, livros, fitas, filmes, oportunidades para praticar e desenvolver as habilidades interpessoais de alguém, experiências projetadas para obter maneiras alternativas de comportamento – tudo estará disponível, sob a forma de elementos aos quais o grupo pode recorrer à medida que, em conjunto, for elaborado o programa. As etapas iniciais serão planejadas pela equipe, mas o projeto total e a forma serão um produto mútuo, criado para satisfazer as necessidades dos participantes, incluindo as dos facilitadores.

A fim de que o *workshop* esteja aberto a indivíduos de diferentes idades, raças, ocupações e *status* socioeconômicos, ficou claro que a seleção *não* poderia ser feita com base nos títulos acadêmicos. O principal critério seria o "grau de impacto que o indivíduo está causando, ou tem potencialidade para causar, em pessoas envolvidas nas questões cruciais do dia-a-dia". Para enriquecer ainda mais o *workshop*, cônjuges/companheiros foram incentivados a participar. Quanto ao pagamento, dissemos: "Estamos tentando algo novo, mas algo que está definitivamente de acordo com a filosofia em que se funda a abordagem centrada-na-pessoa. A taxa de ensino será baseada na decisão pessoal dos participantes, baseada na situação dele/dela. Algumas pessoas irão pagar de três a quatro vezes a taxa média, alguns pagarão muito menos."

Descreveu-se a diversidade da experiência da equipe, assim como o fato de que eles não estavam rigidamente comprometidos com nenhuma abordagem fixa e que cada um trazia conhecimento e experiência especializados para o *workshop*.

Isto não é apenas a apresentação de um *workshop*. É uma proposição política significativa, feita com essa intenção. Não há um grupo de peritos para ensinar os participantes. Fica explicitado que o controle de planos e programas estará a cargo do grupo todo. Não haverá pessoas de primeira classe nem de segunda classe – os títulos e diplomas não são considerados. Isto é político, tanto no sentido social como no interpessoal. Ressalta as implicações sociais deste tipo de abordagem, da "responsabilidade que o indivíduo tem no mundo" e o problema de como "agir com base neste senso de responsabilidade". Visa a deixar bem claro o fato de que o poder será compartilhado por todos nós – equipe e participantes – e que sentimos a obrigação de usar tal poder pessoal no meio social.

Ainda mais inusitada em sua política foi a maneira de estabelecer-se a taxa de ensino. Era um risco sério, mas decidimos deixar que as pessoas estabelecessem suas próprias taxas. Nesta sociedade mutável isto se constitui realmente em uma aposta. Poderíamos esperar que as pessoas fossem ser honestas em relação a seus rendimentos? Ainda mais em um ano de recessão? Era impossível ter certeza, mas optamos por descobrir. Concordamos com uma "Declaração Financeira", cuidadosamente redigida, a ser considerada por todos os candidatos.

Explicamos nosso desejo de romper com os padrões de oferecer *workshops* e outras experiências de aprendizagem apenas a pessoas abastadas. Desejávamos uma mistura educacional e socioeconômica mais ampla.

Mas deixamos clara também nossa necessidade de termos uma taxa *média* de ensino de 325 dólares por pessoa. Foram então levantadas inúmeras questões, sendo a mais importante: "Qual é a minha renda efetiva por ano?" Os candidatos foram estimulados a considerar se eles tinham uma reserva financeira e quanto representavam as necessidades de seus dependentes. Uma tabela sugeria taxas proporcionais aos *rendimentos*: por exemplo, rendimentos abaixo de 5.000 dólares dariam uma taxa de ensino de 50 a 150 dólares; rendimentos de 20.000 a 30.000 dólares dariam uma taxa de ensino de 600 a 900 dólares.

Finalmente, solicitou-se aos candidatos que assinassem uma declaração que terminava assim: "Tendo refletido com cuidado sobre tudo o que foi proposto acima, creio estar pagando uma parcela adequada, ao contribuir com uma taxa de ensino no total de .... dólares."

Nosso empreendimento estava pronto para ser lançado. Os prospectos foram distribuídos por um modesto serviço de mala direta dos Estados Unidos. Decidimos que não procuraríamos conseguir inscrições no estrangeiro. Também publicamos avisos em vários periódicos e boletins informativos, inclusive os boletins do Programa La Jolla. Este é um programa para treinamento de facilitadores de grupo, patrocinado pelo Center for

Studies of the Person (Centro para Estudos da Pessoa), que, durante seus nove anos de existência, atraiu muitos participantes estrangeiros. Então, sentamo-nos e aguardamos.

As inscrições começaram logo a chegar, em fluxo regular. Mais de cento e setenta inscrições provinham dos Estados Unidos e, para nosso espanto, de doze países estrangeiros. A comissão de seleção ficou impressionada com a diversidade: universitários formados e sem tostão, o diretor de um conservatório de música, pessoas com pouca instrução mas que ocupavam postos muito significativos, psiquiatras, educadores; todas as idades, dos vinte e dois aos setenta e dois anos; homens e mulheres em números aproximadamente iguais. Conseguimos o que desejávamos: uma ampla faixa de interesses, ocupações e idades; e também uma inesperada variedade de nacionalidades.

As declarações financeiras não passavam pela comissão de seleção, de modo que ela não fosse influenciada por este fator. À medida que as semanas passavam meus sentimentos sobre finanças oscilavam, a cada novo grupo de candidaturas. No início de maio, era evidente que estávamos em um ponto crítico. A taxa média era apenas ligeiramente superior a 200 dólares. A equipe reuniu-se, determinou que não poderíamos cancelar o *workshop*, decidiu aumentar o número de participantes de cem para cento e vinte e seis e escrever aos candidatos inscritos para informá-los do nosso problema. Solicitou-se que eles aumentassem sua taxa em 20%, se possível. A resposta foi a mais animadora. Alguns aumentaram suas taxas em mais de 20%, a maioria em 20% e os que não puderam, telefonaram ou escreveram para explicar as suas razões.

Assim, ultrapassando nossas expectativas, a política da taxa autodeterminada revelou-se importante. Fez com que o candidato fosse tratado como uma pessoa digna de confiança, responsável por suas próprias ações. Um resultado inesperado foi que, devido à crise, ela trouxe um senso de propriedade do programa.

O que os candidatos pensavam sobre a política era evidente nas reações que, a nosso pedido, expressaram na declaração financeira:

"Considero este sistema muito bom. Entretanto, sinto, ao mesmo tempo, uma forte necessidade de procurar explicar por que escolhi uma quantia tão pequena como essa para pagar. Parece tão mesquinha e pobre e isso não corresponde ao valor que a minha ida ao *workshop* tem para mim. A razão é que..."

"Acredito que este seja o único modo de se lidar com uma situação como esta, e, embora eu não esteja acostumado a isso e me aflija pagar mais do que o mínimo que seria estabelecido pelo modo tradicional de cobrança, sinto-me bem quanto a ele. Espero que funcione e que permita a vocês continuarem agindo dessa maneira. Ao escrever estas linhas, não havia me decidido sobre a quantia exata que desejaria pagar e, quanto mais escrevo, mais sobe a minha proposta de contribuição. Por isso, decidi parar por aqui."

"Minha primeira reação foi 'Que bom!' Depois, quando comecei a calcular, pensei dar um pequeno golpe; aí decidi pagar .... dólares, que era o mínimo que eu poderia pagar e continuar sendo honesto. Após dois dias de reflexão (e certa relutância) decidi-me a pagar .... dólares, uma quantia maior. Foi uma experiência interessante. Sinto-me bem quanto à idéia (agora que a decisão foi tomada) e em relação à quantia total."

Algumas mulheres levantaram a questão da taxa para uma esposa cujo marido tem um rendimento razoavelmente alto, mas queriam que este fosse *o workshop delas*, não algo que *ele* estivesse financiando. Alguns adeptos da contracultura tiveram dificuldade porque sabiam que poderiam ganhar mais dinheiro (e, portanto, pagar mais) se estivessem dispostos a aceitar um emprego rotineiro, mas "Eu somente trabalho até que tenha um pouco de dinheiro a mais, e aí vivo disso enquanto escrevo ou me divirto... assim, ganho menos do que sou capaz de ganhar".

Para espanto nosso, o modo de estipular a taxa nunca surgiu como tópico de discussão no decorrer dos dezesseis dias do *workshop*. Para nossa surpresa e prazer, conseguimos equilibrar o orçamento – a grande custo – e a equipe não precisou ter uma redução de salário.

Como várias pessoas da equipe não estavam ainda familiarizadas umas com as outras, reunimo-nos durante quatro dias para relaxar e planejar. Encontramo-nos no *campus* do Mills College, que havia sido escolhido como o local mais adequado para o *workshop*.

Eis, novamente, um exemplo de aparente desperdício que acompanha uma abordagem centrada-na-pessoa. Se estivéssemos ministrando um conjunto de cursos, bastaria um dia, ou até menos, para o planejamento prévio, porque cada um de nós saberia o que podia ensinar. Através de um processo assim, teríamos perdido uma ocasião de aprender – uns com os outros, e com os participantes.

Enquanto nos reuníamos, trabalhávamos e nos divertíamos juntos, os propósitos dos quatro dias emergiram:

Queremos ser nós mesmos uns com os outros, com nossos problemas, sofrimentos, competência e criatividade; assim poderemos ser nós mesmos com o grupo todo.

Refletimos sobre como criar um clima, no *workshop*, que pudesse estimular uma diversidade de modos de ser e uma atitude auto-responsável. Planejamos cuidadosamente os momentos e horas iniciais do *workshop* porque são importantes para estabelecer o estilo do que vem em seguida.

Tomamos providências para oferecer recursos para todos os tipos de aprendizagem.

Optamos por deixar dois "dias livres", dentre os dezesseis, destinados a nos permitir um relaxamento.

Optamos por estabelecer um horário simples para os primeiros três dias e meio, o qual estruturava os períodos de tempo, mas não estruturava o conteúdo.

Discutimos livremente sobre experiências e idéias com as quais cada um desejava contribuir, mas deixamos a programação para depois, de modo que pudéssemos ir encontrando nosso caminho, em vez de planejar nossa maneira de agir no *workshop*.

Eis o horário simples que adotamos e reproduzimos para a abertura do encontro.

	Sexta-feira	Sábado	Domingo	Segunda-feira	Terça-feira
Manhã 9-12		Pequenos grupos	Reunião da comunidade	Pequenos grupos	Reunião da comunidade
Tarde 13-17:30	Inscrição	Descanso e recreação Recursos: biblioteca, filmes, etc. disponíveis	Descanso e recreação Recursos disponíveis	Pequenos grupos	
Noite 19-22	Reunião da comunidade	Pequenos grupos	Pequenos grupos	Reunião social	

Decidimos reservar tempo para pequenos grupos intensivos porque acreditávamos que, quando as pessoas se conhecem umas às outras em profundidade, podem, ao se reunir, trabalhar melhor, aprender e participar. Achamos improvável que os pequenos grupos pudessem continuar funcionando além de uns poucos dias e designamos um membro da equipe para se reunir com os que não quisessem participar dos pequenos grupos. Do mesmo modo, até o horário mínimo devia ser adotado apenas se todo o grupo assim o aceitasse. Em outras palavras, as escolhas deviam ser respeitadas.

John K. Wood estava na equipe e eis seu relato da experiência:

"Nós começamos... convocando a equipe – dez pessoas competentes e inigualáveis. Falamos, uns com os outros, de nossas vidas pessoais, nossos desejos, nossos medos, nossas fantasias sobre o *workshop*. Falamos sobre o que desejávamos oferecer como recursos e professores e sobre o que queríamos ganhar com a experiência. Compartilhamos nossas semelhanças e nossas diferenças. Rimos, choramos e nos embebedamos juntos." E pudemos finalmente "respirar" e vivenciar juntos.

"Certamente, nem todos tinham sentimentos, pensamentos,

crenças ou expectativas similares sobre estar reunido ou fazer o *workshop*", mas podíamos estar juntos como pessoas vivas, palpitantes. Havíamos atingido certo sentido de unidade, um acordo tácito quanto aos nossos propósitos, que era mais profundo do que quaisquer de nossos desacordos.

"Quando nós dez nos reunimos, alguma coisa aconteceu." "Decidimos" sobre um "projeto" – uma atitude, uma filosofia que refletisse nossas diferentes personalidades e atitudes e nossa "unidade", nossa unicidade em vivenciar. "Mais tarde, na comunidade de cento e trinta e seis pessoas, nossas personalidades e disposições de ânimo individuais manifestaram-se. De certo modo, cada membro da equipe, sendo como era em dado momento, sancionava esse modo de ser e, assim, tornava possível que as pessoas da comunidade também fizessem o mesmo. Por exemplo, se algum membro da equipe estava indiferente, a indiferença se tornava então uma atitude permitida pela equipe e, portanto, passível de ser expressa por qualquer um que tivesse tais sentimentos." Quando algum membro da equipe estava zangado, isto evidentemente permitia que a raiva fosse exprimida. "A comunidade refletia todas as dissidências, polaridades e indulgências da equipe, todos os atributos criativos, facilitadores e agradáveis: já que a equipe respirava junto, a comunidade também refletia esta unidade."

Creio que isto capta a influência extremamente sutil que a equipe exerce ao tornar possível a cada pessoa ser seus sentimentos, suas experiências, seus pensamentos do momento. Neste sentido, cada pessoa tinha o poder de ser ela mesma. Creio que esta influência não teria sido assim tão forte se a equipe não tivesse explorado seus próprios aspectos verdadeiramente humanos e as questões que os dividiam intensamente – pois não estávamos sempre de acordo – antes de se iniciar o *workshop*.

Algumas das partes mais detalhadas do planejamento referiam-se à tarde de inscrição. Queríamos que a atmosfera centrada-na-pessoa fosse imediatamente sentida. Joann, a coordenadora, é simpática e atuante; achamos bom que ela estivesse incumbida das inscrições definitivas e das taxas. Algumas pessoas chegaram cedo e nós lhes pedimos para desempenhar várias tarefas, o que fizeram de bom grado, tais como: buscar no ponto do ônibus os participantes que chegassem por último e levá-los para o bloco dos dormitórios. Permitimos a cada pessoa escolher seu próprio quarto. Achei isto um tanto ridículo, pois os quartos eram exatamente iguais, mas isso demonstrou ser muito importante. Todas as portas dos quartos estavam abertas. Cada pessoa que chegava dava uma volta pelos quartos, escolhia um, fechava a porta e voltava para completar a inscrição. Solicitou-se aos participantes que chegaram antes que servissem como guias para os que chegassem depois.

Então, para ajudar o reconhecimento e para que as pessoas se familiarizassem, foi feito um mapa enorme (por um dos primeiros participantes a chegar) com o nome de cada participante, lugar para uma fotografia e espaço para colocar o número do quarto. A equipe revezou-se tirando uma fotografia Polaroid de cada pessoa que chegava. Esta era afixada acima do nome. Assim que um quarto era escolhido, o seu número era também afixado no mapa. As fotos da equipe e o número de seus quartos também foram afixados na parte inferior do mapa.

Por que toda essa atenção para os pormenores? Teve efeitos muito importantes. Ser envolvido no trabalho significava que você era uma parte do empreendimento, não um receptor passivo. Escolher um quarto significava que você estava controlando, e não sendo mandado. Ter todas as fotografias afixadas mostrava, com grande intensidade, que a interação entre participantes era considerada tão importante quanto a interação com a equipe. Era uma política de atividade igualitária, autoresponsável e autodirigida desde seu início.

Uma das diferenças mais acentuadas na equipe referia-se à questão de como abrir a primeira reunião. Não faltavam opiniões. Deve ser sem agenda (sem ordem do dia). Deve ser iniciada com um gráfico, apresentando as questões a serem examinadas pelo *workshop*. Carl deveria abri-la. Carl não queria começar – poderia parecer que o *workshop* era *dele*. A equipe deve sentar-se em círculo, no meio, discutindo as possibilidades para o *workshop*. Não chegávamos a um acordo e ninguém queria assumir a responsabilidade. Finalmente, após uma consulta sigilosa, Jared e Maureen, os dois membros mais jovens da equipe, disseram que, se eles pudessem fazê-lo juntos, dariam início à reunião. Concordamos, aliviados, sem saber como iriam agir.

Pode parecer surpreendente que tenhamos dedicado tanta atenção às etapas iniciais. Mas a experiência tem demonstrado que um consenso se desenvolve nas primeiras horas – muitas vezes nos primeiros minutos – de qualquer encontro, o que tende a estabelecer a forma política e pessoal de todo o encontro.

Quando chegou a noite de abertura e cento e vinte e seis participantes nervosos e 10 membros apreensivos da equipe estavam informalmente reunidos no auditório, Maureen e Jared tomaram a palavra. Não me recordo do que disseram, mas foi tudo tão nitidamente honesto, tão modesto, tão expressivo de suas próprias esperanças e incertezas que a atmosfera se tornou imediatamente tranqüila e receptiva. Mal haviam terminado e já os membros estavam impacientes, pedindo para falar sobre suas próprias esperanças e expectativas, as razões por que vieram e todo o tipo de expressões pessoais. A noite transcorreu tranqüilamente. Em um momento adequado, o horário provisório para os três primeiros dias foi apresentado e aceito pelo grupo. Um método para selecionar os pequenos grupos, de modo que houvesse uma diversidade de idade, procedência geográfica e sexo, foi descrito e aceito, com alívio, tendo os participantes dito que haviam ficado apreensivos quanto ao modo como os grupos seriam formados. A reunião terminou com vários avisos necessários e com respostas às questões sobre vales para as refeições e sobre todos os pormenores da vida em conjunto. Os presentes já haviam aceito, por si mesmos, uma ampla participação na responsabilidade e tomadas de decisão. A equipe tinha desempenhado um papel facilitador relativamente modesto e, com certeza, nenhum papel de controle.

Cada grupo de encontro é diferente, e eu tenho apenas uma vaga impressão do que se realizava nos outros oito pequenos grupos; portanto, vou me limitar àquele ao qual assisti. Posso apenas contar alguns pequenos incidentes sem quebrar o sigilo, mas estes episódios mínimos mostram como os pequenos grupos contribuíram para o *workshop* como um todo.

Reuni-me com nosso grupo na segunda manhã – quinze de nós, entre os quais quatro estrangeiros. Iniciei a reunião do grupo, dizendo simplesmente que a programação provisória nos dava quinze horas para ficarmos juntos, e eu esperava que pudéssemos chegar a nos conhecer bem. Parecia-me que as coisas começavam muito lentamente. Esta foi uma das vezes em que eu parecia me sentir responsável pelo grupo. Pouco a pouco meu estômago começou a se agitar com impaciência e frustração, à medida que eu desejava que as coisas andassem *mais rápido*. Não falei quase nada, mas interiormente eu estava empurrando. Entre os primeiros que tomaram a palavra, estava Ben, um psiquiatra mais idoso, cujas contribuições eram de dois tipos. Por um lado, ele queria interrogar-me – a mim, a autoridade – sobre terapia. Este tipo de dependência sempre me aborrece. Disse-lhe que não estava disposto naquele momento a responder a suas perguntas, mas, se outros também quisessem discutir tais questões, poderíamos formar um grupo de interesse para examiná-las posteriormente. Mas ele continuou fazendo perguntas. Além disso, ele quis expor sua filosofia de terapia e de vida, segundo a qual os sentimentos interferem na vida racional, e ele se orgulhava de ter conseguido reprimir seus sentimentos durante muitos anos. Os membros do grupo estavam primeiramente incrédulos, depois tornaram-se questionadores e críticos quanto a esta posição. Ben enfrentou esses ataques com calma, tranqüilo como Buda. Disse não se sentir atingido por nada disso. Esta falta de receptividade enfureceu algumas das mulheres, e os ataques tornaram-se mais agudos. Senti necessidade de mostrar a Ben que eu compreendia seu ponto de vista, embora não pudesse concordar com ele. Quanto mais ele revelava o modo pelo qual havia conduzido seus relacionamentos íntimos, especialmente com sua primeira esposa, mais cético e furioso se tornava o grupo, até que ele admitiu que estava sentindo algo decorrente dos ataques, mas que estava conseguindo suprimir essas emoções.

Houve muitas outras manifestações dos membros do grupo durante esta primeira sessão, mas ainda senti que tinha sido *lenta* demais.

Durante a tarde (de descanso, recreação e atividades), cheguei a um acordo sobre meus próprios sentimentos de responsabilidade para com o grupo. Quando a sessão da noite começou, principiei por contar-lhes como me havia sentido responsável, e que não gostara do fato de que minhas entranhas estivessem tentando introduzir movimentos mais rápidos em nosso processo. Eu havia chegado à conclusão de que isto era ridículo. *Não* sou responsável pelo grupo. É *nosso* grupo e quero participar, mas não empurrá-lo, nem mesmo internamente. Alguém disse: "Seja bem-vindo ao grupo" e foi tudo. A partir desse momento, cada um exprimiu-se muito mais. Provavelmente, minha exagerada preocupação, não expressa, tenha sido sentida e experimentada como uma carga. Não sei.

Michele, uma atraente mulher de quase quarenta anos, revelou, gradual e dolorosamente, seu conflito. Sozinha desde o divórcio dois anos atrás, ela deseja, ao mesmo tempo que receia, a intimidade com um homem. Ela foi por demais ferida. Considera seu conflito intoleravelmente atual, aqui no *workshop*. Esta tarde ela foi com um homem encontrar o grupo na piscina. Após um certo tempo, sentiu que tinha que fugir. Sem dizer-lhe uma palavra e sem que ele se apercebesse, saiu e foi assistir a um filme que estava sendo exibido no *workshop*. Mas estava tão agitada que saiu dali também. Um membro do *workshop* – um homem –, que a viu sair, achou que ela parecia perturbada e seguiu-a. Ela irritou-se por não ter sido capaz de mandá-lo embora, mas isso soou como se ela tivesse ganho alguma coisa da conversa com ele. Ela disse que a experiência do *workshop* estava remexendo com o seu conflito de estar *sozinha*. Tinha afinal escolhido este caminho – ficar *sozinha* com seus filhos e seu trabalho, isolando-se dos relacionamentos que a pudessem ferir. Mas, agora, seu desejo de proximidade, que lhe havia trazido apenas dor, estava se reafirmando. "Estou sempre fazendo esta coisa tipo vai-não-vai. É horrível. Não posso agüentar esta tensão."

Eu e o grupo tentamos compreendê-la e identificarmo-nos com seu sentimento de estar se dilacerando em duas direções. Eu não tinha certeza se estávamos sendo úteis.

Então, Ben pediu para ser ouvido. Ele disse que havia passado uma tarde muito difícil. Tinha chegado a compreender que talvez estivesse enganado e que o fato de reprimir seus sentimentos poderia não ser construtivo. Viu o que esta posição tinha feito quanto a seu relacionamento com os membros do grupo – que ele lhes parecera frio e insensível. Lembrou-se de que sua esposa havia se queixado amargamente, naqueles mesmos termos. Pensou que não estava realizando o que queria e ia mudar seu velho modo de ser. Estava tentando tomar consciência de seus sentimentos e expressá-los, em vez de suprimi-los.

Ouvi com interesse o que dizia, mas com uma boa dose de ceticismo. A reviravolta parecia muito súbita e um pouco inacreditável. O grupo recebeu bem sua nova atitude. Então, as outras pessoas, uma após a outra, falaram, centralizando a atenção do grupo durante algum tempo.

Quase no fim da noite, estava pensando em Michele e na angustiante guerra que havia dentro dela. Senti um impulso muito forte de abraçá-la. Isto provocou um diálogo dentro de mim, com a cabeça cheia de motivos pelos quais eu não deveria fazer tal coisa. "Não será uma atração sexual o que o leva a querer abraçá-la? O que faz você pensar que ela aceitaria o abraço, quando seu maior medo é o de intimidade? Este é apenas o segundo encontro do grupo e poderia parecer para alguns (e talvez com razão) uma coisa ridiculamente sentimental. Ela não demonstrou nenhum desejo por algo desse tipo, portanto, esqueça o impulso completamente estúpido!" E, então, vi-me dizendo-lhe (exprimindo, de modo meio covarde e indireto, o que estava sentindo): "Michele, se eu lhe dissesse que gostaria de dar-lhe um *abraço* bem apertado, o que você me diria?" Para minha surpresa, ela respondeu depressa: "Eu gostaria muito." Assim, nós nos levantamos e nos demos um forte e apertado abraço, no meio do círculo. Voltamos aos nossos lugares. Sentia-me mesmo embaraçado mas, de certo modo, satisfeito por ter sido capaz de seguir um sentimento interior, fosse ele certo ou errado. Então, fiquei sem jeito com sua afirmação tranquila, quase confidencial: "No fim das contas, talvez eu não voe para casa amanhã." Era incrível como meu impulso intuitivo, tão desprezado por meu intelecto, tivesse atingido tanto o alvo. Com certeza eu nunca iria imaginar que, externando o que havia dentro de mim, eu tornaria isso a principal aprendizagem para toda a comunidade.

Dias mais tarde, procurei certificar-me com Michele. Tinha dúvida de que ela tivesse querido dizer o que dissera. Mas ela contou-me que não havia nem mesmo desfeito as malas durante os primeiros dias do *workshop*, tão dolorosos eram os antigos conflitos que este trazia à tona, e que ela havia estado, de fato, a ponto de tomar o primeiro avião para casa.

Mesmo nestes fragmentos dos primeiros dois encontros, os aspectos de poder são evidentes.

> O grupo prossegue em seu próprio ritmo. Não é manipulado, pressionado ou impelido.
>
> Assumir riscos leva à confiança interpessoal. Assumi o risco de compartilhar meus sentimentos confusos sobre responsabilidade e fui bem mais aceito.
>
> Ben assumiu o risco de compartilhar sua filosofia e achou o grupo, embora crítico, digno de confiança e solícito.

Michele assumiu o risco de compartilhar sua aflição e conflitos e sentiu que a aceitavam e que se importavam com ela.

Assumi o risco de agir de acordo com a intuição e descobri que tanto os meus sentimentos internos quanto a reação do grupo eram dignos de confiança.

Descobriu-se que a intimidade está assegurada. Aprenderam-se lições sobre a responsabilidade pessoal e grupal.

O grupo concluiu ser responsável por ele mesmo. Cada membro aprende que deve ser responsável por expressar-se, se é que o grupo pretende ser útil para o autodesenvolvimento.

Assim, de maneira importante, o pequeno grupo ajuda a pessoa a reconhecer sua potencialidade, capacidade de influência, capacidade de comunicação e participação. Definitivamente, o poder reside no indivíduo. A possibilidade de constituir uma comunidade unificada, mais ampla, formada de pessoas com mais poder, aumenta nitidamente.

No domingo, após todos terem passado duas sessões em pequenos grupos, houve uma segunda reunião geral. Durante algum tempo, todos se sentaram tagarelando e conversando. Havia um evidente nervosismo. Acredito que a questão tácita fosse: "Quem é o responsável?" Então, Ben – dentre todas as pessoas – bateu palmas para que se iniciasse a reunião. Parecia claro que ele desejava falar, mas alguém mais quis saber o que as pessoas estavam sentindo, e várias atitudes em relação à experiência do pequeno grupo – positivas e negativas – foram expressas. Aí, Ben contou sua experiência em nosso pequeno grupo. Ele disse: "enfim, peguei no sono, a noite passada, entre três e quatro horas da madrugada. Os sentimentos que eu negava tinham, gradualmente, vindo à tona – confusão, mágoas, ansiedade, ressentimentos. Eu questionava o valor de *qualquer* teoria de personalidade. A única coisa que me parecia válida era a minha necessidade de contato humano e a intenção de fazer tudo para consegui-lo, até mesmo, se necessário, exprimir meus sentimentos negativos. Sinto ainda que o amor é a força que nos ajuda a vencer as dificuldades no mundo, porém a idéia de que é o amor o que *devo* sentir, *sempre*, está agora em dúvida". Disse que fizera uma profunda mudança em sua teoria e filosofia de vida.

Depois que ele falou, muitos partilharam as experiências pessoais que estavam tendo. Outros – os mais orientados politicamente – falaram de importantes fatos sociais que foram discutidos, mas não tão longamente.

O grupo voltou sua atenção para o que desejava fazer após o programa dos três dias. Era evidente que havia muitos interesses especiais aos quais queriam dedicar-se, e disto resultou a sugestão de que, no fim da reunião, qualquer um que desejasse reunir um grupo de interesses específicos indicasse, por escrito, o assunto, seu nome e a provável distribuição de tempo necessária – uma sessão de duas horas, duas sessões de três horas etc. – com espaço para as pessoas se inscreverem. Joann disse que ela poderia afixar, para esse fim, uma grande folha de papel na parede da principal sala de espera.

Várias pessoas se dispuseram a colaborar voluntariamente em uma comissão de programação, que poderia organizar esses grupos de interesse, evitando superposição, bem como arrumar outras atividades. Esta idéia não foi devidamente discutida, não tendo sido nem aprovada nem desaprovada; mas, assim mesmo, a comissão de programação estabeleceu um horário para sua reunião.

Mal terminou a reunião, houve um corre-corre em direção ao saguão principal, onde várias pessoas ajudaram Joann a revestir uma parede inteira com papel de embrulho. Em menos de meia hora, pelo menos trinta grupos de interesses específicos estavam afixados, e as pessoas inscreviam-se ativamente naqueles de que queriam participar.

Observe-se o fluxo de poder e controle nessa reunião. Quando se tornou evidente que a equipe não se considerava encarregada de dirigir a reunião, um membro que tinha coisas urgentes a tratar com o grupo chamou-o à ordem. Então, a comunidade, sem intenção consciente, começou a cuidar de suas necessidades. Primeiro, houve uma contribuição pessoal e o desenvolvimento de uma maior confiança. Depois, começou o planejamento para a vida da comunidade, chegando-se a um consenso real sobre a existência de grupos de interesse e a maneira de formá-los. O ímpeto com o qual as pessoas se apressaram a fazê-lo parecia indicar quão raro é o fato de elas poderem escolher *livremente* de acordo com seus próprios interesses, contribuir voluntariamente com o que elas podem e estabelecer seus próprios planos de aprendizagem.

Verificou-se que os grupos que atraíram envolvimentos mais sérios e persistentes eram, sem nenhuma preocupação de ordem: o grupo de casais, que se fundiu com os grupos sobre as relações homem-mulher; o grupo de poder, interessado em questões políticas de controle; o grupo de saúde, envolvido especialmente no tratamento psíquico; um grupo de mulheres; um grupo de homens; um grupo interessado em educação inovadora; um grupo de pesquisa procurando desenvolver novos métodos de pesquisa humanista; um grupo que examinava os problemas das transições de vida; um grupo de treinamento para as decisões; um grupo de gestalt-terapia centrada-no-cliente; e um grupo para organizar centros de saúde mental, constituído de pessoal leigo.

Cabe, aqui, relatar a história da comissão de programação. Eles se ofereceram para participar da estruturação da vida futura da comunidade. Seu oferecimento não fora recusado, mas também não fora aceito. O que aconteceu em seguida mostra como as pessoas são extremamente sensíveis a qualquer perda de controle. Na manhã seguinte, ouvi vários boatos sobre a comissão de programação, ditos com tal segurança, que cheguei a indagar-me se eram verdadeiros. Disseram que a comissão era composta dos membros do *workshop* que tinham ambição de poder. Que estavam fazendo planos para alterar completamente a natureza do encontro. Que estavam tentando tomar o poder. Eu nem mesmo sabia quem estava nessa comissão, de maneira que procurei descobrir a verdade no dia seguinte, terça-feira, na terceira reunião da comunidade, o último evento proposto pela equipe.

Reunimo-nos naquela manhã e Jane, a relatora da comissão de programação, começou a apresentação. Ela foi clara, precisa, considerando problemas e diferenças. Falou a respeito de todos os fatores que procuraram levar em conta, de maneira que todos tivessem a oportunidade de escolher o que gostariam de fazer, sem sérios conflitos de interesse. Deu a conhecer a programação que estavam sugerindo. Esta satisfazia plenamente os grupos de interesse. Permitia que os pequenos grupos continuassem, caso desejassem. Foi o plano mais flexível e completo que eu poderia imaginar, e apresentado de maneira magistral. Achei graça ao pensar nos boatos e senti-me orgulhoso de ver como todo o nosso grupo merecia confiança.

Os participantes do *workshop* sentiram nitidamente o mesmo. Houve murmúrios de "legal", "É exatamente do que precisávamos". Houve umas poucas perguntas, e então alguém disse: "Vamos adotá-lo!" e houve um coro de respostas positivas e quase todas as mãos, inclusive a minha, ergueram-se. Um grupo de cento e trinta e seis pessoas havia chegado, rapidamente, a um consenso sobre uma questão das mais difíceis. A comissão do programa devia ser cumprimentada. Havia realizado algo que a equipe, provavelmente, não teria conseguido.

Então, para meu espanto, ouvi: "Não vamos agir assim tão depressa. Tenho algumas dúvidas." Eu estava realmente aborrecido. Nem podia ouvir. Mas, então, outras pessoas se pronunciaram e eu comecei a escutar. Elas não estavam fazendo objeção ao programa – achavam-no excelente – mas estavam questionando a idéia em si de *haver* um programa! John Wood descreveu aquele momento decisivo: "O intelecto, aquilo que planeja, que organiza, criou um programa – um artefato – o qual era a garantia de que viveríamos nossos dezesseis dias pelo intelecto... A voz fraca da intuição estava dizendo coletivamente: 'Esta maneira de fazer as coisas, de seguir um programa não é nova. Ela é segura, sem dúvida. Mas o que eu gostaria de fazer, por um tempo, *com os outros membros da comunidade*, é viver de uma forma nova, governado pelos sentimentos e escolhas interiores... O que estava sendo proposto era: Vamos ver se todos nós podemos seguir nossos próprios caminhos *juntos*.' Para mim, o surpreendente não foi tanto o fato de essas pequenas vozes se fazerem ouvir, pois elas estão sempre presentes, mas o fato de terem sido ouvidas e que nós, *como grupo*, tenhamos respondido e agido de modo que testasse esta nova maneira de viver em comunidade – pela intuição – e tenhamos aderido a ela."

Era verdade. O consenso quase total a favor do programa mudou para um consenso quase total em relação a estarmos e ficarmos juntos, de um modo intuitivo. Eu achava muito significativo agir de acordo com minha intuição no pequeno grupo. Mas o que significaria agir intuitivamente juntamente com outras cento e trinta e cinco pessoas? A idéia era alarmante. A reunião encerrou-se sem nenhum programa para o futuro, sem mesmo um horário estabelecido para a próxima reunião comunitária. Senti-me completamente desorientado. Ao voltar para meu quarto, fui pensando sobre o fato de que toda vez que confio a um grupo sua autodireção, sinto-me impelido para novas e assustadoras áreas de aprendizagem. Pensava conhecer razoavelmente bem as diretrizes gerais que um *workshop* centrado-na-pessoa poderia assumir. Porém, aqui estava eu, envolvido com algo bem além de minha imaginação mais entusiástica. Isto se harmonizava com a maioria de minhas idéias, mas...! Eu havia dito: "O homem é mais sábio do que seu intelecto", porém, certamente, não me havia ocorrido colocar a intuição na direção de um grupo de cento e trinta e seis pessoas, relegando o intelecto a um segundo plano! Eu concordava com John Wood sobre o fato de que estamos condenados como cultura se não diminuirmos nossa ênfase sobre os aspectos intelectuais, científicos, tecnológicos, deixando mais lugar para a intuição que há tantos séculos vem permitindo ao homem "primitivo", inclusive aos índios americanos, viver em harmonia com seu mundo. Mas experimentar de fato esta entrega à intuição era algo assustador. O *workshop* continuaria? Iríamos nos reunir novamente? O sentimento era, com certeza, de insegurança. Se isso era aprendizagem, tratava-se, com efeito, de uma aprendizagem dolorosa.

Reunimo-nos novamente. Tudo de que me lembro com clareza é que tive a vaga sensação: "Acho que deveríamos nos reunir." Não havia falado com ninguém a esse respeito. Quando entrei no auditório, havia lá, no mínimo, umas cem pessoas e outras continuavam entrando. De alguma forma tínhamos conseguido isto! Nossa intuição não havia falhado.

Foi uma boa reunião. John Wood reflete sobre o seu significado. "A direção tomada por esta comunidade estimula-me a pensar que talvez estejamos começando a desenvolver novos órgãos de percepção para a sobrevivência. A natureza intuitiva das pessoas, em todos igualmente silenciosa, está começando a tornar-se consciente e a desafiar o controle do intelecto. Evidentemente, estamos nos dispondo não só a ouvir esta voz interior e, segundo o que ela nos diz, ajeitar nossas vidas, bem como viver realmente em comunidade."

Após esta reunião, o *workshop* encaminhou-se de acordo com linhas construtivas, seguindo a intuição, mas usando o intelecto como um auxiliar do planejamento. Os pequenos grupos continuaram. Houve uma ou duas reuniões comunitárias, porém minha lembrança delas é confusa. A maioria dos grupos de interesse constituía-se numa rica fonte de aprendizagem. Uma pessoa escreve: "Passei bastante tempo nos grupos de interesse, e fiquei muito impressionada com a eficiência do trabalho. Neles e em intercâmbios pessoais, aprendi muito mais sobre aconselhamento, grupos e psicologia do que durante os dois últimos anos de leituras de revistas científicas e livros." Resumindo, o *workshop* parecia estar em processo ativo.

No nono dia, um grande aviso apareceu no quadro de comunicados: "Reunião da Comunidade, esta noite, às 19h30min". Ninguém parecia saber exatamente quem estava convocando a reunião, mas ela parecia urgente e todos nos reunimos. As pessoas queriam saber quem havia convocado a reunião. A equipe? Não. Quem, então? Finalmente, Mary falou, contando que o grupo a que pertencia, o Grupo X, havia convocado a reunião, porque estavam em desacordo quanto a algumas propostas para domingo, o dia seguinte. Houve grande aborrecimento pelo fato de a reunião ter sido convocada anonimamente. Houve ainda mais irritação quando se soube que até mesmo no pequeno grupo a decisão não havia sido unânime. Aos poucos, os outros membros do grupo declararam aceitar sua parte na responsabilidade pela decisão e também na crítica e na raiva por ela suscitadas. Finalmente, Angelina, um membro do grupo, jovem estrangeira tímida e sensível, disse: "Fui eu quem escreveu o aviso e o afixou." Acho que ninguém se manifestou quanto a essa afirmação.

A partir daí, a reunião prosseguiu com constantes questionamentos – sobre planos, sobre programação, sobre as opções para domingo e sobre quando seria o próximo encontro da comunidade. A frustração elevou-se a níveis de tumulto. Três membros pegaram uma grande folha de papel e alguns lápis-cera e sentaram-se no chão reproduzindo, pelo desenho, seus sentimentos de frustração. Havia competição pelo "tempo de palavra". Alguém sugeriu que cada orador sintetizasse a colocação de seu predecessor, antes de fazer a sua própria colocação. O que foi rejeitado como muito complexo. Propôs-se também que cada orador, ao término de sua fala, designasse seu sucessor, escolhendo uma das pessoas que estivessem de mão levantada. Este procedimento foi seguido durante algum tempo até que um homem, quando escolhido, abusou do privilégio, deixando dois de seus amigos falarem antes que ele fizesse uso da palavra. Maria, um membro da equipe, zangou-se com esta manipulação e explodiu com ele em um acesso de raiva. As pessoas não concordavam com *nada*. O grupo parecia estar se desagregando. Wim, que durante todo o tempo se mostrara cético quanto à falta de estrutura, disse, veementemente, que era *impossível* construir uma comunidade sem líder, sem facilitador. Ele ficou olhando para mim, de modo acusador, enquanto falava. Outros discordaram disto. Muitos falaram expressando a opinião de que *nada* estava acontecendo.

Então, Angelina, que havia escrito o aviso para a reunião, começou a chorar e lamentar-se. Soluçava de modo extremamente desconcertante e sem motivo aparente, começando a tremer e a ter calafrios. As pessoas abraçaram-na. Natalie chegou até ela e abraçou-a, confortando-a. Todos prestaram completa atenção nela, durante a meia hora seguinte – todos interessados, alguns indubitavelmente assustados. Colocaram sobre ela casacos e jaquetas para mantê-la bem aquecida. Pessoas de seu país agruparam-se ao seu redor, falando-lhe gentilmente em seu próprio idioma e fazendo perguntas. Sua resposta principal foi repetida várias vezes: "Eu não sei o que está acontecendo. Estou com medo de todos." Não se ouvia nenhum ruído na sala, enquanto esperávamos que ela expressasse seus temores. Tentei responder a algumas de suas colocações fragmentadas. Lembro-me de ter-lhe dito: "Posso deixar que você tenha medo e que seja dona dele, mas, para mim, você é uma de nós, não importa como você se sinta. Eu me preocupo com você, independentemente do que você esteja sentindo." Somente um pouco depois, quando estava ficando mais calma, ela disse: "Sinto-me melhor, muito melhor." Podia-se sentir o suspiro de alívio no grupo.

Seguiu-se uma discussão sobre o nosso fracasso em ouvi-la e, mais ainda, o nosso fracasso em nos ouvirmos uns aos outros. Alguém sugeriu que nos encontrássemos para uma breve reunião da comunidade na manhã seguinte e, sem nenhuma palavra de debate ou discussão, chegou-se a um acordo. O grupo relutava em se dispersar. Queríamos ficar juntos. Finalmente, alguns formaram um cordão barulhento e agitado – evidentemente para aliviar a tensão – e, aos poucos, as pessoas saíram.

Tenho me perguntado sobre o que ocorreu com Angelina. Creio que foi o resultado de dois fatores. Tendo escrito e afixado o aviso para a reunião, ela deve ter-se sentido muito vulnerável e culpada ante todos os ataques. Então, sendo muito sensível e um pouco confusa, ela vivenciou, em si própria, toda a raiva, frustração e desarmonia da reunião, até que isto se tornou insuportável.

Certamente, sem nenhuma intenção consciente de sua parte, ela tornou-se a primeira pessoa a ser ouvida com total atenção por toda a comunidade. A conseqüência natural, provavelmente, foi que todos tenham começado a escutar-se uns aos outros, na reunião seguinte da comunidade, na décima primeira noite do *workshop* (descrita no começo deste capítulo). O organismo que o *workshop* representava atingiu a tarefa que tinha estabelecido – sem palavras – para si mesmo. Tornou-se uma comunidade.

Não posso contar tudo o que aconteceu, exceto que o grupo continuou a progredir, que o calor e a união entre seus membros eram cada vez mais acentuados, e as pessoas, nos pequenos grupos, continuaram a tomar decisões difíceis e novas sobre o que fariam quando retornassem para casa.

Houve uma reunião da comunidade na qual três jovens homossexuais, dois homens e uma mulher, que se haviam tornado amigos, sentaram-se no meio do grupo e disseram que queriam fazer uma declaração. Cada homem falou, relatando seu estilo de vida homossexual, os problemas que isto lhe havia criado e a sua incerteza em saber se iria ser aceito ou não pelos participantes do *workshop*. Um deles havia se unido ao grupo masculino de interesses específicos, ocultando o fato de ser homossexual. Então, naquela noite um pesadelo horrível fê-lo perceber que ele se sentia amedrontado pelos homens "normais". Ele estava tentando elaborar este novo *insight*.

Foi com a maior dificuldade que a mulher falou, quase num sussurro, e com muitas lágrimas. Ela não havia revelado o seu estilo de vida nem mesmo ao seu pequeno grupo e foi-lhe necessária enorme coragem para revelá-lo aos participantes do *workshop*. A resposta que ela e os homens receberam foi de muita aceitação e apoio. Suas revelações deram abertura para áreas inteiramente novas de discussão.

Houve o surpreendente impacto do grupo "silencioso". Muitos participantes reuniram-se e decidiram passar 24 horas sem pronunciar uma palavra, comunicando-se por meio de gestos quando houvesse necessidade de comunicação. Essa foi uma experiência surpreendentemente significativa, não apenas para os participantes, como também para o *workshop* como um todo.

Então houve no grupo o que alguém chamou de "pânico da meia-idade", quando as pessoas se deram conta de que só lhes restavam poucos dias. Alguns ficaram desapontados consigo mesmos porque eles ainda não haviam oferecido ou contribuído como desejavam. Outros estavam assustados porque não iriam aprender as coisas que tinham vindo aprender. O sentimento era, como diz John Wood: "Que eu me sinta no dia do julgamento [dia do encerramento] em falta, a meus próprios olhos, desapontado pelas oportunidades perdidas."

Finalmente chegou a última e inesquecível manhã, quando as pessoas compartilharam, mais do que nunca, o que a experiência havia significado para elas. Embora a grande maioria a sentisse de modo altamente positivo, a reunião foi aberta e livre o bastante para que também se manifestassem os que estavam desapontados com a falta de estrutura, os que criticaram diferentes aspectos do que tínhamos feito ou que ficaram irritados diante de nossos fracassos. E houve finalmente uma despedida cheia de lágrimas, de um grupo que viera a se conhecer e a se preocupar entre si.

O *workshop* estava terminado.

Gostaria de expor minha opinião sobre o processo caótico, frustrador e acidentado pelo qual nos tornamos uma unidade. Suspeito que muitos leitores devem ter pensado: "Qual é o sentido desta enorme confusão? Nenhum tópico é devidamente considerado! O desperdício de tempo é *enorme*! Por que alguém, por Deus, não toma *conta* e organiza a coisa de maneira que os participantes possam, *pelo menos*, aprender *alguma coisa*!?!" Posso assegurar-lhes que houve momentos em que muitos de nós sentimos exatamente isto e alguns, como Wim, o holandês, compartilharam esses sentimentos quase até o fim do *workshop*. Porém, gostaria de apontar muitos elementos, que considero fascinantes.

Este grupo de cento e trinta e seis pessoas foi inteiramente responsável por si próprio.

Poderiam, a qualquer momento, ter *pedido* a alguém ou a um grupo que assumisse a responsabilidade. Não o fizeram.

Poderiam, a qualquer momento, ter decidido abolir as reuniões da comunidade e só fazer reuniões gerais para os avisos necessários. Não o fizeram.

Poderiam ter eleito um presidente *pro-tempore* e colocado os problemas em uma base parlamentar. Não o fizeram.

De maneira informal e intuitiva *escolheram* lutar em conjunto até desenvolverem um processo satisfatório que lhes permitisse permanecer juntos, nem sempre harmonioso, mas satisfazendo as necessidades coletivas.

É certo que este resultado final não foi produzido, de forma nenhuma, a partir de recursos intelectuais ou mesmo de *insights*. Ele foi realizado por aprendizagens viscerais, um "sentir na pele", um sentimento não-verbal da direção que desejávamos tomar. E quais foram essas aprendizagens? Parece-me que foram, ao mesmo tempo, pessoais e sociais e que, por sua relevância, foram muito além do que qualquer aprendizagem que pudesse ter sido organizada *para* o grupo. Como disse um membro do grupo:

"Reunião da comunidade... lugar onde dei-me conta de meu próprio poder. Ele compete a mim. Era como se qualquer coisa de que eu precisasse no grupo, do grupo, estivesse lá à minha disposição... e tive tempo para imaginar o que quero ou preciso. Há sempre um lugar para mim. É um período de expansão dos limites. E, *portanto*, há sempre lugar para você. Ninguém mais planejou a agenda. Ninguém vai dizer-me o que fazer. Isto me coloca em contato com meu poder. Levo-o comigo para onde eu for. Eu sou–EU."

A aprendizagem social é sugerida por uma participante, cuja carta eu transcrevo. Para ela, esta foi uma aprendizagem revolucionária. "O fato de que era *possível* estabelecer, pelo menos por um tempo limitado, o tipo de comunidade em que nos desenvolveríamos, abalou todo o meu ponto de vista sobre alternativas sociais e deu-me novamente uma causa na qual acreditar e pela qual trabalhar." Tentei expor minha própria experiência de descoberta nas anotações que escrevi após a reunião da décima primeira noite. "Observo, com medo, as dores do parto de algo novo no mundo. E minha convicção anterior retorna. Se conseguirmos encontrar uma verdade, mesmo parcial, sobre o processo pelo qual cento e trinta e seis pessoas podem viver em conjunto sem se destruírem umas às outras, podem viver juntas com um interesse voltado para o desenvolvimento completo de cada pessoa, podem viver juntas na riqueza da diversidade, em vez de viverem na esterilidade da submissão, teremos então encontrado uma verdade com muitas, muitas implicações."

Vou sintetizar a política da situação de uma maneira ligeiramente diferente. Em um grupo no qual o controle é compartilhado por todos, em que, por meio de um clima prévio facilitador (nos pequenos grupos), cada pessoa adquire poder, torna-se viável um novo tipo de comunidade, um tipo de fluxo orgânico, com indivíduos vivendo juntos em um estilo ecologicamente relacionado. Nesse grupo, cada um manda e ninguém manda. O *locus* de escolha reside em cada pessoa, e intuitivamente a escolha da comunidade torna-se um consenso, levando em consideração cada uma dessas escolhas individuais. Poder, liderança e controle fluem facilmente de uma pessoa para outra, à medida que surgem diferentes necessidades. As únicas analogias que vêm à mente são as da natureza. A seiva sobe ou desce na árvore quando as condições tornam uma ou outra direção adequada. O botão se abre quando está pronto para fazê-lo – não se esforçando para vencer uma competição. O cacto se retrai na seca e resplandece e cresce para brotar, após a chuva – em cada caso, a ação sendo apropriada para sua própria sobrevivência. E uma analogia final que, para mim, ajusta-se a muitas pessoas de nosso grupo (de todos os grupos?). As sementes de muitas plantas podem permanecer inativas durante anos. Mas, quando as *condições* são oportunas, elas germinam, crescem e desabrocham. Para mim, isto ajuda a descrever nosso processo de comunidade.

Anteriormente, relatei o que aconteceu com Ben; alguns riscos que eu havia corrido; Michele e seu conflito "vai-não-vai" em relação aos homens. Para aqueles que perguntam: "O que aconteceu depois?", acrescento estas breves notas.

Ben, o psiquiatra mais idoso, manteve sua nova intenção de tornar-se, no grupo, uma pessoa com bastante sensibilidade. Disse-me que não mais precisava de respostas às suas questões intelectuais sobre teorias terapêuticas – que estava achando as respostas em sua própria experiência. Relacionou-se com os membros do grupo de uma maneira surpreendentemente diferente de seu modo impassível inicial. Ele foi de grande valia para o *workshop*, ao reunir e ao proporcionar liderança facilitadora ao grupo de interesses que decidiu organizar centros de saúde mental, com equipes de paraprofissionais leigos.

Quanto a mim, continuei a ser um participante do grupo como todo o mundo – isto é, sendo facilitador com os outros, quando isso estava de acordo com minhas necessidades, e explorando meus problemas no grupo, quando eles se tornavam predominantes.

O mais surpreendente exemplo do último aspecto é um que eu mesmo hesito em descrever. Mencionei várias vezes a reunião da décima primeira noite do *workshop* e divulguei as anotações que escrevi naquela noite. Fui para a cama eufórico, sentindo-me muito entusiasmado e satisfeito com o modo pelo qual o *workshop* estava se desenvolvendo e com os novos espaços nos quais eu estava sendo introduzido.

Acordei, pela manhã, bastante deprimido. Parecia tão irracional e ridículo – exatamente quando tudo estava correndo bem. Fiz uma longa caminhada antes do café da manhã, tentando pôr em ordem meus sentimentos. Não havia dúvida sobre uma coisa – estava sentindo pena de mim mesmo! Como pude chegar a tal absurdo? Entretanto, não pude livrar-me desse sentimento e, quando nos reunimos após o café, era tão premente para mim que eu tive que compartilhá-lo com o grupo. À medida que os membros do grupo me ajudavam a explorá-lo, dois dos participantes colocaram seus braços ao meu redor e esse sentimento se tornou, gradualmente, mais claro para mim.

Não posso negar que tenho desempenhado um papel bastante significativo, na introdução da tendência relativa à abordagem centrada-na-pessoa, compreendendo as inúmeras facetas da vida. Muitas e muitas pessoas estão indo nessa direção. Isto traz muita satisfação, é claro, mas também constitui-se em uma grande carga de responsabilidade. Como posso *eu* saber que esta direção é correta? Historicamente, todo movimento e tendência contêm contradições e falhas ocultas que acarretam a própria queda. Que falhas são essas que eu, tão estúpido, não as vejo? Até que ponto sou uma pessoa *que engana* através de minhas idéias e escritos? Não há absolutamente ninguém que possa me responder, e eu estava sentindo a responsabilidade de estar na linha de frente. Escrevendo isto depois, vejo também a razão pela qual os sentimentos inferiores me atingem justamente neste momento. O processo todo da comunidade, como fora exemplificado na reunião da noite anterior, estava me impelindo para áreas desconhecidas. Eu havia lançado uma tendência que agora tinha vida própria e estava me levando, eu não sabia para onde. Estávamos "melhorando em qualquer raio de coisa que fizéssemos". Explorei este sentimento de responsabilidade, chorando com o grupo – eu choro facilmente. Sentia-me culpado por tomar tanto de seu tempo (exatamente como qualquer outro participante) e fiquei temporariamente aliviado. Foi só no fim do dia que me dei conta de que o peso havia desaparecido completamente e, de novo, tive a coragem de seguir o fluxo geral.

Quanto a Michele, tentarei me aproximar de suas próprias palavras, em uma reunião de grupo, na última parte do *workshop*, quando ela contou um incidente que, para mim, ilustra seu próprio progresso. "Tenho aprendido tanto! Aprendi que não preciso tentar agradar aos homens. Posso confiar em meus próprios sentimentos. Tinha um encontro marcado na noite passada com um homem (que não participava do *workshop*). Estava relutando em ir. Achava que não tínhamos muito em comum. A caminho de seu apartamento, paramos no supermercado a fim de comprar o necessário para fazer um assado. Ele comprou um filé por 7 dólares. Pensei: 'Não é comprando este filé de 7 dólares que você vai conseguir levar-me para a cama!' Fomos para a casa dele. A conversa era superficial. Tentei sempre responder em termos de meus próprios sentimentos. Por exemplo, ele disse: 'Você não quer me ajudar na cozinha?' E respondi: 'Não, estou gostando de ouvir esta música e de ler poesia.' Continuou a conversa superficial e finalmente ele falou: 'O que é este encontro, afinal de contas?' Então, tentei falar com ele – seriamente. Começamos a conversar de fato. Preveni-o logo de que não estava pretendendo ir para a cama com ele. Nossa conversa tornou-se cada vez melhor. Verificamos que tínhamos muita coisa em comum e foram momentos agradáveis. Então, passei a noite em seu apartamento." [Ah! Outra vez a minha mente desconfiada. Tanta explicação para nada! Mas eu estava errado. Ela *tinha* dormido no apartamento dele, mas ela não dormiu *com* ele.]

Ela continuou: "Quase sempre eu passava a maior parte de um encontro sendo superficial e preocupando-me todo o tempo com o modo como a noite terminaria. Agora, creio que posso agir de acordo com meus próprios sentimentos. Posso apreciar a experiência por ela mesma e confiar no que sinto. Sinto que é tão *bom* ser eu mesma."

Não há nada a ser acrescentado. Michele aumentou seu próprio poder.

O *workshop* terminou há poucos meses, mas tanto eu como os outros participantes e os membros da equipe já recebemos muitas cartas mostrando o impacto que ele causou. Sem nenhuma pretensão de ser completo nem nenhuma tentativa de chegar a uma descoberta objetiva, vou simplesmente citar partes de algumas destas cartas. Começarei pela reação mais fortemente negativa que recebi. Interessa-me porque o sentimento não é totalmente negativo.

"À medida que recordo o *workshop*, sinto uma mistura de sentimentos negativos e positivos, prevalecendo o sentimento de que foi uma experiência muito valiosa." [Ele cita passagem de seu diário, escrito nessa ocasião, referente à penúltima reunião da comunidade.] "Sentia-me triste, pois já estávamos nos despedindo, embora ainda restasse meio dia. Sentia-me zangado porque experimentava sentimentos negativos, principalmente desapontamento, e estava com receio de expressar isto em meio a todo o clima de cordialidade. Finalmente, eu disse: 'Gostaria de reconhecer que tenho alguns sentimentos negativos, assim como alguns positivos.' Carl disse: 'Gostaria de ouvi-los e penso que o grupo também!' Eu disse: 'Sempre desempenho o papel de pessoa que recusa.' Susana disse: 'Aprecio esse seu papel de pessoa que recusa.' Enfim, eu disse: 'De modo particular, eu queria mais de um grupo ou organização em funcionamento. Não me sinto parte da comunidade, ou melhor, sinto-me participar *agora*, mas não esta manhã; senti-me na noite passada, mas não ontem. Estou para cima e para baixo, dentro e fora.'"

Uma pessoa tenta expressar a difusão do impacto.

"Não lhe contei nada do que *realmente* aconteceu – é sempre assim, em tudo que faço, em tudo que digo... Um bom amigo diz-me que me tornei silencioso mas intensamente atuante. Sinto isto em todos os aspectos de minha vida mas, especialmente, no trabalho. Não posso acreditar em coisas que disse na equipe ontem! Estou tão em contato com meu poder, embora ao dizer isto e ao vê-lo escrito ainda me pareça assustador – não suficientemente assustador porém para me deter."

Uma mãe apresenta algumas reações muito positivas, finalizando com esta série de colocações.

"De alguma forma, um grupo de apoio imediato é menos premente do que esperava, porque existe em mim muito mais!" [Relata as providências que tomou no sentido de obter uma graduação, coisa que, antes, lhe parecia quase impossível]. "Gostaria de lhe falar sobre meus filhos. Tive uma longa conversa com eles sobre os próximos meses e sobre a dificuldade que podem representar para todos nós. Eles são tão compreensivos! Estamos arranjando tempo para tomarmos juntos o café da manhã e para meditarmos juntos antes que eles saiam para a escola, e eu, para o trabalho. De alguma forma, a qualidade do nosso relacionamento é melhor agora do que nunca. Tais são os acontecimentos inesperados que estão ocorrendo comigo!"

Denny, membro da cruzada social, que dissera: "Necessito de seus corpos para bloquear as estradas", escreveu-me uma carta mais comovente, dois meses após o *workshop*. Ela relata a enorme frustração que sentiu a princípio. "DIFICILMENTE ALGUÉM DIZIA ALGUMA COISA SOBRE MUDANÇA SOCIAL! Senti-me marginalizada, perdida, desligada. Comparada ao calor e sensibilidade ao meu redor, sentia-me não-amada, insensível e deslocada. Sentimentos de interesse político e social, meus e dos outros participantes, eram regularmente rejeitados pelo grupo. Sentia-me magoada e mergulhei na mágoa..."

Ela quase desistiu das reuniões da comunidade. "Sentia-me cada vez mais sem vida e distante nas reuniões da comunidade. Finalmente, perdi a esperança de fazer parte. Resolvi desistir da comunidade para me devotar inteiramente aos grupos de interesse, especialmente ao grupo político. Percebi então que me preocupava em fazer parte. Ao ouvir a comunidade, e sem disso me aperceber, comprometi-me profundamente com o processo – para permanecer junto com o que está acontecendo."

Por isso, na reunião da décima primeira noite, ao ver que várias pessoas ao expressarem suas preocupações sociais foram deixadas de lado, sua raiva subiu até o ponto de ebulição e, afinal: "Minha raiva explodiu. Cada um deles havia falado a respeito de minhas preocupações. Do mesmo modo que eles, eu também não fora ouvida e devia agora cuidar dos meus próprios sentimentos. Se não compartilhasse minha raiva, arriscava-me a não me tornar um membro da comunidade, até o término do *workshop*. Teria deixado para trás parte de minha vida, não vivida, uma coisa muito triste para se pensar.

"Ao ouvir o tom desagradável de minha raiva, senti: 'É isto – vou morrer'. A coisa temida estava acontecendo – eu estava sendo revelada. Mas não morri. Sobrevivi à humilhante vergonha de minha nudez pouco atraente e, desde esse momento, senti-me um membro da comunidade. Se eu tivesse plena consciência da dor e da vulnerabilidade que se escondiam atrás da raiva, acho que teria tentado comunicar também isto, em vez de ocultá-lo com palavras a respeito de outras coisas."

Ela conta como se envolveu ao voltar para casa em três confrontações políticas muito significativas. Talvez a mais importante tenha sido uma reunião da diretoria da escola pública do distrito que tratou da questão da integração racial. "Ouvir e escutar eram coisas que não aconteciam nessa reunião! Tentei sem sucesso e inadequadamente chamar a atenção sobre isso. Exteriormente, diante de oitocentas pessoas, eu estava frustrada, desamparada e 'isolada'. Interiormente sentia-me abalada mas absolutamente centrada na importância do que estava tentando fazer. Senti a força das cento e trinta e cinco pessoas do *workshop* apoiando-me ali, naquele imenso salão, e senti a maravilhosa libertação de mim mesma para um Outro maior. Todas as atenções focalizavam minha face, minhas roupas, meu corpo; o fracasso da minha tentativa de comunicação não tinha importância. Senti apenas ligeiro embaraço pessoal. O que estava acontecendo tinha um significado muito maior do que tudo isto. Eu não estava diminuída. Sentia, mais plenamente do que nunca, minha energia e confiança em meu organismo. Disseram-me mais tarde que minha ação tivera um efeito positivo sobre a diretoria, conduzindo-a, em parte, a apoiar a proposta de miscigenação.

"Para mim, por algum tempo, o conflito que senti no *workshop* entre questões políticas e questões pessoais está resolvido. Quanto maior for o conhecimento de mim mesma a que eu chegue, mais eficiente serei politicamente. Isto há de acontecer. Eu 'sei' disso."

Para mim, a carta dela é extremamente significativa. Vem confirmar a minha convicção de que as revoluções *duradouras* não são desencadeadas pela propaganda ou pelas demonstrações de massa, mas pelas pessoas que se transformam. Denny é uma pessoa transformada e, portanto, mais – não menos – efetiva socialmente como revolucionária.

Mas, para mim, há uma carta de um membro de nosso pequeno grupo, uma profissional de um país da América Latina, que parece abranger admiravelmente tudo o que havia escutado dos participantes.

Durante a última sessão do *workshop*, três dos indivíduos interessados em pesquisa estavam fazendo um apelo aos participantes para não esquecerem de devolver os questionários que o grupo de pesquisa havia planejado e distribuído. Alguém perguntou se os questionários eram importantes. Uma mulher disse: "O estudo é importante para mim porque não estou certa se este *workshop* é *realmente* significativo e se as pessoas *realmente* mudaram, ou se isto é apenas um meio sofisticado de passar umas férias." É esta mulher que escreve a seguinte carta.

30 de agosto de 1975

Carl,

Você estaria interessado em saber algumas coisas que aconteceram por aqui, sob o Cruzeiro do Sul, após o *workshop*?

Decidi esperar antes de lançar algo novo: eu já havia visto essa gente que retorna de encontros terapêuticos e religiosos, cheia de efêmeras atitudes de sentimentalismo revoltante e de tagarelices melosas sobre amor, paz e todo o resto – por isso, eu queria manter o meu equilíbrio. Bem, não parece que eu possa recuperá-lo. Já falei a indivíduos, grupos e massas (cento e cinqüenta estudantes desconhecidos podem constituir-se em uma massa) e, para minha enorme surpresa, sinto que estou sendo ouvida e, às vezes, até mesmo acreditada. A proposta de uma forma social nova e ignorada está sendo considerada *possível* por rígidas mentes científicas! Estou admirada com a minha evidente capacidade de persuasão, quando, na verdade, não é possível traduzir o que vivenciamos em simples palavras. A única conclusão a que se pode chegar é que as pessoas sabem, até certo ponto, a respeito do que estou falando; é como se eu estivesse apenas reforçando-lhes a convicção interior de que suas crenças, desejos ou tendências não são, de fato, irracionais.

É claro que, embora tais efeitos sejam provavelmente muito pequenos, estou assustada, coisa que ninguém sabe a não ser você: não estarei vendo uma miragem, iludindo pessoas famintas, fazendo uma promessa irrealizável? O medo não consegue fazer-me parar, mas faz-me tentar expor fatos com moderação, expressar dúvidas e aceitar críticas contrárias à minha própria e tão sólida fé.

É difícil conter os dois terremotos que parecem se agitar dentro de mim: a comunidade e o nosso grupo.

As experiências em nosso Querido Grupo e a proximidade com você foram tão além de minhas mais ousadas expectativas anteriores que continuam ecoando dentro de mim, como sinos que ouço repentinamente nos momentos mais inesperados e, apesar de ainda não saber o que elas acarretarão no futuro, sinto ondas contínuas agitando cada uma de minhas células, transformando-me "para sempre". Elas se apresentam como sentimentos muito puros, não verbalizados, à medida que pareço haver esquecido o que foi dito exatamente, quer seja por você, por mim, ou pelos outros, nos momentos mais significativos. O que permaneceu, e é uma coisa inacreditavelmente viva e recente, é o que ocorreu naqueles momentos, o que se sentiu no momento em que estava acontecendo, pela primeira vez, a exata compreensão de coisas óbvias e tolas como: "Eu sou livre." "Eu sou uma mulher", "Não *tenho* que ser acompanhada por adjetivos como bela, eficiente etc.", "Agora estou furiosa", "Agora estou tranqüila". Carl, é esta a milionésima vez que isto lhe é contado? Você me fez sentir que, mesmo assim, se interessaria em saber.

19 de setembro de 1975

Quero ainda enviar esta carta pois, mesmo tendo se passado quase três semanas, cada palavra nela escrita permanece tão verdadeira, exceto no fato de estar eu mais segura de que tudo permaneceu em mim. E, agora, quero falar rapidamente do segundo "terremoto" que me renovou em outro sentido. O fato de que era *possível* estabelecer, pelo menos por um tempo limitado, o tipo de comunidade dentro da qual crescemos, abalou inteiramente meu ponto de vista a respeito de alternativas sociais e deu-me, de novo, uma causa na qual acreditar e um trabalho para realizar. Havia uma esperança antiga de que, no ritmo de um por um (cliente por cliente ou estudante por estudante), alguma mudança poderia ser obtida para a comunidade mais ampla, assim como havia também a compreensão de que uma ação tão limitada quanto essa teria pouca oportunidade de vencer forças e tendências atualmente dominantes. Talvez não possamos fazer mais do que acender velas em uma floresta escura, mas minha própria vela parece, agora, indicar o caminho com muito mais segurança.

Apesar de minhas desconfianças referentes a planejamentos superambiciosos, as coisas estão acontecendo em cada canto – como uma experiência comunitária de fim de semana sobre o envelhecer, que presidirei em outubro, começando com aulas de natação para mim mesma, reunindo amigos e colegas toda sexta-feira em minha casa, introduzindo um curso baseado em *workshops*. São essas algumas inovações concretas, porém, de certo modo, nada mais do que conseqüências naturais do meu modo de sentir e interagir, de uma maneira qualitativamente diferente.

Sinto-me contente por você ser tão compreensivo, pois eu nunca poderia confiar em palavras para lhe fazer saber quão profundamente eu o sinto comigo ou (você se horrorizará?) quão agradecida estou por ter você. Embora sinta aqui a necessidade de falar-lhe sobre mim mesma, penso muito em você, com amor e carinho

Ao escrever este livro nunca me ocorreu que eu pudesse incluir um capítulo sobre um *workshop*. Nem me ocorreu tal pensamento no decorrer *desse workshop*. Mas, posteriormente, fiquei com vontade de escrever sobre ele – umas poucas palavras, pensei. Quando me empenhei na tarefa, tornei-me cada vez mais absorvido, até que, finalmente, um extenso capítulo foi escrito. Na minha opinião, foi uma das partes mais recompensadoras do livro e desejo explicar por quê.

Compreendi que, de todos os empreendimentos em que estive envolvido, este foi o mais completamente centrado-na-pessoa, desde a sua concepção, no decorrer do seu planejamento, em suas fases iniciais e em seu total processo de interação pessoal e de construção da comunidade. Em conseqüência, ele tem sido, para mim, um teste do valor da abordagem centrada-na-pessoa. A meu ver, ultrapassou qualquer expectativa razoável. Foi a mais importante validação do modo de ser centrado-na-pessoa.

Em primeiro lugar, porque é ressaltada a aprendizagem pela pessoa como um todo – aprendizagem vivencial, cognitiva e, agora devo acrescentar, intuitiva. Mostrou a grande vantagem da aprendizagem centrada-na-pessoa, que nos impele, além do que sempre sonháramos, para áreas nas quais jamais havíamos esperado chegar.

Algumas vezes, tenho pensado sobre o que o *workshop* poderia ter sido, se eu tivesse sido seu guru, seu líder. Com o decorrer dos anos, eu poderia decerto ter me tornado um guru, com a ajuda sempre pronta de adoráveis admiradores. Mas esse é um caminho que tenho evitado. Quando as pessoas estão sempre prontas a admirar, eu as faço lembrar do que o Zen disse: "Se você encontrar o Buda, mate o Buda!" O que poderia ter acontecido se eu tivesse aceito o papel de líder ativo, de figura autoritária? Poderia ter conduzido o grupo até o limite extremo de meus pensamentos e sentimentos, porém, não além disso. Eu poderia ter-lhes dito – e talvez parcialmente mostrar-lhes – como viver de acordo com um estilo centrado-na-pessoa. E os resultados? Eles teriam aprendido o que eu sei e o meu estilo. Poderiam ter encontrado em mim as respostas a algumas de suas perguntas e estariam prontos a voltar-se para mim, a fim de obter mais respostas. Assim, poderia ter havido limites definidos para sua aprendizagem e um estímulo à dependência.

Mas observe o que aconteceu no processo centrado-na-pessoa, como ele realmente ocorreu. Eu me sentia menos ativo do que nunca em um *workshop*, disposto a aprender a partir do processo no grande grupo, e falando apenas quando achava que poderia ser facilitador no pequeno grupo. Assim, todos nós nos tornamos facilitadores de aprendizagem uns para os outros, dirigindo-nos para novos caminhos, aprendendo visceral e intelectualmente e, neste processo, aprendendo uma independência de pensamento e de ser. Não havia ninguém em quem confiar. Cada um de nós tornou-se um aprendiz independente.

Gosto dos resultados comportamentais. Nós não aprendemos *um* modo de ser centrado-na-pessoa. Cada pessoa está em processo de definir, ela mesma, seu próprio modo de ser. O resultado é pluralístico no melhor sentido da palavra e, embora unificado no que cada um de nós é capaz de dizer, de um modo um pouco mais confidencial, um pouco mais sensível: "Eu sou minha própria pessoa." Para uma mulher, isto significa enfrentar com suas convicções oitocentas pessoas sobre uma questão social. Para uma outra, significa um relacionamento mais aberto com seus filhos. Para um homem, significa uma difícil confrontação com um chefe autoritário; para um outro, significa iniciar um "festival de músicas" em um aborrecido vôo transcontinental, com os passageiros e comissários de bordo realmente querendo se conhecer uns aos outros! Para um outro, ainda, significa abrir sua vida para mais amor. Uma outra pessoa está tentando transformar uma organização tradicional em uma comunidade e por isso diz: "e, assim, em 136 lugares de todas as partes do mundo, este poder interno e esta confiança estão funcionando, difundindo-se cada vez mais para fora, para baixo e para cima, e até, quem sabe, que limites?". O número 136 representa, sem dúvida, um exagero – nem todos foram profundamente atingidos –, mas as palavras traduzem muito bem o sentimento que tenho. Uma efervescência catalisadora e ativa começou neste grupo que, embora não possa ajudar, teve profundos efeitos sobre os casamentos, famílias, escolas, indústrias, centros de saúde mental e movimentos políticos. Foi, na realidade, uma experiência estimulante, de crescimento, para as pessoas que nela estavam envolvidas. Como muitos dos que me escreveram, guardo preciosamente essa lembrança.

9. O poder dos sem-poder

[*Este capítulo foi feito em conjunto com Alan Nelson.*]

Não é costume considerar crianças e jovens da classe média como um grupo oprimido. Porém, sob certas circunstâncias, eles podem ser exatamente isso, como indica esta interessante história da vida real. Um determinado grupo era mandado e manipulado. Seus direitos eram ignorados, não se dava ouvidos às suas vozes. Estavam completamente sem poder – sem dinheiro, sem ação, sem participação nas decisões *reais*. Ou eram sem-poder? A resposta que surge me fascina.

Uma coisa que me chama a atenção neste relato é que a liberdade é *irreversível*. Desde que uma pessoa – criança ou adulto – tenha *vivenciado* a liberdade responsável, continuará lutando por ela. Essa liberdade pode ser completamente reprimida no comportamento pela utilização extrema de todos os tipos de controle, inclusive a força, mas não pode ser eliminada ou extinguida.

Outro elemento notável é algo que já deve ter ficado claro, a partir dos capítulos precedentes. Qualquer empreendimento centrado-na-pessoa é, por natureza, extremamente ameaçador a 99% das instituições existentes na cultura ocidental, quer se trate da escola, do casamento ou – como neste caso – de um centro comunitário bem intencionado. Se você estiver ainda em dúvida quanto ao caráter revolucionário da abordagem centrada-na-pessoa, talvez este relato o convença.

Eu estava presente quando Alan Nelson pediu a palavra para contar esta história. Ela simplesmente jorrou dele, como se ele tivesse esperado muito tempo antes de apresentá-la a um grupo, cujos membros deveriam compreender *plenamente* o que ele e os outros tinham passado. Estimulei-o bastante a divulgar ainda mais este apaixonante depoimento. A palavra impressa não chega a captar o tom caloroso desses momentos, mas até no texto escrito transparece o profundo envolvimento de Alan tanto quanto seu forte desejo de ser justo e de compreender quem, no caso, eram os "opressores". Espero que você, ao ler o relato de Alan, tenha tanto prazer e aproveitamento quanto eu. Deixarei Alan falar:

Em um *workshop* realizado no verão de 1974, relatei o seguinte caso num grupo de interesses sobre política e abordagem centrada-no-cliente. Na ocasião, estávamos falando sobre como a abordagem centrada-na-pessoa se relaciona com situações políticas, especialmente aquelas nas quais existe um desequilíbrio de poder – nas quais algumas pessoas têm e exercem o poder de controlar as vidas dos outros.

Meus agradecimentos a Eva Cossack, que gravou aquela reunião e deu-me uma cópia de sua gravação, a partir da qual este material foi transcrito. Reescrevi um pouco do que disse, na ocasião, para tornar a história mais clara e para assegurar o anonimato da comunidade e das outras pessoas envolvidas no fato. Porém, tentei deixar o que Carl denominou "a urgência e a precipitação do fato", tal como foi acontecendo de modo que algumas arestas ainda estão intactas.

CARL: Alan, sinto que você nos mostrou muito do que a abordagem centrada-no-cliente não é – em sua apreciação, ela não é uma estratégia ou técnica, nem nada semelhante. Mas sinto como se você não nos tivesse dado ainda sua opinião sobre o que ela *é* no âmbito do poder.

ALAN: Está bem. Acho que seria bom se... bem, sei que o que foi útil para muitos de nós foi quando você usou um exemplo concreto; logo, vamos tentar.

Poderiam as pessoas agüentar um exemplo de alguns minutos? Acho que ele poderia ilustrar, em parte, o que entendo por política centrada-na-pessoa. Servirá também para mostrar como comecei a me envolver, na tentativa de compreender quão sumamente política é esta abordagem, tanto nos seus resultados quanto no seu processo.

OUTROS: Sim, está certo.

ALAN: Bem... Há cerca de quatro ou cinco anos, quando eu era um estudante de teologia pensando em entrar para o ministério, consegui um emprego de verão, para dirigir um acampamento em um rico subúrbio de Boston... Vou começar dando-lhes informações sobre a comunidade – eu não sabia nada disto quando aceitei o trabalho; fui aprendendo durante o tempo em que trabalhei e vivi lá.

A comunidade, que chamarei de Graceville, é uma das mais antigas de Massachusetts. Fala-se que muito do capital de Massachusetts está centralizado nessa comunidade. De fato, ele está vinculado a uma parte da comunidade. Graceville está dividida em cinco distritos políticos. A maioria das pessoas ricas da comunidade vive no 1º distrito. Os outros quatro distritos não são tão ricos. A disparidade é enorme – este é o quadro que estou tentando mostrar-lhes. Mas as pessoas pobres, nos padrões desta comunidade, não são pobres em relação à maioria dos outros padrões. São principalmente famílias de renda média.

A comunidade era esquizofrênica. As pessoas que detinham o poder político quase nada tinham a ver com a própria comunidade. Em Massachusetts, Graceville tinha uma das mais altas despesas, *per capita*, com a coleta de lixo – enquanto com a educação pública tinha a mais baixa. Isso porque as pessoas ricas enviavam os filhos para escolas particulares.

Há vários anos, de modo bastante liberal, o distrito rico iniciou a Graceville Community House, e a Community House patrocinou o acampamento que eu ia dirigir. Percebo agora que esta era uma espécie de gesto liberal por parte da comunidade, bem motivado e de certo modo útil. O acampamento era relativamente barato e era utilizado principalmente por famílias dos outros quatro distritos, como um lugar para mandar as crianças durante o dia, durante todo ou parte do verão. Também havia algumas bolsas de estudo para o acampamento, oferecidas às crianças negras de Roxbury, o gueto de Boston. Quase não havia minorias raciais em Graceville.

O controle da Community House era exercido principalmente pelo primeiro distrito. De, aproximadamente, cinqüenta membros do conselho de diretores, acho que apenas dois não pertenciam ao primeiro distrito. E só dois tinham menos de cinqüenta anos. Todas as pessoas do quadro executivo da Community House eram do primeiro distrito. A maioria das crianças do primeiro distrito ia para um outro acampamento próximo – um acampamento residencial mais bem equipado e mais caro.

O homem que me contratou como diretor do acampamento era o diretor executivo da Graceville Community House. No momento não soube, mas contratar-me era uma espécie de ato de despedida. Como diretor era liberal demais para o pessoal da direção. Estava sendo muito atacado e despedia-se indo para um emprego melhor. Conversamos durante muito tempo sobre meu trabalho de direção do acampamento, o que me atraiu bastante. Eu ia ter o controle completo do acampamento, podendo contratar o diretor-assistente, os monitores e programando as atividades. Assinamos meu contrato em abril... e aí ele foi embora.

Em reação a ele, o conselho de diretores e o conselho executivo da Community House contrataram para ser o diretor executivo da Community House um sujeito que durante oito anos dirigira acampamentos na Força Aérea. Na ocasião em que encontrei este novo diretor, o que ele sabia era que este monstro barbado viera de Harvard para dirigir *seu* acampamento.

Este era o primeiro ano em que me apoiava em uma abordagem centrada-no-cliente e pensei: "Está certo, vou tentar organizar um acampamento com base na abordagem centrada-no-cliente." A oportunidade de fazer isto, de fazer aquilo em que eu acreditava, era o grande motivo que me levou a aceitar o trabalho. Previ que seria um verão animado, com muitas crianças interessadas no acampamento. Nunca fizera nada semelhante antes, mas imaginei que o que era mais importante para mim era realmente tentar ouvir e compreender o que preocupava e interessava às outras pessoas do acampamento. Achei que o mais importante para mim era confiar nos outros como sendo pessoas realmente receptivas e responsáveis quando lhes era dada oportunidade. Acreditei que as pessoas seriam capazes de criar um bom acampamento. De certo modo, considerei as pessoas da equipe como meus clientes... e, de certo modo, também considerei os campistas desta maneira.

Então, contratei uma diretora-assistente, Jean, que havia trabalhado no acampamento durante quatro anos... uma mulher muito legal, realmente admirável, pois conhecia todos e era muito, muito... enfim, ela era maravilhosa. Conversamos muito sobre o que nos parecia importante com referência a crianças e à direção de um acampamento, e eu contratei-a. Juntos entrevistamos todos os candidatos aos outros postos da equipe.

A estrutura da equipe estava estabelecida e não pudemos modificá-la. A equipe estava dividida em dois grupos, os monitores-estagiários não-remunerados, cuja idade variava entre 13 e 15 anos, e os monitores remunerados, de 16 a 22 anos. O grupo remunerado ganhava, em média, 35 dólares por semana. A maioria das pessoas havia estado na equipe antes e muitos rejeitaram empregos mais bem remunerados para participar do acampamento, porque adoravam trabalhar com crianças. Ao todo, a equipe era constituída de vinte e cinco elementos e prevíamos de sessenta a cem campistas por semana, com idades variando de 6 a 13 anos.

Quando Jean e eu fizemos as entrevistas, tentamos compreender o que era importante para os que queriam ficar na equipe – ouvi-los e dar-lhes atenção. Posteriormente, em uma reunião da equipe, dissemos:

"Este acampamento é de vocês. Quase todos vocês já estiveram aqui antes. O que devemos fazer com ele? Como vocês querem que seja nosso acampamento?" Tentamos mostrar-lhes que tínhamos confiança neles, que tentaríamos compreendê-los e que nos interessávamos pelo que eles queriam.

A princípio estavam um pouco descrentes. Porém, gradualmente, estávamos todos trocando idéias livremente sobre o que queríamos fazer com o acampamento e o que queríamos que ele fosse. Todos falaram sobre o que não tinham gostado nos acampamentos anteriores e como desejavam dirigir este. Foi muito, muito animado. Sentia-se de fato uma força; as pessoas mostravam-se criativas e receptivas entre si.

Juntos decidimos que o acampamento deveria ser mais cooperativo do que competitivo. Nos acampamentos passados, havia distribuição de prêmios todas as sextas-feiras, o que quase sempre desagradava a equipe – muitos sentimentos eram feridos e um puro espírito de competição parecia impregnar o acampamento, a tal ponto que os monitores e assistentes não conseguiam relacionar-se bem porque estavam competindo. Era freqüente, no passado, que as reuniões dos monitores remunerados fossem separadas das reuniões dos assistentes voluntários.

Quando o diretor executivo da Community House, recém-contratado, chegou da Força Aérea, Jean e eu fomos nos encontrar com ele pela primeira vez. Foi um desastre!

Ele – chame-o Kenneth Barnes – apresentou-se de modo hostil e agressivo. Imagino que estava aborrecido por encontrar *seu* acampamento sendo dirigido por um impetuoso jovem estudante de Harvard que, com uma diretora-assistente, já havia contratado a equipe. Disse-nos que nossos contratos anteriores não eram válidos e que tínhamos que discutir novamente nossos contratos com ele, visto que agora ele era o diretor da Community House. Queria que fôssemos seus assistentes e atendêssemos a seus desejos e ordens na direção do acampamento, da maneira como ele queria dirigi-lo – evidentemente modo bem diferente do qual Jean e eu imaginávamos. Felizmente para nós, também era bem diferente do trabalho para o qual tínhamos sido contratados.

Depois de quase uma hora, em que dificilmente uma palavra amiga foi trocada entre nós, nossa reunião terminou quando dissemos que não discutiríamos novamente nossos contratos e que os considerávamos válidos. Jean e eu quase suplicamos um relacionamento mais amistoso, menos autoritário e então saímos. Do lado de fora, pensamos pedir demissão, mas decidimos levar avante o acampamento do melhor modo possível, ante nossas óbvias dificuldades com o Sr. Barnes. Era tarde demais para encontrar outro emprego, estávamos realmente animados com o acampamento e sentíamos certa obrigação para com a equipe que contratáramos.

Na ocasião em que o acampamento começou, nós, como equipe, estávamos interessados no verão que iríamos passar juntos. O acampamento começou realmente bem. Todas as pessoas envolvidas demonstravam estar satisfeitas. A matrícula e o comparecimento eram maiores do que nunca. Os pais dos campistas e dos elementos da equipe expressavam agradável surpresa quanto ao bom andamento do acampamento e quanto ao entusiasmo das crianças por ele. Talvez o mais importante fosse que tanto os campistas como as pessoas da equipe estavam felizes. Jean e eu estávamos satisfeitos. Todos estavam trabalhando muito e isto era ótimo.

O acampamento tornou-se um lugar aberto e livre em que se podia permanecer. As pessoas eram receptivas e sinceras entre si. Acho que, em parte, porque Jean e eu éramos receptivos com as pessoas da equipe, elas estavam mais interessadas nas crianças com quem trabalhavam e mais entusiasmadas do que nunca. A equipe tinha liberdade para escolher e ser responsável pelo que fazia e estava sendo muito criativa como conjunto. Enfim, tudo era maravilhoso.

E os campistas – como gostaria de apresentar-lhes os campistas! Eram mesmo ótimos! Aquela garotada era bastante viva e honesta. É claro que às vezes fiquei cansado e irritadiço – todos nós ficamos. Mas cooperávamos de fato uns com os outros ao conviver, ao nos divertir, ao nos conhecermos uns aos outros e a nós mesmos.

Neste meio-tempo, as coisas foram piorando entre mim e o Sr. Barnes (como ele preferia ser chamado, em vez de o ser pelo primeiro nome). De sua perspectiva, o acampamento era um problema. Ele continuava me dizendo que não havia disciplina – o que para ele significava pessoas de pé, em fila, por muito tempo. A equipe tinha decidido que não queria o acampamento inteiro em fila, repetindo todas as manhãs a fórmula ritual do compromisso, à medida que a bandeira era hasteada no mastro. Era chato; era uma mistificação. Por isso não o fazíamos. Não o fazíamos também porque, do modo como o Sr. Barnes havia estabelecido um horário para o uso da piscina do acampamento, mal daria tempo para um dos grupos conseguir utilizá-la. A solução de compromisso em relação ao problema da bandeira foi que, cada manhã, os monitores do acampamento iriam hasteá-la... e toda tarde, alguém do acampamento a recolheria, enrolaria e a levaria de volta à secretaria principal.

Houve também outras mudanças. As crianças escolheram mais do que antes o que queriam fazer, como, por exemplo, mais excursões. Em razão de os campistas e os membros da equipe estarem envolvidos, tomamos decisões por consenso ou compromisso. Nada era imposto autoritariamente. As decisões principais, dentro do limite estabelecido pelo orçamento e pela estrutura, eram tomadas pelos que eram mais diretamente afetados por elas. Era o mais importante para nós – como as decisões eram tomadas e como nos relacionávamos uns com os outros.

O Sr. Barnes continuava a insistir para que eu assumisse o controle das coisas ou, de outro modo, ele o faria. E ele o fez sempre que pôde. Estabeleceu uma burocracia de três pessoas, de maneira que se levava dez dias para obter leite chocolatado para as crianças que o desejavam – embora o leite fosse distribuído diariamente. O leiteiro vivia dizendo: "Temos montes de leite chocolatado, mas não posso entregá-lo sem receber ordem do pessoal lá de cima." O Sr. Barnes também trocou todas as fechaduras da casa e guardou as únicas chaves existentes. Jean e eu não podíamos, nem ao menos, pegar a chave do compartimento de refrigerantes porque ele achava que íamos roubar refrigerantes – alguém disse que ele lhe havia contado isso. Todos os dias tínhamos que ir buscar com ele a chave, a fim de colocar a quantidade diária de refrigerantes no refrigerador para os campistas. Quando não se conseguia achá-lo – o que acontecia com freqüência – os refrigerantes eram servidos "quentes". Ele tinha colocado uma fechadura até no armário onde se guardava o café instantâneo e tinha a única chave dele!

Expliquei-lhe que estávamos tentando desenvolver o autocontrole no acampamento. A importância da disciplina não estava sendo ignorada, mas o enfoque estava na *auto*disciplina, e não num sistema imposto de cima para baixo.

Isto não tocou nem de leve o Sr. Barnes e, à medida que o acampamento prosseguia, nossas relações tornavam-se cada vez mais tensas. Como administradores do acampamento, Jean e eu tentamos fazer com que as instalações fossem usadas ao máximo e sem conflitos de horário. Organizamos também excursões e compramos suprimentos. Quando tínhamos sorte, estávamos com as crianças, apenas tentando conhecê-las e brincando. Mas tivemos que gastar muito tempo servindo de mediadores entre o Sr. Barnes e o acampamento. Ele aparecia ocasionalmente para dizer-nos o que estávamos fazendo de errado – era esta a dimensão de seu relacionamento com a equipe e com os campistas. Ele nunca comentava o que estávamos fazendo certo. Sua noção de ser educador era perguntar às pessoas se elas sabiam os nomes certos das coisas, como: "Como se chamam as penas que estão em uma flecha?" Achamos importante proteger o acampamento de sua influência, tanto quanto pudéssemos.

Admito que não fui hábil em sentir empatia por um homem que estivera oito anos no serviço militar e, de alguma forma, comecei logo a vê-lo como um inimigo. Fui bastante tolo. Não tentei conhecer ninguém do conselho executivo. Em resumo, era uma estratégia deficiente e a falha foi minha. Porém, não percebi o desespero deste homem.

De qualquer modo, de acordo com o *feedback*, o acampamento foi um sucesso. No primeiro pernoite – cada quinze dias tínhamos um pernoite, no qual os campistas podiam permanecer de quinta-feira para sexta-feira – tivemos mais de 80% dos campistas presentes. No passado, o comparecimento tinha sido de, aproximadamente, 30%.

Por volta da terceira semana, nosso grande sucesso tornou-se ameaçador para o Sr. Barnes. Ele nunca havia visto um acampamento assim – tão livre a amistoso – onde as pessoas se abraçavam, falavam alto e conversavam sobre o que queriam. O fato de todos aí parecerem felizes ainda era pior para ele.

Tivemos um outro pernoite nessa semana, o qual foi novamente muito bom e contou com o comparecimento de quase todo o pessoal. Mas o Sr. Barnes andou por toda a parte, gritou com algumas crianças, trancou uma porção de portas das quais só ele tinha as chaves e saiu, dizendo que voltaria mais tarde para ver o que estávamos fazendo. Pois bem, ele nos trancou fora da sala onde estava o telefone, de maneira que não podíamos nem mesmo falar com os pais que telefonavam para saber como seus filhos estavam passando. E ele não voltou até o dia seguinte!

Na tarde seguinte [sexta-feira], Barnes e eu tivemos uma discussão a respeito de algumas cascas de laranja que ele tinha achado sob uma mesa. Em sua frustração sobre grandes problemas ele tinha exagerado quanto a esta pequenina infração. Na ocasião, o acampamento estava quase impecável – visto que tínhamos acabado de fazer uma grande limpeza – exceto quanto àquelas cascas de laranja. Confesso que estava mais preocupado com os campistas e seus pais. Após pernoites sempre havia roupas perdidas para serem achadas, perguntas para serem respondidas e pais para serem tranqüilizados.

O Sr. Barnes informou-me que ele e eu nos encontraríamos na segunda-feira com o Sr. Smith, o tesoureiro do conselho executivo, para discutir o problema. Eu estava um pouco nervoso, pois nunca havia falado com o Sr. Smith. Mas também encarei o encontro como uma oportunidade de explicar o que estava ocorrendo e falar sobre todas as dificuldades que o Sr. Barnes estava causando a nós e à Community House, em geral. Passei muito tempo do fim de semana preparando anotações eventuais sobre o que tinha acontecido, de modo que tivesse os fatos exatos quando falássemos.

Entrei no escritório do Sr. Barnes, que ficava no andar superior, na manhã da segunda-feira da quarta semana do acampamento e lá encontrei o Sr. Smith com o Sr. Barnes e algumas outras pessoas que não conhecia. Informaram-me que nem *todos* haviam chegado e que me chamariam quando todos tivessem chegado e estivessem prontos para me receber.

"O quê!" pensei. "Supunha que fosse uma reunião entre três pessoas!" Mas desci e voltei para o acampamento; e, quando todos chegaram, vieram me chamar. Entrei em uma sala com cerca de oito pessoas.

Soube depois que era a maioria do conselho executivo da Community House. A diretora-executiva do conselho era uma mulher de 66 anos, que conseguia andar com muita dificuldade. Era uma bela pessoa que tinha, a seu modo, dado muito de sua vida dedicando-se à comunidade – mas de um modo cegamente liberal, absolutamente não-receptivo. Ela sabia o que as pessoas deveriam ter e o que deveria ser feito. Ninguém devia interferir no que fazia e ninguém devia discordar dela porque era uma mulher horrivelmente encantadora. E ela era. Era de fato.

Quando o Sr. Barnes apresentou-me para o resto do conselho executivo, mostrou-me o quanto estas pessoas se interessavam de fato por crianças, dizendo-me quem lecionava na escola dominical, há quantos anos etc. E eu, na realidade, não quero dar a impressão de que eram pessoas detestáveis porque não o eram. Elas estavam preocupadas com as crianças no acampamento e estavam muito preocupadas com a sua Community House. Achavam que eu estava destruindo ambas.

Soube, mais tarde, que naquela ocasião havia rumores fantásticos em torno da minha pessoa: eu era um homossexual e estava atacando os homens da equipe; estava seduzindo as mulheres e tinham me pegado fazendo amor com uma delas no "tanque de areia"; que eu fazia parte de uma conspiração comunista, treinado no Canadá para apoderar-me desta comunidade, começando pelas crianças – o último boato veio diretamente do Sr. Barnes, segundo o testemunho de três pessoas. Eu era considerado como um conspirador, como o herói Pied Piper*.

Eles me demitiram. Entrei nesta reunião e, após as apresentações, leram-me a carta de demissão. Fiquei perplexo. Disseram-me que me pagariam pelo resto do verão, mas queriam que eu fosse embora.

Não quiseram falar nada comigo. Nenhum deles havia falado comigo antes, nenhum deles nunca havia falado com alguém relacionado com o acampamento – campistas, pessoas da equipe, Jean ou, até onde fiquei sabendo, com os pais das crianças – mas tinham ouvido o suficiente.

Fui demitido às 9h30 da manhã daquela segunda-feira. Era a mais importante manhã do acampamento. A primeira manhã da semana com o maior número de comparecimentos – mais de cem crianças. Perambulei durante meia hora, reunindo minhas coisas, contando a um casal de monitores que eu tinha sido demitido e, então, fui embora. Jean havia sido convocada para uma reunião com as mesmas pessoas, de maneira que não

....
* Pied Piper – o herói de lenda folclórica germânica, popularizado em "The Pied Piper of Hamelin" (1842) por Robert Browning. Uma pessoa que induz outras a imitar seu exemplo, usando especialmente promessas extravagantes ou falsas. (N. do T.)

pude falar com ela. Fui embora, magoado e perplexo. Não tinha idéia do que fazer.

Mais tarde, descobri que eles ofereceram o cargo de diretor para Jean, mas ela deveria receber ordens do Sr. Barnes. Ela recusou, dizendo que queria que eu fosse readmitido.

Pelas 10h30 estava chovendo e uma centena de campistas mais as vinte e cinco pessoas da equipe tiveram que ser aglomeradas nas instalações internas do acampamento, que eram bastante deficientes – o subsolo da Community House e um pequeno ginásio. Eu estava em casa bem magoado mesmo. Minha reação ao ser demitido foi: "Eu nunca havia sido tratado assim por uma comunidade de *adultos*." Eles nunca haviam, nem ao menos, falado comigo. Quase não podia acreditar que isto estava acontecendo.

Por volta das 11h30 daquela manhã o acampamento inteiro estava em greve e a Community House estava ficando repleta de cartazes confeccionados nas classes de pintura e artesanato. Toda a equipe, exceto uma pessoa, fez um abaixo-assinado, dizendo que não voltaria a trabalhar até que eu fosse readmitido.

Nenhuma dessas pessoas da equipe tinha, em algum momento de sua vida, estado envolvida com algo semelhante. Nunca tinham entrado em greve por motivo algum. E eu nada tinha a ver com a greve. Nem mesmo sabia da sua existência. Ninguém disse a essas pessoas o que fazer. Elas sabiam o que queriam. Tinham vivido neste ambiente durante três semanas – as pessoas da equipe um pouco mais – onde eram consideradas e tratadas como pessoas e não iam aceitar ordens de funcionários que nem mesmo sabiam o que estava acontecendo.

O que mais me impressionou foi que não era por mim que eles estavam lutando... *era por eles mesmos*. De algum modo havia talvez carisma ou um não sei quê, talvez um estilo que eu possuía e de que eles gostavam. Mas creio de fato que, fundamentalmente, era deles mesmos que não queriam desistir. Eles não iam se submeter a um outro sistema de acampamento – um outro modo de ser, realmente – uma vez que tinham vivenciado a primeira alternativa. Eles a tinham vivenciado e era isso que os impelia. E eu estava muito orgulhoso deles. Era inacreditável. Chorei umas três vezes naquele dia. Como eu estava orgulhoso daquelas crianças e quanto me preocupei com elas. Estava admirado, admirado mesmo.

De qualquer modo... vou tentar encurtar esta história... [Muitas vozes do grupo: "Não, conta tudo!"]

Pois bem... A uma hora da tarde, o diretor estava me telefonando para que eu viesse à Community House. Não atendi ao chamado porque já estava a caminho. Tinha ficado em casa pensando, perplexo, sem saber nada através de alguém do acampamento. Não sabia o que fazer e temia que a equipe estivesse sendo levada a deixar de lado o que o acampamento significava para nós, a fim de conseguir a minha volta.

Quando cheguei lá, os campistas mais velhos estavam andando ao redor da Community House, na chuva, carregando cartazes que diziam: "Queremos Al." As pessoas correram ao meu encontro e eu lá fiquei emocionado. As lágrimas rolavam pela minha face. Que dia foi aquele! Absolutamente maravilhoso!

Disseram-me que o Sr. Barnes me havia chamado. Ele queria conversar comigo. Primeiro, fui até o ginásio e o subsolo da casa para ver todo o mundo – foi um encontro alegre – e então subi para ver o Sr. Barnes.

Ele estava possesso! Explodiu comigo, dizendo: "Ponha este acampamento de novo em ordem." Eu disse: "Não posso fazer nada. Fui demitido. Não trabalho mais aqui." E ele disse: "Está bem, você está readmitido."

Desci e, rapidamente, o acampamento reorganizou-se nos grupos de costume. Estávamos todos muito felizes. Então, subi novamente e tive uma reunião de duas horas com o Sr. Barnes. Uma coisa que ainda não mencionei é que o Sr. Barnes ainda vivia com sua mãe. Enquanto estávamos conversando em seu escritório, naquela tarde, ela irrompeu porta adentro.

Com a face afogueada, gritou para mim: "O que você precisa é de umas boas palmadas no traseiro!" E falou sobre como eu estava tornando difícil a vida para ela e seu maravilhoso filho, Kenneth, que gostava tanto de crianças. Nunca o tinha visto tão embaraçado. Ele só repetia: "Mamãe... Mamãe!... MAMÃE... Eu cuido disto."

Depois que os campistas foram embora, ele, Jean, eu e o resto da equipe tivemos uma reunião. Acho que o Sr. Smith estava lá também. Fui readmitido e o acampamento continuaria como de costume. O Sr. Barnes, Jean e eu decidimos ter reuniões diárias, de uma hora de duração, para deixar as coisas em ordem e claras entre nós. Então, o Sr. Barnes explicou para a equipe a sua posição. Infelizmente, ele mentiu sobre acontecimentos nos quais a equipe havia tomado parte, de modo que eles sabiam que ele estava mentindo. Naquele momento, eu o vi como estúpido, incompetente, indeciso, em vez de vê-lo como alguém realmente com problemas e muito desesperado.

Depois disto, o acampamento ficou melhor do que nunca. Tínhamos aproveitado muito de tudo o que acontecera e nos sentíamos mais unidos do que nunca. Mas, quanto melhor iam as coisas no acampamento, pior era para o Sr. Barnes. Naturalmente, agora todo o acampamento sabia de nosso problema e acho que isto piorava as coisas para ele. Ele apareceu apenas numa das reuniões programadas com Jean e comigo, e numa aparição repentina no meio da semana, gritou: "As coisas entre nós não vão melhorar nunca!"

Durante aquela semana eu também escrevi uma carta para os membros do conselho executivo, participando meu desejo de ficar no acampamento e com as crianças pelo resto do verão, dizendo que eu esperava que conseguíssemos esquecer os ressentimentos de segunda-feira e oferecendo-me para conversar com qualquer um deles, caso quisessem. Vi um casal de membros do conselho aquela semana e disse-lhes diretamente que gostaria de conversar com eles se achassem que valia a pena. Nada feito!

A equipe havia planejado um encontro de folga. O acampamento ia de segunda a sexta-feira e pretendíamos passar o fim de semana na cabana dos pais de duas das pessoas da equipe. Isto, durante o decorrer da quarta semana, virou uma confusão danada. Quando os pais dos jovens da equipe telefonavam para falar com Jean ou comigo sobre o fim de semana, os nossos superiores – Ken Barnes e o diretor-assistente da Community House – atendiam o telefone, dizendo que estávamos ocupados. Não nos era permitido usar nosso próprio telefone e nunca soubemos que os pais haviam telefonado e nem recebemos recados.

Eles interceptavam as chamadas no andar de cima e diziam aos pais: "É uma coisa terrível. Não temos nada a ver com isto. O acampamento nada tem a ver com isto. Não está sendo feita nenhuma supervisão por adultos." Nem Jean nem eu éramos casados, de maneira que não podíamos ser supervisores adultos. Imagino que eles pintaram um quadro de orgia.

Bem, conseguimos que fosse quase a metade da equipe, após eu ter passado uma tarde inteira em casa, onde pude usar o telefone, falando com os pais do pessoal da equipe e esclarecendo o que ocorria. Senão, durante a semana o pessoal da equipe iria para casa e os pais cairiam em cima dizendo: "Você mentiu-me a respeito de tudo isso." Isso porque os pais haviam falado com nossos superiores. E eu teria que chamar os pais para tirar as crianças do apuro em que se encontravam. "Seus filhos não mentiram para vocês", diria eu. "Não posso explicar-lhes o que está ocorrendo, porém trata-se de um encontro para o pessoal da equipe que pode e quer ir; Jean e eu estaremos presentes." Felizmente, a maioria dos pais conhecia Jean e eu, e sabia quem nós éramos. Para eles, éramos pessoas, e eu tinha outra realidade, além de ser o "Pied Piper" ou o não sei quê.

De qualquer modo, fomos para o fim de semana, passamos momentos maravilhosos e voltamos para a quinta semana de acampamento. Estávamos antevendo a última metade de nosso verão juntos. Segunda-feira de manhã dormi até mais tarde, em vez de ir cedo para o acampamento, como sempre fazia. Estava me arrumando depressa para sair, quando um membro da equipe telefonou, dizendo: "Al, você precisa vir para cá imediatamente! Há aqui uma equipe inteiramente nova! Estão nos dizendo que não podemos chegar perto das crianças e elas estão todas confinadas na quadra de tênis com a nova equipe."

O conselho executivo havia se reunido secretamente com o Sr. Barnes, na terça-feira da quarta semana de acampamento – um dia depois da minha primeira demissão – e decidiram contratar uma equipe totalmente nova. Quando cheguei ao acampamento, já encontrei lá nossa equipe toda reunida. Estavam confusos, chocados, zangados, tristes e com medo. Não lhes era permitido chegar perto dos campistas, alguns dos quais estavam reclamando a presença da equipe. Estava uma confusão!

Vinte e cinco pessoas estavam desnorteadas. Os campistas estavam desnorteados. Eu estava desnorteado.

O conselho executivo convocou-me novamente para uma reunião particular; disseram-me que eu estava demitido e seria preso se pisasse na propriedade novamente e que eu desse o fora. Respondi que não sairia de lá até saber o que estava se passando com os campistas e com a equipe. Tivemos então uma reunião com o Sr. Smith, o tesoureiro do conselho executivo, com o Sr. Barnes e com a equipe. Smith e Barnes disseram: "Vocês todos assinaram esta petição, dizendo que não voltariam a trabalhar até que Alan fosse readmitido. Vocês se demitiram e estamos exatamente aceitando suas demissões."

Era como se aqueles garotos não tivessem direitos! Como se não fossem pessoas dignas de todo o respeito! Ressaltei diante da equipe inteira que eles haviam dito que me readmitiriam. E eles responderam descaradamente: "Bem, mentimos para proteger os campistas."

Informei-lhes que iria processá-los por contrato fraudulento. Isso os desnorteou. Disseram: "Terminou a reunião. Falaremos com nosso advogado." Para que não víssemos o que estavam pretendendo fazer, tinham que falar com o advogado para esclarecer o que haviam feito. Disseram para a equipe voltar terça-feira para saber o que havia sido decidido quanto a eles.

Eu não podia compreender essa gente. Estavam despedindo vinte e cinco jovens porque eles eram tão seguros em relação a um acampamento aberto, centrado-na-pessoa. Esta *é* uma idéia radical e, quando as pessoas dão com ela, ficam apavoradas.

CARL: Resumirei a parte final da história de Alan, após o que, ele mostra o que aprendeu nisso tudo.

A equipe "demitida" decidiu reunir-se, freqüentemente.

A nova diretora não conseguiu dirigir o acampamento e ela e toda a nova equipe demitiram-se após uma semana.

Nesse dia, toda a situação veio a público, através dos jornais locais, com artigos e cartas de ambos os lados.

O Sr. Smith veio uma vez e os pais dos membros da equipe compareceram com freqüência às reuniões da "equipe demitida". O Sr. Smith e os pais começaram a *ouvir* a filosofia centrada-na-pessoa, que estava sendo desenvolvida. Viram também que Alan "era um ser humano e que estas pessoas da equipe não estavam sendo atraídas por meus poderes de sedução".

Quando o Sr. Smith convocou uma reunião, o Sr. Barnes não compareceu. Ficou evidente que ele era uma pessoa completamente medrosa, insegura. O Sr. Smith – após momentos dramáticos de indecisão – responsabilizou-se por contratar novamente Alan e a primeira equipe, e a reabrir o acampamento. Todas as crianças já inscritas (e outras mais) compareceram e tiveram duas boas semanas finais de acampamento.

ALAN: Acho que muitas pessoas mudaram de fato – mudaram de modo sutil e irreversível. As pessoas – sobretudo as da equipe – chegaram à conclusão: "Oh, é desse modo que eu quero viver minha vida." "É assim que eu sou." "É como eu quero relacionar-me com os outros." "Tenho algo a dizer sobre minha vida."

Acho que muitos de nós aprendemos coisas que ficarão. Estou certo disto. E as pessoas com quem trabalhei na equipe e no acampamento foram, a meu ver, maravilhosas. Acho que elas surpreenderam muita gente – inclusive a elas mesmas – com o que puderam fazer quando lhes foi dada uma oportunidade.

Ao contar esta história, descrevi os acontecimentos mais dramáticos – os mais fáceis de se expressar. Entretanto, agora, ao recordar aquele verão tão cheio, vejo que o mais importante é o que me é difícil de expressar. E, no entanto, são as coisas sobre as quais se tem dificuldade de falar que dão significado aos acontecimentos; acho que foi isso que fez com que surgissem a espontaneidade, coragem e integridade das pessoas da equipe.

O que é difícil descrever foi o que sentimos em relação uns aos outros: a sensação de que compartilhamos o que fazíamos, que era importante para nós e que o fazíamos plenamente. É difícil expressar nosso interesse mútuo e a maneira pela qual cuidamos dos garotos no acampamento. Relacionávamo-nos uns com os outros como pessoas plenas, confiando umas nas outras, compartilhando a energia de nossas vidas de maneira significativa e honesta. No ambiente de confiança e abertura que criamos, penso que todos descobrimos mais capacidades em nós mesmos e nos outros do que imaginávamos.

Nosso modo de ser como grupo mostrou-se bastante ameaçador e, acho eu, deve ter sido! Agora, vejo mais claramente as implicações políticas da abordagem centrada-na-pessoa. É um grito afastado da política praticada na maioria das instituições e comunidades, mesmo naquelas tão próximas das origens históricas de nossa democracia como Graceville, Massachusetts. Como se o espírito de autodeterminação, liberdade e desenvolvimento (como vida, liberdade e procura da felicidade) vivesse nas pessoas como uma fogueira, esperando para ser acesa com uma fagulha de confiança, entendimento, compaixão ou compreensão.

Acho que os ideais de democracia ainda são bem revolucionários. Para mim, a abordagem centrada-na-pessoa é a incorporação destes ideais na imediaticidade das relações humanas. Não pode ser reduzida a uma estratégia ou técnica. É uma atitude formada de respeito pela integridade e valor das pessoas; é uma maneira de ver e relacionar-se com o mundo e com os outros. É um modo de ser, vivido no presente, ou negado, pois a política centrada-na-pessoa é tão imediata como as pessoas e os relacionamentos. A abordagem centrada-na-pessoa proporciona uma perspectiva através da qual se pode ver claramente que as tradições e os valores democráticos não são nem preservados nem estimulados por sistemas autoritários.

CARL: Foi uma história que pode ser considerada como uma insignificante "tempestade em um acampamento", mas que também pode ser considerada como um exemplo microscópico de poder impessoal e arbitrário contra um grupo de indivíduos sem-poder, que provaram a embriagadora experiência da liberdade responsável.

Devido a um incidente casual (a saída do diretor anterior e sua substituição pelo Sr. Barnes) esta experiência do acampamento tornou-se um experimento social bem definido e clássico. Um empreendimento centrado-na-pessoa foi introduzido, já inteiramente estruturado, num empreendimento organizado de forma convencional. Sendo a abordagem centrada-na-pessoa revolucionária ao extremo, os dois sistemas não puderam, em absoluto, coexistir e a revolução silenciosa (ou não tão silenciosa) foi inevitável.

Existem duas maneiras opostas de utilizar o poder. Em suas relações com a equipe e as crianças, Alan confiou nelas, não teve desejo de controlá-las ou manipulá-las, compartilhou a responsabilidade integralmente. Sua questão básica foi: "Como vocês querem que seja *nosso* acampamento?" No começo ele encontrou descrença e desconfiança. Estas atitudes mudaram rapidamente para confiança mútua, franqueza, participação, interesse, ações criativas e auto-responsáveis. A cooperação substituiu a competição. A autodisciplina tomou o lugar da disciplina externa. Cada pessoa – campista ou da equipe – vivenciou e utilizou livremente seu próprio poder.

Aí entra o modo autoritário de poder. Até o momento em que Alan foi chamado na reunião do conselho e sumariamente demitido, não havia "opressão" de ninguém, apesar de surgir a percepção de enormes diferenças quanto às crenças "políticas". Mas a demissão representa o exercício do poder impessoal arbitrário, que não tenta investigar, descobrir os fatos – é a simples operação cirúrgica que elimina uma presença perturbadora.

Alan fala da dolorosa mágoa, do sentimento de ter sido arrasado, exterminado, pela injustiça da ação. Isto nos mostra uma pequenina visão da destruição do eu, que tem sido sentida por centenas de milhares de pessoas, que foram objeto da força esmagadora do poder impessoal, arbitrário e cego. O fato de que neste exemplo – e provavelmente em muitos outros – o poder tenha sido exercido por pessoas notoriamente bem intencionadas, torna tudo isso ainda mais chocante. A política do poder e controle pode ser devastadora, mesmo quando exercida pelos que estão apenas tentando proteger e cuidar dos jovens.

A reação da equipe de adolescentes e dos campistas mais jovens ainda à primeira demissão e aos acontecimentos que se foram sobrepondo merece especial atenção. A reação à autoridade arbitrária, por parte de quem havia vivenciado o entusiasmo e a responsabilidade decorrentes da liberdade, é totalmente previsível, embora seja sempre surpreendente. Liderança, criatividade e imaginação florescem em toda a parte, quando os indivíduos resistem à usurpação de seus direitos como pessoas. Isto é verdade, embora neste caso eles tenham vivenciado a liberdade responsável por apenas algumas semanas e, provavelmente, nunca tivessem vivenciado nada disso antes, seja em casa, na escola ou na comunidade. A energia que é liberada parece sem limites.

Deve-se reconhecer claramente que, sem o Sr. Smith ou mesmo com ele, a história poderia ter tido um final bem diferente. Aqui, o resultado foi favorável aos que queriam ser responsáveis pelas próprias ações, mas poderia facilmente ter sido completamente diferente. Como já foi ressaltado, para se ter um comportamento centrado-na-pessoa, em qualquer sistema, é preciso aceitar o *risco*.

Mas a lição principal que eu extraí de tudo isto é que os *sem-poder têm poder*. Apesar de as coisas não terem estado boas para Alan, para a equipe e para os campistas, eles descobriram e usaram um poder que não sabiam que tinham. Após a demissão de Alan, eles aprenderam que, mesmo em uma situação em que oficialmente não tinham participação, nem controle, nem autoridade, se agissem de acordo com aquilo em que acreditavam e se aceitassem e exigissem o reconhecimento deles como pessoas livres e responsáveis, seriam capazes de produzir um maior impacto. Conseguiram afetar as circunstâncias de suas próprias vidas e das vidas dos outros. Isto é uma das pistas da política dos sem-poder.

10. Sem ciúmes?

Fred e Trish procuraram fazer do seu casamento um relacionamento em que o principal valor fosse encontrado em cada um deles, como pessoas. Tentaram partilhar a tomada de decisões, os desejos de cada um tendo igual peso. Cada um parece ter evitado, em grau incomum, a necessidade de possuir ou de controlar o outro. Desenvolveram um companheirismo em que suas vidas são, ao mesmo tempo, separadas *e* juntas. Ambos mantêm relacionamentos fora do casamento e essas interações íntimas foram, com freqüência, de natureza sexual. Eles trocaram idéias abertamente sobre esses relacionamentos e parecem tê-los aceito como parte natural e gratificante de sua vida individual e de seu casamento. Gostam de seu estilo de vida. O casamento deles, além de ser centrado-na-pessoa, está muito longe do convencional.

Apesar da abertura que tinham um com o outro, a comunicação entre eles falhou em um ponto decisivo, ocorrendo um trauma, que não tinha nenhuma ligação óbvia com seus relacionamentos externos. O casal continua ainda a ser unido e mantém amores extraconjugais. O defeito grave que ocorreu em suas vidas e em sua comunicação torna sua história mais provocante.

Quando um companheirismo se baseia no crescimento, envolvendo escolha, quando sua política interpessoal é livre de um desejo de controle, ele se desenvolve de maneira única e idiossincrática. Mostra que, quando duas pessoas estão se esforçando aberta e livremente para serem elas próprias, emergem padrões altamente individuais. Não é um modelo, não pode ser copiado, mas propicia muito alimento para a reflexão.

Apesar de seus relacionamentos extraconjugais, havia muito pouco ciúme. O fato de o monstro de olhos verdes estar perdendo prestígio torna toda a questão do ciúme mais aguda até do que se ele estivesse presente.

No outono de 1973, recebi longa carta de um jovem marido, rapaz formado em uma universidade de Bay Area, falando-me a respeito do casamento invulgar que ele e sua mulher mantinham. Embora bastante clara e inteligível, a carta fora escrita inteiramente por ele e desejei conhecer as reações da esposa. Francamente, o relato me parecia bom demais para ser verdadeiro.

Três anos mais tarde, tive a sorte de obter mais informações sobre eles e visitei-os em sua comunidade, para uma entrevista de várias horas.

Na aparência, na maneira de se vestir e de se portar, Fred e Trish não são muito diferentes de outros casais de sua idade. São atraentes, ele um pouco magro, a mulher um pouco mais rechonchuda. Vestem-se informalmente; são calmos no modo de falar e mostram respeito um pelo outro quando conversam. Parecem dedicados um ao outro. Não aparentam, de modo algum, ser "diferentes".

Constituem um casal com amplos e ricos interesses fora de seu relacionamento, e esses interesses externos são de todo independentes, superpondo-se apenas em parte. Trish gosta de atividades fora de casa; Fred tem interesses mais estéticos e espera dedicar-lhes mais tempo, assim que obtenha seu ambicionado doutoramento. Em resumo, são pessoas criativas e de múltiplas facetas. Eis a primeira carta de Fred:

FRED: Estou escrevendo em resposta a seu livro *Becoming Partners*. Achamos que você era muito pessimista a respeito da capacidade da pessoa para vencer a tendência à posse e ao ciúme. Nossa própria experiência prova que o ciúme não é intrínseco. Esperamos que o fato de escrever esta carta nos ajude – que o processo de expor como vemos nosso relacionamento sirva para melhor definir nossos sentimentos em relação a ele. Esperamos que também o auxilie em seu estudo.

Tenho vinte e cinco anos e Trish tem vinte e quatro. Casamo-nos há três anos. Formamo-nos na faculdade e estamos vivendo aqui há seis anos. Estou freqüentando o terceiro ano de pós-graduação em [uma área técnica] e espero lecionar até completar meu doutoramento. Trish é uma enfermeira diplomada e trabalha no hospital local.

Assim que nos casamos, achamos que nosso casamento era ideal. Naquela época, considerávamos casamento mais como um "estado" do que um "processo". Entretanto, não estávamos de acordo com o que parecia ser uma lei social inviolável: a felicidade conjugal declina com o passar do tempo. Este sentimento era o resultado natural da crescente frustração no casamento que constatávamos ao nosso redor. Nosso relacionamento, no entanto, parecia ser diferente dos outros, no que se refere à comunicação que tínhamos entre nós. Foi graças a isso que pudemos falar da relação íntima de Trish com um de meus colegas de faculdade. Na ocasião, foi possível para mim considerar uma coisa desse gênero, sem sentir ciúmes. As razões são muitas. Sempre fui uma pessoa segura. Meus pais deram-me apoio e amor. Em conseqüência, nunca me senti ameaçado por outras pessoas. Meu casamento era muito saudável, sem áreas de frustração complicada. Através de nossa comunicação éramos capazes de manter constante contato e *feedback* entre nós, resolvendo os conflitos à medida que surgiam. Nosso relacionamento é uma fonte de grande felicidade bem como ponto de referência e segurança quanto ao modo de lidar com o mundo exterior. Temos tido um relacionamento sexual satisfatório tanto antes como durante o casamento. Sexo é uma grande fonte de intimidade e de vida em comum emocionalmente satisfatória. Neste contexto você pode ver por que, pelo menos teoricamente, não nos sentimos inseguros como muitos dos casais de seu livro. Eu não tinha um motivo real para achar que Trish estivesse me rejeitando, quer sexualmente, quer como pessoa.

Acho que tenho compreendido Trish desde o início de nosso relacionamento e aceitei suas necessidades como pessoa. Em primeiro lugar, o que me atraía nela era o fato de ser fisicamente marcante – literalmente falando, uma mulher sensual. Ela comunica seu sentimento de interesse e amor pelos outros, através do contato físico. Visto que eu também me expresso fisicamente, isto contribui para nossa compatibilidade. Mas o fato de eu reconhecer e amar esse traço em Trish era muito importante. Não teria sido razoável exigir que ela tivesse esses sentimentos apenas em relação a mim e não aos outros. Eu teria que negar algo existente na Trish que eu amava. Também o fato de eu gostar e de interessar-me por meus amigos tornou-me capaz de ver por que ela também poderia amá-los. A principal diferença era que ela podia amá-los sexualmente, enquanto para mim não era culturalmente possível fazer o mesmo.

Estou dando ênfase à natureza teórica de nossas discussões. A oportunidade de realizá-las nunca surgiu durante os dois primeiros anos de nosso casamento, devido ao acanhamento de meus amigos e à nossa própria incerteza emocional.

Logo no início de nosso casamento era difícil para Trish aceitar a idéia de que eu tivesse relações sexuais extraconjugais. Discutimos isto e concluímos que seu sentimento de posse advinha de sua falta de confiança em si mesma como pessoa singular e de valor. Em sua educação, ela não era aceita como era, nem estava acostumada a ouvir que era atraente. Havia uma atmosfera religiosa restritiva e ela devia viver de acordo com um código moral externamente imposto.

Tais circunstâncias tornaram-na insegura de si mesma. Ela via uma hipotética relação extraconjugal minha como uma ameaça à sua segurança. Na época, ainda achava que uma esposa deve ser capaz de satisfazer plenamente as necessidades do marido. Se eu desejasse sexo extraconjugal isso só poderia significar que ela havia falhado em alguma coisa.

Tudo começou a mudar com um período de novo crescimento em nosso relacionamento, cerca de um ano atrás. Eu estava no segundo ano da pós-graduação e Trish passou a se interessar por um de meus novos amigos. Em princípio, eu concordava que seria bom para ela fazer sexo com ele, caso surgisse a oportunidade. Os resultados emocionais somente poderiam ser imaginados, mas decidimos seguir adiante. Com comunicação franca e honestidade sobre cada ponto, encetamos uma nova etapa emocional. A caminhada nem sempre foi fácil. Tive que tranqüilizar meu amigo dizendo-lhe que esta nova dimensão não comprometeria nossa amizade. À medida que prosseguíamos, obtínhamos mais confiança. Logo houve benefícios inesperados. Trish começou a se descobrir como pessoa. Ela foi forçada a se relacionar com este amigo, mais como um ser individual do que escondendo-se atrás do confortável papel de minha mulher. Ela tornou-se agressiva em relação à vida e essa nova atitude estendeu-se a nosso casamento. Seu comportamento sexual era ousado e experimental. Descobrimos, para nossa felicidade, que nosso casamento estava melhor do que nunca.

Foi cronologicamente importante para a evolução de nosso relacionamento que Trish tenha tido primeiro essa experiência. Ela viu que amar outras pessoas além do cônjuge não diminui o amor no casamento. De fato, suas experiências extraconjugais tinham *aumentado* seu amor e intimidade comigo. Com o benefício dessa experiência foi-lhe possível aceitar meu envolvimento subseqüente com outras mulheres. Nosso relacionamento cresceu a ponto de nos encorajarmos ativamente a procurar outros relacionamentos devido aos efeitos benéficos que têm sobre nós, individualmente e juntos. Quando ela tem bons momentos com um outro homem e alegremente me conta o que se passou, eu participo e me beneficio indiretamente. O benefício também é direto, pois tenho uma esposa mais interessante, animada e auto-realizada. Deste modo, a energia e crescimento dos envolvimentos extraconjugais são trazidos para o casamento, mantendo-o em desenvolvimento e vivo.

É com base neste passado e nesta experiência em curso que discordamos da asserção de que o ciúme teria um fundamento biológico básico. Nossa única dificuldade tem sido encontrar tempo para manter relacionamentos extraconjugais. Houve alguns sentimentos de mágoa quando um de nós quis estar com o outro, apesar de este ter um compromisso externo. Em quase todos os casos, através da honesta expressão de nossos sentimentos, conseguimos distinguir o que era mesquinha falta de razão do que era real necessidade emocional. Nós dois acreditamos seriamente que o cônjuge tem prioridade quando está passando por um período de verdadeira "fossa". Nesses momentos, nós poderíamos sempre nos dar apoio emocional, eliminando qualquer conflito real.

Os relacionamentos "prolongados" mais bem sucedidos que tivemos foram com outros casais. É possível para as quatro pessoas se relacionarem simultaneamente, ou como um grupo de quatro membros ou como dois grupos de dois. Não se verificaram conflitos e todos conseguiram atingir um grande senso de igualdade. Também o fato de ter relacionamentos individuais com membros de um outro casal tornou possível ampliar nossa interação sinérgica com esse casal. Em outras palavras, meu relacionamento com a esposa possibilitou relacionar-me mais intimamente com o esposo e vice-versa. Desde que tenhamos o desejo de estabelecer relações profundas, significativas e multidimensionais com outras pessoas, essa interação a quatro mostra-se muito gratificante. Entretanto, é essencial que o outro casal tenha um mútuo relacionamento saudável e franco, a fim de que o processo possa funcionar.

Espero ter-lhe proporcionado uma visão bem clara de como vemos e sentimos nosso relacionamento. Os relatos francos e honestos que os casais apresentam em seu livro têm-me propiciado considerável motivação. Nem sempre é fácil ser sincero a respeito de alguém. Entretanto, as "boas vibrações" calorosas e simples que você apresenta para com os casais em seu livro, fez Trish dizer: "Vamos escrever a Carl Rogers sobre nosso próprio relacionamento!" Espero que seja útil para você.

CARL: Em 1976, escrevi a este casal. "Gostaria muito de saber o que tem acontecido nesse período desde que vocês me escreveram há aproximadamente três anos. Que as notícias sejam boas ou más, qualquer que seja seu próprio relacionamento, ou o relacionamento com outros indivíduos, eu gostaria muito de saber de vocês. O pedido especial que eu gostaria de fazer desta vez é que você, Trish, exponha suas reações a essa situação, com seus próprios termos. Fred contou com clareza o desenvolvimento que tiveram como casal, bem como seus vários relacionamentos; mas eu gostaria de conhecer também a sua perspectiva diretamente, com suas próprias palavras, se você estiver disposta a isso." Após alguns meses, Fred respondeu:

FRED: Visto que nosso relacionamento tem durado muitos anos, passando tanto por períodos trágicos como de exaltação, esperamos que sirva como um fundamento de aprendizagem para outros. Para nós tem sido uma experiência intensamente humana, plena de crescimento – esperamos poder transmiti-la deste modo a você. Nossa resposta será dada em várias partes: uma descrição de nós mesmos e dos relacionamentos em que estamos envolvidos; um relato de um período péssimo de minha vida; as reações de Trish quanto a nossos relacionamentos; minhas reações individuais quanto a Trish e o modo como, formando um par, *vemos* nosso companheirismo e o modo como nos *sentimos* em relação a ele. Desde a primeira vez em que lhe escrevi, aconteceu muita coisa. Mudamos, de inúmeras maneiras, por causa das experiências que tivemos nos últimos três anos. Novas atitudes, frágeis e não testadas quando nos correspondemos pela primeira vez, tornaram-se agora fortes e solidificadas. Nossos sentimentos sobre as direções novas e ampliadas de nosso relacionamento ainda são bons. Estamos contentes quanto às escolhas que temos feito. Estamos felizes com nosso companheirismo e nos amamos muito.

O relacionamento extraconjugal de Trish durou dois anos. Ela melhorou em termos de companheirismo íntimo, estimulação intelectual, envolvimento sexual e crescimento emocional. Quando o relacionamento terminou, a comunicação emocional estava difícil. O homem era um dos meus colegas de faculdade; ele se envolveu com outra moça e as coisas não puderam continuar. A nova garota era possessiva e não pôde compartilhá-lo com Trish. Esta se sentiu emocionalmente rejeitada e recusou-se a ter qualquer outro envolvimento durante seis meses. Aos poucos, ela começou a ver outras pessoas novamente.

Meu próprio relacionamento extraconjugal ainda continua. Janet está com quarenta e poucos anos, é casada há vinte anos e tem dois filhos no colegial. Janet e eu nos conhecemos, em um certo sentido, através de Trish. O marido de Janet é dentista e Trish tinha uma consulta marcada com ele. Eles se interessaram um pelo outro e, mais tarde, Trish falou-lhe a respeito de nosso relacionamento aberto. Ele disse que gostaria de ter o mesmo arranjo com sua esposa e nos convidou para conhecermos Janet. Imediatamente, senti-me atraído por ela e logo tivemos um envolvimento forte e intenso. Ela é mais velha e tem uma família para cuidar, mas nada interferiu no desenvolvimento de nosso relacionamento. Sua personalidade maravilhosa, liberta, sua franqueza e curiosidade quase infantil, seu entusiasmo pela vida fizeram-me sentir como se eu fosse o mais velho.

O relacionamento entre o marido de Janet e Trish diminuiu até se tornar uma simples amizade e, agora, encontram-se apenas ocasionalmente. Meu envolvimento com Janet só tem aumentado com o tempo. Ela tem me revelado caminhos de vida totalmente novos, até então fechados para mim. Ter sua família, assim como ela mesma, para me relacionar, tem-me proporcionado ampla e rica fonte de contatos e de verificações. Houve tristezas, também. Cinco meses após o início de nosso envolvimento, ela ficou doente. Com uma doença rara, incurável, mas, em geral, não fatal. Ela tem crises periódicas que lhe causam muita dor. Passei muitas horas difíceis e aflitivas com ela, quando estava sentindo dores cruciantes e sob efeito de medicamentos, enquanto eu fazia todo o possível para confortá-la. Apesar de tudo isto, nós dois consideramos nosso relacionamento muito importante e gratificante.

Trish e Janet tornaram-se amigas íntimas e confidentes nos últimos três anos. Elas compartilham entre si seus bons e maus momentos. Durante os períodos em que o marido de Janet ou eu ficávamos emocionalmente deprimidos, elas se apoiavam mutuamente. Ambas são pessoas muitíssimo francas e adoráveis, livres de ciúmes.

Eis como se encontra, no momento, nosso relacionamento: envolve quatro pessoas – Trish, eu, Janet e um outro. Seu nome é Clifford e seu apelido é Chip. Tem trinta e oito anos e é solteiro.

Trish conheceu Chip há um ano e achou-o atencioso, forte e sensível. Trish tem características similares, o que contribuiu para que houvesse grande compatibilidade entre eles. Considero Chip como um membro da família; eu também me dou bem com ele. Chip passa muito tempo em nossa casa, mas como ele tem a dele, não vive o tempo todo conosco. Depois de Trish, que é a minha melhor amiga, há a minha grande amiga Janet, e Chip meu melhor amigo. Posso contar-lhe qualquer coisa. E não há nada que eu não faça por ele.

Há o mesmo grau de envolvimento entre mim, Trish e Chip. Embora nosso relacionamento fosse triangular ou, por natureza, uma tríade, não podíamos considerá-lo um arranjo ou vida em comum, já que Chip não vive exclusivamente em nossa casa. Além disso, o principal modo de interação entre nós baseia-se ainda no modelo um-a-um, pessoa-a-pessoa. Acrescente-se a essas relações o meu relacionamento com Janet.

Há um relacionamento secundário entre o marido de Janet, sua família e mim. Em muitas ocasiões, três de nós, ou quatro de nós – Trish, Janet, Chip e eu – saímos para jantar ou ter alguma outra atividade juntos. Devo ressaltar que as expressões sexuais que surgem em nossos relacionamentos são de parceiro-a-parceiro e de natureza heterossexual.

Há enormes vantagens quanto ao crescimento, apoio e comunidade em nosso atual relacionamento. Se um de nós se mostra deprimido, há três outros para lhe darem apoio. Também os recursos potenciais para a verificação são triplicados – um benefício emocional significativo para a ampliação do companheirismo.

CARL: Na entrevista que realizei com Fred e Trish, esclareci algumas coisas que tinham me deixado confuso na descrição de Fred. Perguntava-me como ele fazia para ter seu relacionamento com Janet, visto que ela tinha adolescentes em casa. Ele disse que vão para a casa dele e, nessas ocasiões, geralmente Trish vai para a casa de Chip "quando desejamos ficar totalmente a sós, os dois, durante um período". Entretanto, algumas vezes Fred vai à casa de Janet.

As visitas de Janet à casa de Fred são do conhecimento dos filhos dela; é comum que um deles telefone a Janet perguntando algo, enquanto a próxima chamada pode ser do outro filho pedindo a Fred algum esclarecimento sobre equipamento eletrônico. As crianças, obviamente, percebem a intimidade dos dois lares.

Perguntei sobre a atitude de Joe, o marido de Janet. Ele tem um outro relacionamento com uma moça solteira. "Ele não fica constantemente em casa. É uma situação equilibrada. Como nós, eles são muito francos um com o outro, a respeito deste relacionamento." Entretanto, esta mulher não está intimamente ligada ao quarteto Fred, Trish, Janet e Chip, embora todos a conheçam e gostem dela. Ela é uma parte, porém, não tão chegada, da ampla e extensa família que foi criada.

Perguntei se as crianças de Janet tinham conhecimento dos vários envolvimentos sexuais. Trish disse que eles não tinham conhecimento. Janet e seu marido preferiram conservar as coisas deste modo. As crianças estão acostumadas com o fato de que seus pais levam vidas separadas, estão freqüentemente fora e se habituaram a "ver inúmeros contatos físicos" entre os vários membros do grupo. Como os filhos são adolescentes, fico pensando se de fato eles não percebem. Tanto Fred como Trish achavam que eles provavelmente sabiam dos envolvimentos sexuais dos pais e que os aceitariam se isso fosse discutido. "Eles sabem que não há perigo de que seus pais se separem" e isto significa segurança para eles. "Não é segredo o fato de que Janet vem à nossa casa, ou que Fred e Janet fazem excursões a pé juntos."

Eis o relato que Fred fez de um desastre em sua vida:

FRED: Vou contar alguma coisa dos períodos inseguros e penosos. No ano passado, todos nós passamos por um evento traumático. Vejo agora como eu próprio provoquei esta crise emocional. Embora seja condescendente e livre com os outros, sou terrivelmente exigente comigo mesmo. Na pós-graduação, sempre tinha que ser o melhor e o mais rápido e, desse modo, estabeleci prazos fatais para mim mesmo. De certa forma, associei meu senso de bem-estar pessoal à consecução desses objetivos externos e ficava deprimido quando as coisas não ocorriam de acordo com meus planos. No último verão, fiz o primeiro exame para o doutoramento sob grande tensão emocional. Meus pais estavam se separando, minha avó estava desenganada, Chip perdeu o emprego, meu animal de estimação morreu. Para tornar as coisas piores, meu exame foi antecipado e tive apenas cinco dias para prepará-lo.

Fui aprovado. Entretanto, emocionalmente sentia como se estivesse incompleto, como se eu tivesse manipulado a comissão examinadora para aprovar-me. Sentia-me cheio de culpa. Pensava nos meus quatro anos de pesquisa e eles me pareciam inúteis. Como poderia terminar minha tese, neste estado? Passei então a ficar deprimido, com medo de que pudesse obter o título que desejava, mas não emprego. O mundo estava bastante sombrio também e isto me afligia ainda mais. Tudo que me rodeava parecia deprimente. Quatro semanas depois, minha avó faleceu. Trish e eu fomos ao funeral e ficamos na casa de meus pais. Tentei, de certo modo, ocultar minha depressão desesperadora. De volta à nossa casa, recebi a notícia de que devia apresentar minha pesquisa em um encontro nacional. Seguiram-se o pânico e a paralisia emocional.

Estava passando por uma aguda depressão. Nunca em minha vida tinha me sentido como então. Estava totalmente incapacitado para agir física ou emocionalmente. A única saída parecia ser a morte. Esperei até que Trish saísse por vinte e quatro horas. Aí tomei uma quantidade excessiva de duas drogas.

Como sobrevivi, eu não sei, mas alguma coisa conservou meu coração batendo e minha respiração funcionando durante as vinte e quatro horas. Trish e Chip encontraram-me e levaram-me para o hospital. Os médicos não puderam me reanimar e permaneci inconsciente em uma unidade de terapia intensiva durante sete dias. Trish estava comigo quando, oito dias após eu haver ingerido as drogas, recobrei a consciência. Lentamente, comecei a recuperar-me, até que um mês depois os testes mostraram que, felizmente, não havia nenhum dano físico ou mental.

Muitos de nossos amigos, ao ouvir falar de minha tentativa de suicídio, pensaram naturalmente que o motivo fosse nosso relacionamento pouco convencional. Posso afirmar que absolutamente não foi esse o motivo. Pelo contrário, foi o constante apoio de Trish, de Janet e de Chip que me mantiveram vivo, apesar da pressão auto-imposta, sob a qual eu vivia. Trish, Chip e Janet foram os primeiros que eu quis ver quando recobrei a consciência.

Minha percepção alterada, de mim mesmo e do mundo, durante o período de profunda depressão, afetou meus sentimentos quanto ao nosso relacionamento. Tornei-me inseguro, defensivo; sentia-me ameaçado por Chip; sentia-me ameaçado por Trish, Janet, por meus colegas da universidade e por todos com quem entrava em contato. Percebo agora que minha insegurança temporária sobre nosso relacionamento era, então, simplesmente, um reflexo de minha insegurança total sobre mim mesmo como pessoa.

Eis o bilhete que deixei para Trish quando tentei o suicídio: "Quero só que você saiba que isto é algo que estou fazendo totalmente por mim mesmo. Não tem nada a ver com o estilo de vida que escolhemos. Você sempre foi a melhor companheira/parceira/amiga e continua a ser, mesmo neste momento. Não permita que as tensões da sociedade e dos amigos ou dos pais, que não compreendem como foram grandes as coisas que conseguimos através de nosso relacionamento, abatam você – fique firme.

"Propor-se a ser uma pessoa bem sucedida ou que todos considerem como sempre coerente é uma proposição perigosa. Você começa a acreditar que é capaz de qualquer coisa. A queda é muito difícil.

"Meu maior receio é magoar os que me cercam. Não quero que pensem que eles, por alguma coisa que tenham feito, tenham contribuído para o que aconteceu comigo.

"Certamente, minha maior preocupação é com você, Trish. Com você tenho conseguido ou compartilhado os melhores momentos. Você me viu nos meus melhores dias. Quero que se recorde de nós desta maneira.

"Eu a amo. Continue a amar seus amigos, especialmente Chip. Por favor, reafirme a meus amigos, sobretudo a Janet, que eles não contribuíram para meu estado."

Foi um horrível interlúdio em minha vida, mas que também trouxe efeitos positivos. Senti-me muito melhor em relação a mim mesmo como uma pessoa total – com mais empatia pelos outros que estavam em situação angustiosa. A percepção que tive de minha pesquisa estava distorcida durante minha depressão. Em um recente encontro nacional, o trabalho teve uma recepção positiva e estimuladora. O trauma pelo qual todos nós passamos teve para mim o efeito de consolidar-me com referência a três pessoas de meu relacionamento. Sinto-me mais próximo delas agora do que nunca.

CARL: A primeira de minhas muitas questões sobre este episódio quase fatal referia-se às expectativas fantasticamente elevadas de Fred em relação a ele mesmo. Elas não eram resultantes de sua família, que não havia nem mesmo insistido para que ele freqüentasse a faculdade. Em sete anos de universidade e pós-graduação, a atmosfera de competição com os colegas bem como o reconhecimento das exigências e expectativas sociais e profissionais formaram a pressão. "Coisas sutis fizeram com que focalizasse minha atenção neste objetivo *muito* elevado. Quando as coisas dão certo, não há outro jeito senão subir. Mas, quando fui derrubado do pedestal, foi arrasador."

Por que ele não deixou Trish conhecer a profundidade de sua depressão? Já que a comunicação era tão aberta entre eles, por que ocultou seus sentimentos profundamente perturbados? Fred disse: "Senti culpa por estar deprimido. Parte de mim sabia que isto era ridículo. Senti que tinha que superá-lo por mim mesmo. Durante a semana que pensei no suicídio, estava com vergonha de falar nisso. Parecia incrível. Era como se alguma outra pessoa estivesse sentindo isso. Sim, para mim é muito difícil pedir ajuda." Trish acrescentou: "Como sempre! Ele não toma nem aspirina quando tem dor de cabeça. Acha que ela tem que sumir por si só."

Fred continuou: "Eu tinha de fato medo de ser internado num hospital psiquiátrico. Estava temeroso de que, se contasse o que estava sentindo, eles me trancassem em algum lugar." Trish diz: "Eu sabia que ele estava deprimido. Não consegui levá-lo para consultar um psiquiatra. Mas foi um choque para mim. Sou enfermeira e não percebi todos os sintomas clássicos. Acho que ele não falou porque tinha medo de que o levassem e o trancassem para sempre." Fred acrescenta: "Odiei esta parte de mim. Foi horrível. Não queria que ela viesse à tona."

Fred teve que desistir de sua primeira tese e está agora escrevendo uma outra que não irá abalar o mundo. "Destruí minhas ilusões e aceitei-me como uma pessoa que pode falhar. Trish, Janet e meus outros amigos ajudaram-me muito."

Eis a percepção que Trish tinha de seu relacionamento e dessa crise:

TRISH: Eu não posso dizer o que o futuro trará, passei por tantas mudanças no ano passado – do êxtase ao terror – que agora tento aceitar cada dia, como ele vem. Mas sinto-me muito bem quanto ao meu atual estilo de vida. Não posso me imaginar vivendo uma existência fechada, possessiva e ciumenta. Tenho a liberdade de ser eu; de explorar as muitas facetas de minha personalidade, com muitas pessoas, sem medo de "ser apanhada em erro" ou criticada.

Agora estou vendo uma mudança entre casais em que a esposa voltou à escola ou está envolvida em outras atividades fora do relacionamento. A impressão geral é de que o marido concedeu esses "privilégios" à esposa. Fred e eu não falamos de privilégios. Pelo contrário, encorajamo-nos mutuamente a explorar novas idéias, atividades ou sentimentos; não apenas entre nós, mas também com os outros.

Os últimos três anos e meio têm sido de crescimento e de mudança para mim. Aprendi muitíssimo sobre mim mesma, conheci muitas pessoas e me diverti imensamente. Não acho que poderia ter tido essas experiências num outro relacionamento que fosse menos aberto.

Como explicar-lhe onde me encontro exatamente agora? É muito difícil para mim. Amo dois homens. Interesso-me muito por eles. Estou casada com um – Fred – e estamos juntos há muitos anos. Chip e eu desenvolvemos também um relacionamento muito íntimo. Sorte minha, os dois me amam também!

Fred e eu suportamos forte tensão no ano passado. Ainda estou sentindo os efeitos. Continuamos ainda amigos e nos comunicamos de modo livre e franco. Mas, em conseqüência da depressão e da tentativa de suicídio, há aproximadamente um ano, e do descontrole nervoso de poucos meses atrás, estou com receio do que o futuro nos reserva. Tento viver cada dia como ele se apresenta, mas é duro. Apesar disso, as coisas melhoram dia a dia. Fred tem me dado apoio e não me obriga a agir de um modo determinado. A princípio eu queria fugir; estava assustada. Mas percebi que eu não queria desistir tão facilmente. Fred e eu nos esforçamos muito para que nosso relacionamento funcionasse; há amor demais entre nós para fugir quando as coisas vão mal. Estou muito otimista a respeito de nosso futuro.

Agora, a respeito de Chip. Quanto mais o conheço, mais importante ele se torna para mim. Ele é gentil, amoroso, atencioso – e realista, enquanto eu sou totalmente idealista. De certo modo, um equilibra o outro. Eu o incentivo a ser menos cético e ele me encoraja a ser mais realista em relação ao mundo que me rodeia.

Quando Fred esteve doente, Chip me proporcionou apoio e amor. Não creio que pudesse ter passado por esta provação, sem ele. Afora todo o amor que existe entre nós, aprendi muito com ele. Ele compartilha comigo seu passado assim como sua vida presente; tanto os bons como os maus momentos.

Nossa atual situação é exatamente como Fred descreveu. Cada um de nós tem um relacionamento, além do nosso próprio. Sou diferente de Fred apenas porque sinto que tenho dois relacionamentos principais: um com Fred e um com Chip. Os dois são importantes para mim. A coisa mais surpreendente é que todos os três se interessam muito um pelo outro. Há três anos eu não teria acreditado que isto fosse possível, e, no entanto, cá estamos nós – sou tão feliz. No Dia de Ação de Graças do ano passado, Janet e Joe, seu marido, convidaram Fred e eu para jantarmos em sua casa. Foi um dia agradável e animado; reinava felicidade entre todos nós – incluindo os filhos de Janet e Joe – foi um dia simplesmente maravilhoso. Fico feliz por estar viva e saber que as pessoas podem sentir esta felicidade, relacionando-se livremente sem ciúme e sentimento de posse.

CARL: A menção que Trish fez de um "descontrole nervoso" surpreendeu-me. Posteriormente, eles explicaram que Fred havia sido medicado com lítio após sua tentativa de suicídio. A dosagem tinha que ser cuidadosamente administrada sob orientação médica. As coisas foram tão bem que ele deixou de tomar o remédio. Então, vários meses após a crise, ele viajou para Chicago a fim de fazer uma conferência sobre sua pesquisa. Levado pela excitação do encontro, não pôde dormir, teve um descontrole nervoso, delírios e finalmente foi internado no hospital. Trish encontrou-o "tão superexcitado que ele teve que ser drogado para embarcar no avião".

Trish fala do "trauma real" da tentativa de suicídio e dos oito dias de inconsciência. "Nada mais me interessou durante duas semanas." Quanto à sua reação: "Imediatamente, senti-me culpada. O que eu tinha feito? Ou deixado de fazer? Agora percebo que fiz exatamente o melhor. Mas há pontos dolorosos como este. Janet surpreendeu-se também, indagando-se sobre o que tinha deixado de fazer. Os pais de Fred sentiram-se culpados. O que lhe fizemos quando era pequeno?" Fred acrescenta: "Muitas pessoas pensaram que nosso estilo de vida fosse a causa de tudo. Eu não pensava assim."

Trish falou de outra razão pela qual ela estava vulnerável a sentimentos de culpa, nessa ocasião. "Eu estava realmente me sentindo envolvida com Chip. Em tais ocasiões você passa muito tempo junto, procurando conhecer um ao outro – seus sentimentos e reações, seu passado e presente. Estávamos exatamente nessa fase. Por isso, é lógico, eu me perguntei se *isso* tinha algo a ver com a tentativa de suicídio de Fred. É horrível chegar em casa e encontrar o marido estatelado no tapete."

O descontrole nervoso foi um outro choque para Trish. "Devo ser honesta. Vou ficar 'de olho'. Não percebi os sintomas *duas vezes*. Assim, telefono-lhe para perguntar, 'Como vai você? O que está fazendo?' E aí tenho a certeza de que ele está tomando os remédios. Vai levar muito tempo até eu superar isso." Fred diz: "Percebo onde ela está. Não faço objeção a que me telefone para saber como estou." Estava claro que Trish havia ficado profundamente abalada por estas experiências e que Fred reconhece os temores dela como naturais. Ambos acham que foi um passo muito positivo para Fred perceber, em Chicago, que *estava* doente e dirigir-se a um hospital, à procura de ajuda. Ainda assim, o medo de Trish persiste e ela se encontra pensando nele como um paciente, ao mesmo tempo que se relaciona com ele como marido. Ela não gosta de se sentir assim, mas não consegue mudar.

Quando recebi a primeira carta de Fred, há três anos, parecia claro que Trish estava envolvida em relacionamentos extraconjugais porque Fred queria que ambos o fizessem. Perguntava-me se ela estaria agora realmente envolvida como uma pessoa, por sua própria iniciativa, nesse estilo de vida. Tanto sua carta como a entrevista não me deixaram em dúvida quanto a este ponto. Embora ela tivesse tido suas primeiras experiências por causa de Fred, ela agora gosta e encontra apoio nesses relacionamentos; e está feliz por terem esta abertura em seu casamento. Era também minha impressão de que, até o ano passado, seus amores extraconjugais tinham, para ela, aprofundado e enriquecido o casamento. Agora, com a tentativa de suicídio de Fred e seu amor cada vez mais íntimo e profundo por Chip, seu relacionamento com Fred pareceu-me ter mudado perceptivelmente, embora sua dedicação pelo marido também seja evidente.

FRED: Gostaria de compartilhar alguns de meus próprios sentimentos pessoais referentes a Trish e a seu relacionamento comigo. Conheço-a intimamente há quase dez anos.

Como a principal pessoa que amei durante estes anos, tenho visto as belas e notáveis mudanças que nela ocorreram. Nesta ocasião sinto que ela tem crescido com firmeza em relação a uma expressão mais completa de sua própria e única personalidade. A cada dia ela está mostrando mais qualidades da pessoa que é em potencial. É uma pessoa admirável; forte, sensível, capaz, engraçada, potente, segura, poderosa, amorosa, dedicada, muito confiante e autônoma. E, ainda mais, relaciona-se e envolve-se com as pessoas que ama de um modo muito dedicado e atencioso. Embora muitas dessas qualidades estivessem sempre dentro dela, senti que algumas estavam latentes e não eram expressas quando nos conhecemos. Acredito que o ambiente aberto, facilitador, de nosso companheirismo contribuiu para que ela crescesse e se tornasse a pessoa que é agora.

Um outro elemento-chave tem sido a nossa adesão à comunicação total. Sentimos que devemos ser capazes de compartilhar os sentimentos mais íntimos, dolorosos ou inseguros, tão livremente quanto podemos expressar os sentimentos de ternura, amor e alegria. Como aprendemos a agir desse modo, fomos capazes de comunicar o crescimento e desenvolvimento vivenciado por nós, separadamente, à experiência de nosso relacionamento mútuo. Nesse sentido, percebo que havíamos minimizado a possibilidade de, em nosso companheirismo, um de nós desenvolver-se mais do que o outro.

CARL: O amor dedicado de Fred por Trish tem sido evidente em tudo que ele escreveu sobre eles e ficou claro na entrevista. Quando ele se refere a "nossa adesão à comunicação total", está, obviamente, esquecendo sua falha em contar-lhe os sentimentos de depressão que teve. Quando consegui saber mais deles sobre este assunto, ficou claro para mim que sua adesão à comunicação total era considerada como relativa a tudo que se referisse a seu próprio relacionamento, ou a seus relacionamentos com outras pessoas. Decerto Fred não sentiu que a comunicação de seus sentimentos particulares mais profundos era bem mais relevante para seu companheirismo do que a comunicação sobre uma nova ligação que pudesse estabelecer.

Outro ponto ressaltado pela entrevista foi a dedicação total de Fred a seu trabalho. Era-lhe habitual passar várias noites por semana no laboratório – além dos dias – trabalhando em sua pesquisa, até uma ou duas horas da manhã. Ele parecia quase tão casado com sua pesquisa quanto com Trish ou Janet. Trish recapitulou isso sucintamente em uma afirmação que esclareceu não só o relacionamento dela com Fred, mas também com Janet. "Ele está trabalhando tanto que eu e Janet começamos a fazer objeção a esses serões." Chip freqüentemente aparece quando Fred fica trabalhando até tarde, o que tem aliviado a solidão dela. Tanto Trish como Janet aguardam ansiosamente o momento em que Fred termine seu doutoramento e possa ter uma vida normal.

O amor de Trish por Fred está bem claro. Contudo, ela afirma que, para ela, há *dois* amores principais, Fred e Chip. Ela também torna evidente, em sua afirmação, que seu amor está quase sempre confuso, com medo e ansiedade quanto aos processos psicológicos de Fred.

Fred e Trish não estão em busca de aventuras e nunca acham que *devem* se envolver em um encontro sexual. "Relações sexuais com outras pessoas desenvolvem-se a partir de nosso natural sentimento de amor, interesse e envolvimento. Valorizamos as relações extraconjugais quando elas se desenvolvem naturalmente com pessoas integradas, totais, cujos sentimentos físicos são dispostos em um espectro contínuo, desde o mais simples contato até o ato sexual. O crescimento que nos encorajamos a experimentar tem sido continuamente inspirado em nosso relacionamento, mantendo-o forte e vivo – antes um processo do que uma entidade fixa."

Esta descrição idealista surgiu na entrevista. Trish disse: "As pessoas me perguntam: 'Você recomenda isso para todo o mundo?', e eu respondo: 'Certamente, não!'" Nem sempre tem sido fácil, mas eles gostam.

Perguntei: "Se você pudesse começar um programa de educação familiar ou conjugal para estudantes do colegial ou da faculdade, o que você gostaria de sublinhar? Fred disse que gostaria de expô-los a muitos estilos de vida. Também gostaria de fazê-los reconhecer que muitas coisas que aceitamos simplesmente não são verdadeiras – por exemplo, que ter ciúmes da companheira é prova de amor; ou que, se a esposa não pode satisfazer todas as nossas necessidades, há algo errado com nosso casamento."

Trish disse: "Gostaria que eles sempre tivessem uma mente aberta. Quando estava no colegial, havia sempre um único modo de sentir determinada coisa. Gostaria que observassem diferentes casais e vissem como estão se saindo."

Descreveram a incerteza que sentiram nos primeiros anos. "Estamos agindo corretamente?", "A monogamia é melhor?", "Sabemos o que estamos fazendo, assumindo estes riscos?" Eles sentiram que estavam sobre uma base inexplorada, "mas agora achamos que escolhemos o nosso caminho".

A vida deles estreitou-se, no que se refere ao número de relações extraconjugais, desde que me escreveram pela primeira vez. Fred e Trish passaram a compreender que profundidade e envolvimento era o que desejavam em um relacionamento; e essas qualidades só podem ser conseguidas em um número reduzido de situações. Trish disse: "Tenho agora dois relacionamentos profundos e é tudo o que posso controlar."

Pensei que eles pudessem falar sobre a possibilidade de uma família, mas, como não o fizeram, disse: "E a respeito de filhos?" Suas respostas revelaram questões novas no seu estilo de vida. Fred disse: "Não temos ainda certeza." Trish explicou: "No começo, estávamos certos de que não queríamos filhos – com Fred estudando e eu trabalhando. Estávamos perfeitamente felizes do jeito que estávamos. Egoístas, talvez, mas simplesmente não estávamos dispostos a abrir mão assim do nosso tempo. Mas agora estou começando a ter coisinhas me puxando, dizendo que sim, que ter filhos seria bom." Fred comentou que gostaria de ter filhos e ver uma criança, uma pessoa, desenvolver-se e crescer. Os dois sabem bem que crianças constituem um compromisso a longuíssimo prazo, e estão espantados com os jovens que pensam que uma criança causará mudanças em suas vidas durante uns poucos anos...

Mas eles têm problemas especiais. Trish disse: "Tenho dois relacionamentos permanentes, e um filho teria dois pais. Eu teria que pensar no caso."

Comentaram então sobre o problema que um filho poderia criar com os pais deles, visto que o estilo de vida de Fred e Trish dificilmente poderia ser escondido na presença dos avós. "Teríamos que levar em conta nossos pais. A mãe de Fred provavelmente sabe como vivemos, embora não tenhamos discutido abertamente nosso estilo de vida com ela." "Mas", disse Trish, "meus pais não têm a mínima idéia de nosso modo de vida." Ela vem de um lar muito religioso e severo. "Não estou disposta a abandonar meu estilo de vida por causa deles, mas seria difícil mantê-lo."

Fizeram tentativas no sentido de contar aos outros como eram seus relacionamentos. "A maioria de nossos amigos já sabia de nossos envolvimentos. Recentemente, levamos Chip a uma grande festa realizada pela irmã de Fred, e ele foi aceito e apreciado por ela e seus filhos. Será preciso ir levando aos poucos, por etapas. Mas já é um começo."

Solicitei comentários de vários colegas sobre a experiência de Fred e Trish. Eis o que disse Maureen Miller, autoridade em sexualidade humana e nos novos aspectos do casamento:

MAUREEN: Estou contente porque você escolheu para incluir em seu livro material relativo ao ciúme. Em minha própria vida, em meu ensino e no aconselhamento, não há nenhuma outra questão em que se possa vivenciar tão dramaticamente o poder interpessoal. Parece-me que há mais abuso e mutilação interpessoais causados pelo fato de se evitar ou de se ter ciúmes do que causados por quase todos os outros sentimentos que se tem um pelo outro.

Devido a isso e às minhas próprias lutas ao viver uma vida de casada que não é sexualmente exclusiva, estou muito feliz porque você me deu esta oportunidade para tecer comentários sobre a história de Fred e Trish.

Reagi, à leitura do relato, tanto no nível do "palpite" quanto no nível analítico. Nos últimos anos, tenho descoberto que, quase sempre, minha intuição e meu intelecto têm percepções semelhantes, de modo que lhe darei minhas reações como uma mistura de "palpite" e análise.

Minha reação maior ao ler as descrições feitas por Fred e Trish foi idêntica à sua primeira reação: "É bom demais para ser verdade." Isto foi seguido por um sentimento de autocrítica porque eu própria sinto ciúmes.

Fiquei desapontada com minha reação porque acredito que os companheirismos não-monogâmicos, satisfatórios para os que neles estão envolvidos, são possíveis, mesmo em uma cultura que ressalta a monogamia como "norma". Fred diz que o ciúme e o sentimento de posse não são inatos. Estou inclinada, devido à experiência pessoal e profissional, a concordar. Entretanto, não posso concordar com a asserção feita por Fred de que esses sentimentos constituem prova de alguma dificuldade interpessoal, como falta de autoconfiança. Na realidade, pouco sabemos sobre quais sentimentos e comportamentos são parte de nossa herança biológica e quais são aprendidos desde o útero até o túmulo, na interação com o ambiente, em nossa batalha pela sobrevivência.

Acho que é freqüente haver relutância em aceitar a possibilidade de que o ciúme possa ser uma resposta apropriada a algumas situações interpessoais e de que, em dadas situações, esse sentimento, aprendido ou inato, possa ter grande valor de sobrevivência do ponto de vista biológico, psicológico e cultural.

Sou atraída, cada vez que releio o material, para a história da tentativa de suicídio de Fred. Isso me persegue quando tento compreender meus sentimentos sobre esse casal e suas vidas. O mais perturbador é que no meio de uma descrição de satisfações conjugais e não-conjugais, em que tudo é descrito em termos de "crescimento", "riqueza", "alegria", "saudável", "comprovação", "intimidade" etc., repentinamente acontece o desastre. Desastre tão grave que Fred considerou sua vida não mais digna de ser vivida. Quero crer em seu bilhete suicida, que isenta de culpa todos, bem como seu relacionamento, mas não posso.

Em todas as descrições das vidas dos participantes dá-se muita ênfase aos elementos esclarecedores da experiência humana. Dá-se ênfase às características que rotulamos como virtuosas. Do que estou certa, no entanto, é de que, em cada um de nós, além dos anjos da fé, esperança, caridade, sabedoria e amor estão também os anjos da dúvida, desespero, necessidade, paixão e ódio. Creio que os anjos mais sombrios fazem parte de nós todos. Não vejo nenhuma menção destas características nas descrições dessas pessoas. Elas aparecem como se fossem santos pré-rafaelitas!

Em geral, nas "boas" famílias, um indivíduo torna-se o barômetro desses elementos mais sombrios e não reconhecidos. O sistema exige uma absorção desta energia, se é que a família deve continuar funcionando neste pólo de "luz" de interação humana. Fred não diz quais eram seus demônios, embora faça alusões a impulsos e sentimentos inaceitáveis. Acho provável que ele estivesse tomando consciência do seu lado sombrio. Em um ambiente em que ciúme, ganância, espírito de competição e cólera são sinônimos de imperfeição, Fred não tem escolha senão rotular-se como inaceitável. Sua cultura o exige! Em razão de seus sentimentos não parecerem ser vivenciados por todas as outras pessoas de seu ambiente, ele se incrimina a si mesmo. Minhas conclusões sobre o profundo valor dos sentimentos positivos e a negação de outros provém da incapacidade de Fred em compartilhar algo do que o atormenta com as pessoas com as quais ele tem uma "comunicação honesta e franca". Vejo Fred como "remoedor de mágoas", a pessoa que, diante das dificuldades, convence a todos de que tudo está bem e assim poupa-lhes ansiedade, medo e mágoas, enquanto ele, ao mesmo tempo, bem lá no fundo, sente todos os sofrimentos coletivos do sistema. "Remoedores de mágoas" geralmente têm uma consciência de si como se fossem mais fortes que os outros, só que se arrebentam quando eles próprios têm que enfrentar problemas sozinhos e estoicamente.

Assim, Fred acredita que seu suicídio nada teve a ver com sua situação interpessoal. Tenho que concordar que é ele, sem dúvida, quem sabe mais sobre o assunto; porém, isso admitido, minhas dúvidas permanecem. As emoções omitidas nessas descrições são as de cólera, medo, rivalidade, luxúria, carência. Todas essas emoções têm enorme valor para a sobrevivência. Não permitir-se a si mesmo ou aos outros direito de sentir e expressar essas emoções é como prender a pessoa em uma "camisa-de-força" emocional. Quando se permite que essas emoções façam parte válida e legítima da interação, as dificuldades podem ser tratadas de modo mais flexível e mais humano do que quando elas são suprimidas. É meu palpite que, se Fred tivesse estado mais cedo em contato com suas energias mais sombrias e tivesse podido vê-las confrontadas e aceitas pelos outros elementos de sua família ampliada, ele nunca teria tentado pôr fim à vida, ou padecido as agonias mentais que descreve.

Devo salientar que não acredito que tenha sido a natureza não-monogâmica do sistema a criadora da tensão. Sei, por minha própria vida, que um casamento não-exclusivo pode constituir um modo satisfatório de vida. Seria fácil para as pessoas que valorizam a monogamia acima de qualquer outra forma de companheirismo servir-se de meus argumentos para reforçar suas convicções de que este tipo de casamento aberto resulta inevitavelmente em desastre. Isto seria lamentável porque *eu* de fato não penso assim. Se minha interpretação do desequilíbrio para o lado da "luminosidade" é válida, então, a mesma tensão poderia ocorrer, e realmente ocorre, em relacionamentos completamente exclusivos.

Isto me faz retornar ao ciúme e à política interpessoal. Atualmente, é comum ignorar o ciúme, assim como já foi costume ignorar a raiva e os sentimentos sexuais. Quer seja aprendido ou inato, o ciúme é sentido profundamente. Minha própria experiência ensina-me que, para muitas pessoas, juntamente com o intenso sofrimento do ciúme, vem a vergonha de experimentar tal sentimento. É o que acontecia comigo. Em vez de vivenciar e assumir meu ciúme, tentava encontrar outras racionalizações para meu sofrimento, buscando achar um modo para entender meus sentimentos. Talvez eu nem ache que meu ciúme possa ser entendido; ele provém de uma zona bem mais profunda do que aquela que o entendimento atinge. Na realidade, o ciúme tem sentido próprio e minha mente pouco o entende.

Embora o sinta profundamente, acho que não devo ficar incapacitada por ele. Meu marido e eu achamos que os nossos sentimentos de ciúmes são importantes. Preocupamo-nos bastante um com o outro para nos determos em qualquer sofrimento que o outro esteja tendo. Paramos para confirmar os sentimentos do outro, para dispensar todo o cuidado e segurança necessários ao outro; então, decidimos se desejamos continuar fazendo aquilo que provocou o ciúme. Não tentamos assegurar que os sentimentos de ciúme nunca aflorem à superfície; não nos sentimos obrigados a nos render a eles quando aparecem. Entretanto, o que sentimos é que a experiência do outro é incondicionalmente válida. Damos um ao outro o direito de sentir nossos próprios sentimentos. Preocupamo-nos com eles, embora não estejamos dispostos a responder como se fosse sempre culpa nossa.

Descobrimos neste processo que há momentos nos quais o ciúme é um indicador importante de que há algo errado em nosso relacionamento. Apesar de sermos bem chegados, há ainda ocasiões em que é mais fácil estabelecer um relacionamento com outra pessoa do que discutirmos os problemas entre nós. Nessas ocasiões, aquele que está sendo evitado, sente ciúmes. Temos medo de ser abandonados porque estamos sendo abandonados. Neste tipo de situação é apenas explorando o ciúme e suas dimensões que podemos descobrir e enfrentar o abandono. De acordo com minha experiência, o ciúme nem sempre é o demônio destrutivo que Fred e Trish pensam que é. O que tem sido mais que demônio em minha vida tem sido o ciúme *não-reconhecido*, dissimulado sob a forma de repressões sofisticadas do outro ou de mim mesma.

Admiro Fred, Trish, Janet e Chip por sua coragem. Eles estão enfrentando uma poderosíssima mitologia que existe em torno do casamento e do que é permitido. Considero coragem e abertura deles como uma inspiração, especialmente quando leio que seus próprios pais estão entrincheirados com tanta força em um sistema de valores diferente. Entretanto, tenho minhas reservas. Não somente concordo em que a história deles não pode ser um modelo para outros, como também pergunto-me se o ano que passou pode servir-lhes de modelo para o ano que vem.

Qualquer novo relacionamento que tenha importância sempre traz consigo a possibilidade de, um dia, suplantar o atual. Trish reconhece que tem dois relacionamentos principais e que não desejaria ter que escolher entre Fred e Chip. A possibilidade de ser abandonado está sempre no ar, por mais improvável que possa parecer a princípio. Pergunto-me quais são as conseqüências tanto para mim, quanto para Trish, Fred e Chip. Quão profunda pode ser a intimidade neste estado de ambigüidade? Há liberdade e poder na não-exclusividade; será que há outra liberdade e poder na fidelidade?

Não tenho uma resposta, Carl, mas estou fazendo a pergunta.

Senti, ao escrever, que toda a questão do companheirismo, casamento, amor, sexo, ciúme e engajamento é um assunto muito importante, neste momento, em nossa cultura. Sinto que este material leva o assunto para um novo e importante contexto. Tem dado origem a muita reflexão e discussão para mim e para meus amigos mais próximos. Imagino que terá o mesmo efeito em muitos outros lugares!

CARL: Não posso chegar a nenhuma conclusão definitiva a partir da história de Fred e Trish, mas há inúmeras questões provocantes. Um casamento com vários relacionamentos satélites, aprofundando-se gradualmente em significado, pode continuar existindo durante anos sem que nenhum dos parceiros tenha mais do que uma pontada de ciúme. O ciúme, nesse caso, pode não ser uma reação instintiva – não será uma determinação biológica que faz um homem querer matar o amante de sua esposa, ou faz a esposa sentir ciúmes amargos de uma ligação de seu marido com outra mulher. A gente talvez aprenda a ser ciumento e em nossa cultura esta é uma lição socialmente aprovada. Alguém também pode aprender a não ser ciumento, como parece ter sido o caso de Trish.

A Antropologia Social não é de grande ajuda, no caso. Em muitas culturas, a possessividade é extrema; na maioria das vezes, por parte do homem; porém, com freqüência também, por parte da mulher. Há também várias culturas – a dos primitivos havaianos, por exemplo – em que não é freqüente existir ciúme e a liberdade sexual é muito mais aceita.

A Biologia também não pode decidir o assunto. Há espécies de animais e de pássaros em que a monogamia e a fidelidade constituem a norma. Há outras espécies ainda mais possessivas. Há algumas em que o ciúme é desconhecido. As focas são lembradas como um exemplo desconcertante. O macho da foca se esgota literalmente, durante a estação de acasalamento, disposto a lutar até a morte para afastar machos intrusos de seu harém. Ao contrário, as fêmeas não têm ciúmes uma da outra e são bastante receptivas às abordagens de um outro macho – se o macho não estiver atento.

Desse modo, embora a questão geral permaneça em aberto, uma coisa está clara na história de Fred e Trish. É possível amar mais de uma pessoa ao mesmo tempo, inclusive com amor sexual, sem despertar visíveis ciúmes ou comportamentos possessivos. Trish não só não tem ciúmes de Janet, como as duas são amigas íntimas. Fred não só não demonstra ciúmes de Chip, como também são amigos íntimos.

A política de um casamento pode ser de igualdade, responsabilidades compartilhadas, apoio mútuo e tomada de decisão em conjunto, como Trish demonstra de modo comovedor ao dizer que ela e Fred não se concedem, um ao outro, o "privilégio" da liberdade, mas que, de fato, estimulam-no. Isto não é a irresponsabilidade do "Farei o que me compete; você faça a sua parte". É no contexto de um relacionamento igual que eles avançam para explorar e devolvem depois ao relacionamento uma pessoa enriquecida. Isto os tem ajudado a construir suas forças independentes.

A política de igualdade, tendo como principal valor o que se refere à pessoa, estende-se ao domínio sexual. Autodeterminação sexual é mantida com sucesso apenas porque a comunicação é bastante aberta. Com comunicação confiante não há, como diz Trish, nenhum medo de "ser apanhada em erro ou criticada".

Isto apresenta riscos como qualquer modo de vida inovador. Trish perde seu primeiro amante para outra mulher e fica profundamente ferida. Fred passou pela dolorosa experiência da doença de Janet. Ambos verificaram a complexidade e o dispêndio de tempo que a manutenção de mais de um relacionamento profundo requer. O maior risco é que Trish agora está envolvida em dois relacionamentos *principais*. Se por acaso ela se sentisse compelida a escolher um deles como o mais importante, qual escolheria? Creio que nenhum de nós, nem ela, pode saber. Felizmente para ela, a questão não surgiu. Há uma certa ambivalência no que declarou sobre seus sentimentos após a tentativa de suicídio de Fred – "Queria dar o fora". Sua dupla ligação apenas ressalta o ponto de vista de Maureen Miller de que "a possibilidade de ser abandonado está sempre no ar, por mais improvável que possa parecer a princípio".

Mesmo em um casamento em que a comunicação é aberta, você pode ter sentimentos tão vergonhosos, que não podem ser compartilhados com seu parceiro. Há limites – freqüentemente limites desconhecidos – para a partilha. O tipo de sentimentos que Fred tinha em relação a seu estado depressivo me é muito familiar. O tema mais comum em terapia é: "Se você de fato me conhecesse, bem como meus horríveis pensamentos e sentimentos, você não poderia me aceitar e confirmaria meu medo de que sou louco e/ou sem salvação." Isto está muito próximo dos receios que impediram Fred de falar de seu desespero. Eis uma tentativa para apresentá-los esquematicamente. "Os sentimentos que surgem em mim são tão errados, tão inacreditáveis, tão vergonhosos que não podem ser uma parte de mim, e eu os odeio e os receio tanto que não posso revelá-los – a qualquer outra pessoa. É preferível a morte."

Quais eram esses sentimentos horríveis? Maureen Miller sugere que possam ter sido raiva, espírito de competição, ciúme não-manifestos, elementos do "lado sombrio" de Fred. Isto é possível em um casamento tão livre – será que é mesmo livre? – dessas emoções. Mas acho que há uma outra possibilidade.

Parece-me provável que o mais profundo horror de Fred fosse o sentimento de que ele era um total impostor. É claro que ele chegou a acreditar que era, profissionalmente, um impostor. Ele não era o "cobra" que julgava ser. Foi por sorte que foi aprovado nos exames. Sua pesquisa era apenas uma tentativa de dar boa aparência a uma realidade má. As pessoas que acreditavam nele estavam sendo logradas e agora ele ia ser desmascarado.

Até que ponto ele se sentiu fraudulento em sua vida pessoal? Há apenas uma referência. Diz ele: "Propor-se ser uma pessoa bem sucedida ou que todos considerem *como sempre coerente* é uma proposição perigosa" (o grifo é meu). Ele, realmente, colocou-se como uma "pessoa coerente" ao tomar a liderança do casamento e ao buscar um estilo de vida não-convencional. Tudo era genial. Não se acha uma ponta de autodúvida em nenhum lugar. Mas, quando toda a configuração interna muda de "Sou uma pessoa notável" para "Sou um impostor", devem ter surgido os sentimentos não expressos de dúvida que sempre estiveram presentes em algum nível. "Talvez eu não seja uma pessoa tão coerente. Talvez eu não seja nada seguro. Provavelmente tenho sido um grande impostor em minha vida pessoal, assim como na vida profissional." Distinções sutis são jogadas fora; por ter sido em tudo positivo, você pode, subitamente, passar a só ver o negativo e, desde que isto nunca tenha sido expresso, o horror se multiplica muitas vezes. Essa é a minha hipótese a respeito de seu mundo interior no período em que passou por depressão profunda. Temendo que alguém pudesse descobrir a impostura, é inteiramente compreensível que se sentisse ameaçado por todos que lhe eram próximos.

Há uma outra perspectiva para a espiral emocional descendente de Fred, que eu e a maioria dos psicólogos humanistas relutamos em admitir. É a possibilidade de que haja um fator químico em sua depressão. Suas reações positivas a uma dosagem correta de lítio ocorreram duas vezes – uma, durante sua depressão, e outra, durante o descontrole nervoso – e forçam-me a considerar esta possibilidade. Não há meios de saber se seus sentimentos depressivos provocaram uma necessidade de lítio, ou se tal necessidade de lítio exagerou esses sentimentos. Mas que foi, de algum modo e até certo ponto, um fator, parece-me uma conclusão razoável, se considerarmos a reação de Fred à medicação. Minha experiência clínica com indivíduos que estão passando por um ciclo maníaco-depressivo – não extensivo – freqüentemente tem me deixado perplexo. Tenho achado essas situações muito difíceis de explicar em termos inteiramente psicológicos. Tenho considerado a possibilidade de que fatores genéticos ou químicos possam exercer uma função real, embora eu não pense do mesmo modo em relação à chamada esquizofrenia ou outras "desordens mentais".

Fred – e todos nós – podemos ficar agradecidos por sua tentativa muito séria de suicídio ter falhado e ter deixado intactos seu corpo e mente. Terá ele aprendido que é sempre melhor partilhar sentimentos horríveis do que ocultá-los e deixá-los supurar? Ele deu um pequeno passo nessa direção, procurando socorro em sua crise. Ele tem progredido ao aceitar-se como uma pessoa imperfeita e como alguém capaz de abrigar sentimentos "inconfessáveis". Sem dúvida, ele poderia beneficiar-se de uma exploração mais completa de seu mundo interior através do relacionamento com um terapeuta que compartilhasse seus pontos de vista centrados-na-pessoa. O teste da adequação de sua autocompreensão fica para o futuro.

Uma coisa que eu reaprendi, a partir do contato com este casal, é o forte desejo subjacente, em cada indivíduo, de profundidade e permanência em qualquer relacionamento íntimo. Eles têm demonstrado, em suas próprias vidas, um desejo que acredito é quase universal – desejo de relacionamento duradouro, em que um possa conhecer o outro como uma pessoa complexa, como um todo, em que o outro possa *ser* conhecido do mesmo modo. Tanto Trish como Fred estão bem conscientes de que isto não ocorre de um dia para o outro, nem com um grande número de pessoas.

Terceira Parte
Em busca de uma fundamentação teórica

11. Uma base política: a tendência à realização

Qualquer visão da política dos relacionamentos humanos precisa apoiar-se basicamente na concepção do organismo humano e no que o faz funcionar – a natureza e a motivação deste organismo. Há anos venho mantendo uma posição cada vez mais definida quanto a esses pontos. Gostaria de expor essas opiniões da maneira mais clara possível, apoiando-me em formulações prévias e considerando as implicações políticas do meu ponto de vista sobre a natureza da motivação humana[1].

Para mim a tendência à realização existente no organismo humano é básica para a motivação. Vou começar por uma experiência pessoal que me causou forte impressão, e dela partir para uma variedade de observações que sustentam meu ponto de vista.

Num fim de semana prolongado, alguns meses atrás, eu estava sobre um promontório de onde se domina uma das acidentadas enseadas que pontilham a costa norte da Califórnia. Várias saliências rochosas situavam-se na entrada da enseada, recebendo toda a violência dos vagalhões do grande Pacífico, quebrando-se de encontro a elas, em montanhas de espuma, antes de esparramarem-se pela praia escarpada. Enquanto olhava as ondas quebrarem-se nas grandes rochas a distância, notei nessas rochas, com surpresa, o que parecia ser pequenas palmeiras, com menos de um metro de altura, recebendo o impacto da arrebentação das ondas. Pelo binóculo vi que estas palmeiras eram um tipo de planta marinha com um "tronco" esguio coroado por uma copa de folhas. Ao se examinar uma delas nos intervalos das ondas, parecia claro que esta planta frágil, ereta e de copa pesada iria ser completamente esmagada e despedaçada pela próxima arrebentação. Quando a onda arrebentava sobre ela, o tronco curvava-se quase horizontalmente e as folhas eram fustigadas de modo ininterrupto pela torrente de água. Entretanto, assim que a onda passava, lá estava a planta novamente, ereta, firme, flexível. Parecia inacreditável que ela fosse capaz de suportar essa violência incessante hora após hora, dia e noite, semana após semana, talvez ano após ano, e durante todo esse tempo alimentando-se, estendendo seu domínio, reproduzindo-se, em resumo, mantendo-se e crescendo nesse processo que, abreviadamente, chamamos crescimento. Aqui, nesta palmeira marinha, estava a tenacidade da vida, o impulso em direção à vida, a habilidade de impor-se num ambiente incrivelmente hostil e não apenas de manter-se, mas de adaptar-se, desenvolver-se, tornar-se ela mesma.

Agora estou perfeitamente consciente de que podemos "explicar" muitos aspectos deste fenômeno. Desse modo, podemos explicar que a planta cresce melhor no topo da rocha que no lado protegido, porque ela é fototrópica. Podemos até tentar algumas explicações bioquímicas do fototropismo. Podemos dizer que a planta cresce onde está, por haver um espaço ecológico a ser preenchido e que se *esta* planta não se houvesse desenvolvido para preencher este espaço, o processo da evolução teria favorecido algum outro organismo que teria desenvolvido gradualmente muitas dessas mesmas características. Estou ciente de que podemos agora começar a explicar por que essa planta assume tal forma, e porque, se danificada por alguma tempestade, reparar-se-á de maneira coerente com a própria forma básica da espécie. Tudo isso acontece devido à molécula de DNA – na medida em que é uma parte de, e interagindo com, uma célula viva – que traz consigo, como uma programação para computador, instruções para cada célula emergente quanto à forma e função que irá assumir, com a finalidade de fazer, do todo, um organismo em funcionamento. Tal conhecimento não *explica* coisa alguma, num sentido fundamental. Entretanto, é muito valioso como parte da contínua diferenciação, da mais exata descrição, do quadro mais preciso de relações funcionais, que nossa curiosidade exige e que nos dá, pelo menos, um respeito mais profundo e uma melhor compreensão das complexidades da vida.

Mas minha intenção ao relatar esta história é chamar a atenção para uma característica mais geral. Quer estejamos falando sobre esta planta marinha, quer sobre um carvalho, sobre um verme da terra ou sobre uma grande mariposa voadora, sobre um macaco ou um homem, será bom reconhecer que a vida não é um processo passivo, mas ativo. Quer o estímulo provenha de dentro ou de fora, quer o ambiente seja favorável ou desfavorável, os comportamentos de um organismo serão dirigidos no sentido de ele manter-se, crescer e reproduzir-se. Esta é a verdadeira natureza do processo ao qual chamamos vida. Falando sobre a totalidade dessas reações internas a um organismo, Bertalanffy diz: "Achamos que todas as partes e os processos são tão ordenados que garantem a manutenção, construção, restabelecimento e reprodução dos sistemas orgânicos."[2] Quando se fala de modo básico do que "motiva" o comportamento dos organismos, é a tendência direcional que é considerada fundamental. Essa tendência é sempre operante, a qualquer momento, em todos os organismos. Na verdade, é somente a presença ou ausência desse processo direcional total que nos torna capazes de distinguir se um dado organismo está vivo ou morto.

Não sou o único a ver tal tendência à realização como a resposta fundamental à questão do que faz um organismo funcionar. Goldstein[3], Maslow[4], Angyal[5], e outros defenderam pontos de vista similares e influenciaram meu próprio pensamento. Mostrei que esta tendência supõe um desenvolvimento no sentido da diferenciação dos órgãos e funções; envolve aumento por reprodução; significa uma tendência para a auto-regulação e fora do controle exercido por forças externas.

Aqui, então, no cerne do mistério do que faz organismos "funcionarem", está a pedra fundamental do nosso pensamento político. O organismo é autocontrolado. Em seu estado normal move-se em direção ao desenvolvimento próprio e à independência de controles externos.

Mas será este ponto de vista baseado em outra evidência? Vejamos alguns dos trabalhos de biologia que apóiam o conceito da tendência à realização. Um exemplo, repetido com espécies diferentes, é o trabalho de Driesch, realizado com ouriços-do-mar, muitos anos atrás. Driesch aprendeu a separar as duas células que são formadas após a primeira divisão do ovo fertilizado. Se seu desenvolvimento tivesse se processado de modo normal, é claro que cada uma das duas células teria crescido até se tornar parte de uma larva de ouriço-do-mar, sendo necessárias as contribuições de ambas para a formação de um ser completo. Do mesmo modo, parece igualmente óbvio que, ao serem as duas células cuidadosamente separadas, cada uma, se crescer, tornar-se-á simplesmente uma parte de um ouriço-do-mar. Mas isto é não levar em consideração a tendência direcional e de realização, características de todo o crescimento orgânico. Verificou-se que cada célula, se puder ser mantida viva, tornar-se-á uma larva completa de ouriço-do-mar – um pouco menor que a comum, mas normal e completa.

Escolhi este exemplo porque parece bem análogo à minha experiência no trabalho com indivíduos num relacionamento terapêutico, à minha experiência em facilitar grupos intensivos e à minha experiência em proporcionar "liberdade para aprender" aos estudantes durante as aulas. Nessas situações, o fato mais impressionante sobre o ser humano individual parece ser a tendência direcional em direção da integridade, da realização das potencialidades. Não achei psicoterapia nem experiência de grupo eficiente quando tentei criar num indivíduo algo que nele não existia; mas descobri que, se puder propiciar as condições necessárias ao crescimento, essa tendência direcional positiva produzirá então resultados construtivos. O cientista diante do ovo de ouriço-do-mar dividido encontra-se na mesma situação. Ele não pode forçar a célula a desenvolver-se deste ou daquele modo, ele não pode (pelo menos até agora) moldar ou controlar a molécula de DNA, mas, se ele concentrar seus esforços em proporcionar condições que permitam à célula sobreviver e crescer, a tendência ao crescimento e a direção deste crescimento serão então evidentes e virão do interior do organismo. Não consigo pensar numa analogia melhor para a terapia ou experiência de grupo, na qual, se for fornecido um fluido amniótico psicológico, ocorrerá um avanço de caráter construtivo.

Às vezes, a base para o conceito de uma tendência à realização surge de direções surpreendentes, como em experiências simples, mas raras, que mostram que os ratos preferem um ambiente que inclua estímulos mais complexos, em vez de um ambiente que inclua estímulos menos complexos. Parece extraordinário que, até mesmo o rato inferior de laboratório, dentro da extensão de complexidade que ele pode apreciar, prefira um ambiente mais rico de estímulos a um empobrecido. Dember, Earl e Paradise asseveram que "uma modificação na preferência, se ocorrer, será unidirecional, em direção a estímulos de maior complexidade"[6]. Se lhe for dada a oportunidade, um organismo vivo tende a completar suas mais complexas potencialidades em vez de acomodar-se a satisfações mais simples.

O trabalho no campo da privação sensorial ressalta ainda mais fortemente o fato de que a redução da tensão ou a ausência de estimulação está longe de ser o estado desejado pelo organismo. Freud não poderia ter-se enganado mais ao postular que "o sistema nervoso é [...] um aparelho que poderia até, se isso fosse praticável, manter-se num estado de total ausência de estímulos"[7]. Ao contrário, quando privado de estímulos externos, o organismo humano produz um fluxo de estímulos internos, às vezes, do tipo mais excêntrico. John Lilly relatou suas experiências em manter-se suspenso, sem peso, num tanque de água à prova de som. Ele fala de estados de transe, de experiências místicas, dá a impressão de estar ligado a redes de comunicação inacessíveis ao estado normal de consciência, de experiências que apenas podem ser chamadas de alucinatórias[8]. Está bem claro que, quando você recebe um mínimo absoluto de estímulos externos, você se abre ao fluxo de experiências internas que vão bem além daquelas do dia-a-dia. Você certamente não cairá em homeostase, em um equilíbrio passivo. Isto somente ocorre em organismos enfermos.

Quando motivado, o organismo é um iniciador ativo e apresenta uma tendência direcional. R. W. White coloca isso em termos muito atraentes quando diz: "Mesmo quando suas necessidades primárias são satisfeitas e suas tarefas homeostáticas estão realizadas, um organismo está vivo, ativo e pronto para fazer algo."[9]

Como conseqüência destes e de outros progressos da pesquisa biológica e psicológica, sinto-me seguro em chamar a atenção para o significado desta direção do organismo humano, que é responsável por sua manutenção e desenvolvimento.

Às vezes essa tendência é encarada como se ela englobasse o desenvolvimento de todas as potencialidades do organismo. Evidentemente isto não é verdade. O organismo não tende, como alguém apontou, a desenvolver sua capacidade de náusea, nem a tornar efetiva sua potencialidade para a autodestruição, nem sua habilidade para suportar dor. Somente sob circunstâncias incomuns ou refratárias essas potencialidades tornam-se efetivas. É evidente que a tendência à realização é seletiva e direcional, uma tendência construtiva, se você assim o quiser.

O substrato de toda motivação humana é a tendência orgânica à realização. Esta tendência pode expressar-se na mais ampla escala de comportamentos e em resposta a uma variedade muito grande de necessidades. Certas carências básicas precisam ser pelo menos parcialmente supridas, antes de outras necessidades tornarem-se urgentes. Conseqüentemente, a tendência do organismo para realizar-se pode, num dado momento, conduzir à busca de satisfação alimentar ou sexual e, ainda assim, a menos que essas necessidades sejam excessivamente fortes, até essas satisfações serão procuradas de maneira que aumente a auto-estima em vez de diminuí-la. E outras realizações serão também solicitadas no relacionamento com o ambiente: a necessidade de explorar, de produzir mudanças no ambiente, de jogar, de efetuar auto-exploração, quando nisto se percebe uma oportunidade de realização – todos esses e muitos outros comportamentos são basicamente "motivados" pela tendência à realização.

Em resumo, estamos lidando com um organismo que está sempre motivado, sempre "pronto para alguma coisa", sempre em busca de algo. Portanto, reafirmo, até com mais ênfase do que quando propus a idéia pela primeira vez, minha crença na existência de uma fonte central de energia no organismo humano; em que ela é uma função fidedigna de todo o organismo e não de uma parte apenas dele; em que talvez seja mais correto conceituá-la como sendo uma tendência à consecução, à realização, e não apenas à manutenção, como também ao desenvolvimento do organismo.

O que eu disse até aqui delineia uma sólida base construtiva da motivação humana. Esta é uma base que daria poderes à pessoa, que torná-la-ia apta para uma política harmoniosa de relacionamentos interpessoais. Mas eu não fiz referência ao grande problema com que se defrontam todos os que se aprofundam na dinâmica do comportamento humano. Esse problema se relaciona ao fato de as pessoas estarem freqüentemente em guerra consigo próprias, alienadas de seus próprios organismos. Embora o organismo possa estar motivado de modo construtivo, é certo que os aspectos conscientes aparentam, com freqüência, o inverso. O que dizer sobre a brecha tão comum entre o aspecto orgânico e o "eu" consciente? Como explicar o que parece ser, muitas vezes, dois sistemas motivacionais conflitantes no indivíduo?

Dando um exemplo muito simples, como pode uma mulher ser conscientemente uma pessoa muito submissa e complacente e, por vezes, explodir num comportamento anormalmente hostil e ressentido que a surpreende tremendamente e que ela não admite como parte de si mesma? Certamente, seu organismo vem experimentando tanto a submissão como a agressão, e movendo-se em direção à expressão de ambas. Entretanto, no nível consciente, ela não tem conhecimento nem aceita um dos aspectos desse processo que está ocorrendo dentro dela. Este é um exemplo simples da brecha sobre a qual todo psicólogo interessado no comportamento humano precisa chegar a um acordo.

Não vejo nenhuma solução evidente para o problema, mas penso que talvez tenha chegado a ver as questões num contexto mais amplo. Na natureza, a elaboração da tendência à realização mostra uma eficiência surpreendente. O organismo, para acertar, comete erros, mas estes são corrigidos na base do *feedback*. Uma experiência clássica mostrou que mesmo o bebê realiza eventualmente um trabalho bem satisfatório no balanceamento de sua dieta. Ele pode exceder-se, por um tempo, na ingestão de proteínas ou de muita gordura, mas logo equilibra esses enganos, mostrando uma "sabedoria do corpo" na manutenção e no aumento de seu desenvolvimento. Esse tipo de comportamento relativamente integrado e auto-regulador, dirigido à manutenção e à satisfação, parece mais ser a lei na natureza do que a exceção. Pode-se, é claro, apontar sérios erros nos momentos da evolução. Evidentemente, os dinossauros, por se tornarem eficiente e rigidamente realizados em termos de um dado ambiente, não puderam adaptar-se e, assim, a perfeição com a qual eles haviam se realizado num determinado ambiente na verdade os destruiu. Entretanto, em geral, por meio de adaptações, mutações e ajustamentos, os organismos comportam-se a fim de produzir um grau impressionante de sentido direcional. A vida flui nas mais diversas formas, corrigindo erros e movendo-se em direção a seu próprio desenvolvimento.

Entretanto, no ser humano – talvez particularmente em nossa cultura – a potencialidade para a consciência de seu funcionamento pode tornar-se tão persistentemente distorcida de modo que a aliene, de verdade, de sua experiência orgânica. Ela pode tornar-se autofrustradora, como na neurose; incapaz de enfrentar a vida, como na psicose; infeliz e dividida, como nos desajustamentos que ocorrem com todos nós. Por que essa divisão? Como é que uma pessoa pode estar conscientemente lutando em direção a um objetivo, enquanto seu direcionamento orgânico, como um todo, está justamente em direção contrária?

Ao conjeturar sobre este assunto, vejo-me tentado a considerar de novo o lugar e função da consciência na vida. A capacidade de concentrar a atenção consciente parece ser um dos desenvolvimentos evolutivos mais recentes de nossa espécie. É um minúsculo cume de consciência, de capacidade simbolizadora, encimando uma vasta pirâmide de funcionamento orgânico não-consciente. Talvez uma analogia melhor, mais indicativa da contínua mudança que está ocorrendo, seja pensar no funcionamento do indivíduo como uma grande fonte piramidal. O próprio topo da fonte é intermitentemente iluminado pela luz hesitante da consciência, mas o fluxo constante da vida continua também na escuridão, tanto em caminhos não-conscientes quanto em caminhos conscientes.

Na pessoa que está funcionando bem, a consciência tende a ser algo reflexivo, em vez de um penetrante ponto iluminado de atenção focalizada. Talvez seja mais exato dizer que em tal pessoa a consciência é simplesmente um reflexo de algo do fluxo do organismo, naquele exato momento. Somente quando o funcionamento é interrompido, surge uma percepção rigorosamente autoconsciente. Falando dos diferentes aspectos da consciência nessa pessoa em bom funcionamento, eu disse: "Não digo que essa pessoa esteja conscientemente inteirada de tudo o que ocorre dentro dela mesma, tal qual a centopéia que se tornou consciente de todas as suas pernas. Pelo contrário, ela deveria estar livre para viver um sentimento subjetivamente tanto quanto estar consciente dele. Poderia experimentar amor, dor ou medo, vivendo nessa atitude subjetivamente. Ou poderia abstrair-se da subjetividade e perceber conscientemente 'estou sofrendo'; 'estou com medo'; 'estou amando'. O ponto crítico é que não deveria haver barreiras nem inibições que impedissem a experiência total de tudo que estivesse organicamente presente."[10]

Desse modo, assim como de muitos outros, meu pensamento assemelha-se ao de Lancelot Whyte, que chega ao mesmo problema através de uma perspectiva muito diferente: a do filósofo da ciência e historiador das idéias. Ele também sente que, na pessoa que está funcionando bem, "o livre desempenho da vitalidade espontânea – como nos ritmos transitórios do comer, beber, andar, amar, fazer coisas, trabalhar bem, pensar e sonhar – não evoca uma consciência diferenciada contínua. Sentimos que está tudo bem, enquanto vai funcionando, e então o esquecemos, como uma regra"[11].

Quando está funcionando dessa maneira, a pessoa é completa, integrada, unitária. Este parece ser o caminho humano desejável e eficiente. Em tal funcionamento a nítida autoconsciência surge apenas, de acordo com Whyte, como resultado do contraste ou do conflito entre o organismo e seu ambiente; a função de tal autoconsciência é eliminar o conflito, seja modificando o ambiente, seja alterando o comportamento do indivíduo. Seu ponto de vista é surpreendente mas desafiador quando diz que "a principal finalidade do pensamento consciente, sua função neobiológica, pode ser primeiramente a de identificar e depois a de eliminar os fatores que o evocam"[12].

Provavelmente fica evidente que pontos de vista como o anterior somente podem ser sustentados por pessoas que vêem os aspectos não-conscientes de nossa vida sob uma luz positiva. Eu mesmo já salientei a idéia de que o homem é mais sábio do que seu intelecto e de que as pessoas que funcionam adequadamente passam a confiar em suas experiências como num guia apropriado para seu comportamento. Elas verificam que os significados descobertos através de sua abertura para a experiência constituem-se em recursos sábios e satisfatórios para a direção de suas ações. Whyte coloca essa mesma idéia num contexto mais amplo, quando diz: "Cristais, plantas e animais crescem sem preocupação consciente, e a singularidade de nossa própria história desaparece ao supormos que o mesmo tipo de processo natural e ordenador que dirige seu crescimento dirigiu também o desenvolvimento do homem e de sua mente, e continua ainda a fazê-lo."[13] Essas opiniões estão muito distantes das dúvidas de Freud sobre o inconsciente assim como de sua opinião geral de que este tinha um direcionamento anti-social. Em vez disso, quando uma pessoa está funcionando de maneira integrada, unificada, efetiva, ela tem confiança nas direções que escolhe inconscientemente e confia em sua experiência, da qual, mesmo com sorte, ela tem apenas vislumbres parciais em sua consciência.

Se esta é uma descrição razoável do funcionamento da consciência quando tudo corre bem, por que então o conflito se desenvolve em tantos de nós, a ponto de organicamente nos movermos em uma direção enquanto em nossas vidas conscientes nos debatemos em outra? Minha própria explicação[14] relaciona-se com a dinâmica pessoal do indivíduo. O amor dos pais, ou de alguém significativo, é condicional. E dado somente sob a condição de que a criança interiorize certos construtos e valores como sendo seus. De outro modo, ela não será percebida como merecedora, como digna de amor. Assim, por exemplo, o construto "você ama sua mãe" torna-se uma condição para que a criança receba o amor de sua mãe. Por isso, seus sentimentos ocasionais de raiva e aversão em relação à mãe são negados à consciência, como se não existissem. Seu organismo pode vir a comportar-se de maneira que demonstre sua raiva, por exemplo, derramando a comida no chão, mas isto é um "acidente". Ela não admite que o verdadeiro sentimento chegue à consciência. Ora, lembro-me de um adolescente, criado num lar estritamente religioso, em que era evidente que ele somente seria aceito por seus pais se acreditasse que pensamentos, impulsos e comportamentos sexuais são maus e horríveis. Quando apanhado certa noite, na casa do vizinho, tentando arrancar a camisola da filha adormecida, ele pôde dizer, com a firme certeza de estar dizendo a verdade, que *ele* não havia feito isso – não era *seu* comportamento. Neste ponto, seu organismo – com a curiosidade natural, fantasias e impulsos no âmbito sexual – lhe tinha sido tão completamente negado que ele estava bastante inconsciente desses aspectos do seu físico. Assim, seu organismo esforçara-se para satisfazer essas necessidades, enquanto sua mente consciente poderia dizer, corretamente, que seu "eu" não tinha sido envolvido no comportamento.

Neste exemplo, as crenças ou construtos introjetados são rígidos e estáticos porque foram absorvidos de fora. Eles não estão sujeitos ao processo normal da criança de avaliar sua experiência de maneira fluida, dinâmica. A criança tende a não levar em conta seu próprio processo de experimentação sempre que ela entra em conflito com esses construtos, e assim, neste ponto, elimina-o de seu funcionamento orgânico, tornando-se nesse ponto dissociado. Se as condições de valor impostas à criança são numerosas e significativas, então a dissociação pode tornar-se muito grande e as conseqüências psicológicas, como vimos, realmente muito sérias.

Gradualmente cheguei a ver essa dissociação, brecha, alienação, como algo aprendido, uma perversa canalização de algumas das tendências realizadoras em comportamentos não realizadores. A esse respeito, seria similar à situação na qual os impulsos sexuais podem ser canalizados, através da aprendizagem, para comportamentos bem afastados dos fins fisiológicos e evolutivos desses impulsos. Com relação a isso, mudei de idéia. Anos atrás eu via a brecha entre o "eu" e a experiência, entre metas conscientes e direções orgânicas como algo natural e necessário, embora desagradável. Acredito agora que os indivíduos são culturalmente condicionados, recompensados e reforçados por comportamentos que são, na verdade, deturpações das direções naturais da tendência unitária à realização.

A pessoa dissociada pode ser descrita como alguém que se comporta *conscientemente* em termos de estática introjetada, de construtos rígidos, comportando-se *inconscientemente*, em termos da tendência realizadora. Este é um contraste nítido em relação à pessoa saudável, que funciona bem, que vive em relacionamento estreito e confiante com seus próprios processos orgânicos em desenvolvimento, tanto não-conscientes quanto conscientes. Considero resultados construtivos na terapia ou em grupos como possíveis, somente em termos do indivíduo humano que chegou a confiar em suas próprias direções interiores, cuja consciência é uma parte da natureza do processo de seu funcionamento orgânico, e com ela integrada. Descrevi o funcionamento da pessoa psicologicamente madura como sendo similar, de muitos modos, ao do bebê, exceto em que o processo fluido da experiência tem mais objetivo e alcance e que a pessoa madura, como a criança, "confia e usa a sabedoria de seu organismo, com a diferença de que ela é capaz de fazer isso sabendo"[15].

A alienação, tão comum entre o ser humano e seus processos orgânicos direcionais, não é uma parte necessária de nossa natureza. É, em vez disso, algo aprendido, e aprendido em alto grau em nossa cultura ocidental. É caracterizado por comportamentos guiados por conceitos e construtos rígidos, interrompidos, às vezes, por comportamentos guiados pelos processos orgânicos. A satisfação ou consecução da tendência realizadora tornou-se bifurcada em sistemas comportamentais incompatíveis, podendo, um deles, ser dominante em um momento, e o outro, em outro momento, mas à custa de um contínuo esforço de tensão e ineficiência. Esta dissociação, que existe na maioria de nós, é o padrão e a base de toda a patologia psicológica da humanidade, como também a base de toda a patologia social.

A forma natural e eficiente de viver como ser humano não envolve esta dissociação, esta bifurcação. A pessoa psicologicamente madura manifesta uma confiança nas direções de seus processos orgânicos internos, os quais, com a consciência participando de uma forma mais coordenada do que competitiva, levam-na à frente, num encontro total, unificado, integrado, adaptável e dinâmico, encontro esse com a vida e seus desafios.

A trágica condição da humanidade deve-se ao fato de que ela perdeu a confiança em suas próprias direções internas não-conscientes. Como Whyte escreveu: "O homem ocidental projeta-se como uma distorção altamente desenvolvida, mas bizarra, do animal humano."[16] Para mim, a solução para essa situação é a tarefa incrivelmente difícil, mas não impossível, de permitir ao indivíduo humano crescer e desenvolver-se em um relacionamento contínuo e confiante com a tendência realizadora da formação e o processo nela existente. Se a consciência e o pensamento consciente são considerados como parte da vida – não seu senhor nem seu oponente, mas uma iluminação dos processos de desenvolvimento internos do indivíduo –, então, nossa vida total pode ser a unificada e unificante experiência que parece ser característica na natureza. Se nossa magnífica capacidade simbolizadora pode desenvolver-se como parte integrante da tendência à realização que existe em nós, tanto em nível consciente como não-consciente, e ser por ela guiada, então a harmonia orgânica não se perde nunca e torna-se uma harmonia e uma integridade humanas, simplesmente porque nossa espécie é capaz de um maior enriquecimento através de experiências do que qualquer outra.

E se surgir a pergunta cética e natural: "Sim, mas como? Como poderia isso acontecer?" Parece-me que a ciência sugere uma resposta. Já somos capazes de especificar e mesmo avaliar as condições de atitudes que desenvolvem efeitos de crescimento tanto na terapia como na educação. A investigação científica pode ajudar-nos ainda mais. Tendo identificado as condições que estão associadas à restauração da unidade e à integração no indivíduo, deveríamos ser capazes de ir à frente e de identificar empiricamente os elementos que causam a dissociação e que bifurcam a tendência realizadora. Uma hipótese testável é que a dissociação ocorre quando amor e estima tornam-se condicionais. Se pudermos identificar as influências ambientais que produzem uma harmonia interna contínua nas crianças, sem a influência da tão comum aprendizagem da dissociação, esses resultados poderiam ser empregados para uso preventivo. Podemos evitar que a brecha ocorra. Podemos, se quisermos, usar nossas habilidades científicas para ajudarnos a manter a pessoa completa e unificada, um ser cuja tendência realizadora esteja continuamente formando-a na direção de um relacionamento mais rico e mais satisfatório com a vida.

Acredito que o significado político desse ponto de vista sobre a natureza humana e sua força motivadora é enorme. Tentei expor a idéia de que a espécie humana é composta de organismos basicamente dignos de confiança, de pessoas dignas de confiança. Salientei que a tendência realizadora, quando opera livremente, tende a uma totalidade integrada, na qual o comportamento é guiado, tanto pelas experiências interiores quanto pela consciência que permeia essas experiências. Mas qual o significado disto do ponto de vista da política das relações interpessoais?

Isto me leva a concluir que a entidade mais digna de confiança em nosso mundo incerto é um indivíduo completamente aberto às duas maiores fontes: os dados da experiência interior e os dados da experiência do mundo externo. Esta pessoa está no pólo oposto ao do indivíduo dissociado. Ele ou ela tiveram a sorte de não desenvolver a brecha interna entre o organismo vivenciado e o "eu" consciente; ou de que essa brecha fosse eliminada em relacionamentos de ajuda ou por experiências saudáveis de vida.

Em tal indivíduo, que funciona de um modo unificado, temos a melhor base possível para uma ação lúcida. É uma base em processo, não uma base de autoridade estática. É uma fidedignidade que não se apóia no conhecimento "científico" estático. Por outro lado, em sua confiança de estar completamente aberto a todos os dados relevantes, ele representa a própria essência da abordagem científica da vida, do modo como a ciência tem sido compreendida por seus verdadeiros expoentes. Representa um processo contínuo de testar hipóteses em pensamento e ação, rejeitando algumas, mas seguindo outras. Reconhece que não tem nada de parecido com uma verdade estática, mas somente uma série de aproximações mutáveis da verdade.

Politicamente, se estamos assim à procura de uma base digna de confiança a partir da qual operar, nosso desejo principal seria descobrir, e possivelmente aumentar, o número de indivíduos que estejam mais próximos de se tornarem pessoas completas – que estejam indo em direção ao conhecimento de suas experiências internas e em harmonia com elas, e que percebam, sem atitudes defensivas, todos os dados provenientes das pessoas e dos objetos de seu ambiente externo. Essas pessoas constituiriam um fluxo crescente de sabedoria em ação. Suas direções seriam mais sensatas do que os mandamentos dos deuses ou as diretrizes dos governos. Poderiam tornar-se a corrente vitalizadora de um futuro construtivo. Estou ciente de que esta opinião parecerá a alguns idealismo sem esperança; a outros, um escárnio perigoso às sagradas autoridades; e a outros ainda, simplesmente algo excêntrico. Entretanto, para mim, ela é o ponto mais próximo da verdade ao qual consegui chegar. Acho-a estimulante e promissora.

Referências bibliográficas

1. Em particular, usei material do "The Actualizing Tendency in Relation do 'Motives' and to Consciousness", in Marshall Jones, ed., *Nebraska Symposium on Motivation*, 1963, Lincoln: University of Nebraska Press, 1963, pp. 1-24. Usado com permissão.

2. L. Bertalanffy, *Problems of Life*, Nova York: Harper Torchbooks, 1960 (primeira publicação em 1952), p. 13.

3. K. Goldstein, *Human Nature in the Light of Psychopathology*, Cambridge: Harvard University Press, 1947.

4. A. H. Maslow, *Motivation and Personality*, Nova York: Harper & Brothers, 1954.

5. A. Angyal, *Foundations for a Science of Personality*, Nova York: Commonwealth Fund, 1940; e *Neurosis and Treatment*, Nova York: John Wiley & Sons, 1965.

6. W. N. Dember, R. W. Earl e N. Paradise, "Response by Rats to Differential Stimulus Complexity", *Journal of Comparative and Physiological Psychology*, 50 (1957), p. 517.

7. S. Freud, "Instincts and Their Vicissitudes", *Collected Papers*, vol. 4. Londres: Hogarth Press e Institute of Psychoanalysis, 1953, p. 63.

8. J. C. Lilly, *The Center of the Cyclone*, Nova York: Bantam Books, 1973.

9. R. W. White, "Motivation Reconsidered: The Concept of Competence", *Psychology Review*, 66 (1959), p. 315.

10. C. R. Rogers, "Toward Becoming a Fully Functioning Person", em *Perceiving, Behaving, Becoming*, 1962, Yearbook, Association for Supervision and Curriculum Development, Washington, D. C.: National Education Association, 1962, p. 25.

11. L. L. Whyte, *The Unsconscious Before Freud*, Londres: Tavistock Publications, 1960, p. 35.

12. Whyte, *Unconscious*, p. 37.

13. Whyte, *Unconscious*, p. 5.

14. C. R. Rogers, "A Theory of Therapy, Personality and Interpersonal Relationships", em S. Koch, ed., *Psychology: A Study of a Science*, Vol. III, Nova York: McGraw-Hill, 1959, pp. 184-256.

15. C. R. Rogers, *Freedom to Learn: A View of What Education Might Become*, Columbus, Ohio: Charles E. Merril Publishing Co., 1969, p. 250.

16. L. L. Whyte, *The Next Development in Man*, Nova York: Mentor Books, 1949, p. 40.

Quarta Parte
Uma nova figura política

12. A pessoa emergente: ponta-de-lança da revolução silenciosa

A abordagem centrada-na-pessoa, se aplicada a muitos aspectos de nossas vidas, conduziria a um modo de ser desejável, construtivo e viável. Entretanto, não me iludo a respeito do grau de apoio que tal ponto de vista costuma receber nos Estados Unidos. A direção do futuro de nossa nação pende agora na balança; vivemos numa época de escolhas decisivas – conscientes e inconscientes – que determinarão nosso destino. Eis alguns fatores que pesam *contra* a valorização da pessoa, contra a autodireção, contra o poder individual responsável.

Os princípios de nossa Constituição, especialmente a Carta dos Direitos – decididamente centrados-na-pessoa quanto a seus valores – são cada vez mais questionados. Há uma crescente descrença por parte do homem médio quanto à viabilidade de qualquer tipo de democracia política, sem falar em uma abordagem que pudesse difundir poder, controle e tomada de decisão em cada área do viver. É evidente que, se a Carta dos Direitos de nossa Constituição fosse reescrita em linguagem moderna e submetida ao voto popular, seria rejeitada. Os direitos e responsabilidades do cidadão não são mais considerados de valor.

Os direitos à liberdade de pensamento e de expressão, o direito de defender qualquer ponto de vista no qual se acredita não são hoje em dia liberdades tão consideradas. Mesmo universidades que, por essência, provêm dessas liberdades, freqüentemente negam a palavra aos oradores cujas opiniões opõem-se às de algum grupo influente. E não são somente os administradores que limitam essas liberdades, mas também os membros do corpo docente e os alunos.

No governo, que é supostamente a fonte e o protetor da liberdade individual, a erosão dos valores democráticos é ainda pior. O cidadão comum não acredita na autoridade eleita. Uma atitude cínica e desconfiada em relação ao governo e a cada um de seus membros alastra-se entre todos os cidadãos. A atitude é recíproca: o governo mostra profunda descrença nos cidadãos. Há provas claras de que tanto o FBI como a CIA – órgãos cuja função é proteger a nação e seus cidadãos – estão envolvidos em esforços maciços para perseguir e oprimir dissidentes usando quaisquer meios – legais ou ilegais, éticos ou imorais. Os meios vão desde o uso de fuzis – resultando nos assassinatos no *campus* da Universidade Estadual de Kent, assim como nos *campi* de três outras, menos conhecidas, escolas para negros – até a divulgação de cartas e documentos forjados com o intuito de provocar cisão nos grupos dissidentes. O desmascaramento da elite federal, a partir do Presidente, no escândalo Watergate, mostra um claro desrespeito oficial pela pessoa a seus direitos. Mentiras, enganos, invasão criminosa da privacidade, burla da lei, vigilância e aprisionamento de dissidentes – todos esses instrumentos têm sido usados para controlar a população e manter o poder sobre as pessoas.

Não é só no governo que vemos um declínio na valorização das pessoas. A podridão estende-se além, aparecendo na decadência de nossas instituições. Nosso sistema educacional público está fossilizado e fracassando no atendimento das necessidades da sociedade. A inovação é sufocada e os inovadores reprimidos. Em um mundo que se transforma rapidamente, os membros do corpo docente e seus comitês dirigentes – sejam eles comitês escolares locais ou conselhos universitários – prendem-se tenazmente ao passado, promovendo somente mudanças simbólicas. As escolas são mais prejudiciais do que úteis ao desenvolvimento da personalidade e representam uma influência negativa sobre o pensamento criativo. São principalmente instituições para confinar ou cuidar do jovem, mantendo-o fora do mundo adulto.

Economicamente, o quadro é bizarro. A nação mais rica do mundo diz-se incapaz de fornecer uma assistência apropriada à saúde de seu povo. Os esforços para eliminar a pobreza é que estão sendo eliminados, enquanto uma elite de 8% da população percebe maior renda que os 50% da "classe mais baixa". A distância econômica entre o rico e o pobre neste país, assim como entre as nações ricas e pobres do mundo, torna-se cada vez maior. Grandes empresas têm excessiva influência sobre o governo e sobre nossa vida e até mesmo interferem presunçosamente nos negócios de nações estrangeiras. Altos cargos são ocupados agora preponderantemente por homens de dinheiro, de modo que, dos nossos cem senadores, supostos representantes do povo, quarenta são conhecidos milionários. A pessoa comum não tem nenhuma representação significativa e complacente nem na firma em que trabalha, nem no governo que a rege.

É comum que nossas igrejas não possuam nenhuma influência social significativa. Se têm algum impacto, é geralmente oposto ao ponto de vista centrado-na-pessoa. Sua política ou é estritamente hierárquica, determinando regras aos fiéis, ou baseada em um relacionamento guia-seguidor, sendo o líder valorizado por suas qualidades carismáticas.

A família encontra-se num estado de desordem e confusão. Na maioria dos casamentos, um cônjuge está alienado do outro, e os pais, dos filhos. Se ela exerce alguma influência, esta é geralmente muito mais centrada-na-autoridade do que centrada-na-pessoa.

Ninguém pode negar o crescimento incrivelmente rápido da violência e sua expansão. Nas grandes cidades, as pessoas põem duas ou três fechaduras nas portas. Andar nas ruas à noite torna-se desde arriscado até altamente perigoso. Os parques, planejados para o lazer do público, oferecem oportunidades para emboscadas e assaltos. Apunhalamentos e mortes sem motivo aparente ocorrem todos os dias. Além de tudo isso, há o desenvolvimento do terrorismo organizado com base numa real ou pseudopolítica.

Há muitas teorias quanto às causas de toda essa violência e do vandalismo que a acompanha – ataques quer às pessoas quer às propriedades. Não tenho nenhuma pretensão a ser perito nesse campo e não vou acrescentar hipóteses sobre as eventuais causas. Entretanto, salientaria duas relações.

Violência cega contra as pessoas não pode ocorrer e não ocorre em uma cultura em que cada indivíduo sente-se como parte de um processo em andamento e com finalidade. O indivíduo precisa estar completamente alienado da corrente principal da sociedade para que a violência impessoal se torne possível. Na China, uma cultura muito diferente da nossa, a violência impessoal ao acaso que é comum em nossas cidades é, pelo que se sabe, virtualmente desconhecida. Isto não se deve ao fato de os chineses serem incapazes de violência. Lá tem havido fanáticas tentativas para matar proprietários de terras ou adversários da Revolução Cultural e outras pessoas desse tipo. Mas, na vida diária, os chineses estão organizados em grupos locais com uma boa dose de autogoverno. Além disso, eles se sentem, de modo surpreendente, interessados na reconstrução de seu país. Esse senso de um objetivo unificador parece, hoje em dia, completamente ausente no nosso país. Os objetivos proclamados são, na maioria, para manter o *status quo* ou para tornar-se maior e melhor tecnologicamente. Esses objetivos não coincidem com a lealdade de nosso povo nem propiciam uma força unificadora.

Deixarei que outros, com maiores conhecimentos, expliquem por que uma tão grande parte da nossa população não se sente assim incluída no empreendimento social e está completamente alienada em relação a ele, a tal ponto que alguns deles roubam, apunhalam, matam os "outros", sem nenhuma compunção evidente. Entretanto, o *fato* da sua alienação é óbvio.

Outro ponto que assinalo é que, para a violência tornar-se possível, é preciso que, primeiro, desapareça qualquer crença no valor e na dignidade de cada pessoa. Violência não-provocada não pode ocorrer onde haja a convicção de que cada indivíduo tem um direito inalienável à "vida, liberdade e busca da felicidade". A abordagem centrada-na-pessoa deve ter sido jogada fora antes de terem-se tornado possíveis os ataques interpessoais sem sentido. A vítima não representa uma pessoa para o assaltante, senão ele não poderia atacá-la.

A desordem na nossa cultura faz com que se torne menos surpreendente o fato de haver uma firme tendência para abandonar-se a liberdade pessoal e permitir que mãos mais fortes assumam o poder. Há uma corrente a favor do controle autoritário.

A nação ficou chocada, há pouco tempo, pelos esforços maciços do presidente Nixon e seus colaboradores para subverter a Constituição e assumir o controle. Entretanto, não podemos declinar nossa responsabilidade no assunto. Era a vontade do povo. Uma pressão firme no sentido de aumentar o poder da presidência era evidente há anos. Além disso, os antecedentes de Nixon eram claros. Ele acreditava – e agia repetidamente de acordo com esta crença – que quaisquer meios poderiam e deveriam ser usados para manter o poder em suas mãos. O uso de mentiras e de outras formas sutis para enganar, bem como o emprego de assessores que eram peritos na construção de uma "imagem" sem nenhuma semelhança com a realidade, tinha sido a base de sua vida política. Um grande cartaz nos escritórios do Comitê para Reeleição do Presidente, em 1972, resumia sua filosofia: "Ganhar na Política não é tudo. É a única coisa!" Assim mesmo, nós o elegemos por esmagadora maioria. Nós o quisemos. É importante o fato de que, depois, não agüentamos mais digerir suas mentiras e forçamos sua renúncia, mas não menos importante é o fato de que o escolhemos, conscientemente, não só uma, mas duas vezes. E não há razão para supor que estamos livres do desejo de termos um líder forte e opressor. É duvidoso que nosso povo realmente deseje a democracia de participação que foi idealizada pelos autores da nossa Constituição. Parece provável que a maioria vote em um líder poderoso, que possa impor sua vontade ao povo. Ou, se eles não votarem assim, a apatia dominante e o cinismo da maioria indicam sua permissão para que isso aconteça. Numa eleição recente na Califórnia, 80% dos eleitores de 18 a 21 anos de idade – os jovens, cujo futuro está em jogo – não compareceram à votação. Sem dúvida, sua atitude é: "Para que serve?" Eles não crêem que possam participar do governo de forma significativa. Esse é o terreno perfeito para o desenvolvimento de uma ditadura.

Não é só no governo que existe uma tendência para a crescente concentração de controle autoritário. Nas nossas grandes empresas, especialmente nas gigantescas multinacionais, vemos um desenvolvimento do poder e do controle que fazem com que os indivíduos sintam-se impotentes. Ele é simplesmente um joguete à mercê de grupos anônimos que determinam sua vida.

Thomas Hanna, em seu livro mordaz *The End of Tyranny*, rotula essa tendência geral para um governo ditatorial. Ele a chama de "Desamérica", visto que é completamente oposta aos objetivos, aos ideais e à estrutura política englobados na Constituição. "Desamericano" é o oposto de "Americano".

Muitos historiadores sociais, economistas e futurólogos concordam em que a desilusão com a democracia está aumentando e eles prevêem, no futuro, a total desilusão. Dizem que uma sociedade sob controle é inevitável[1]. Os problemas serão complexos demais para serem enfrentados pela democracia. Acreditam que as decisões difíceis e impopulares que deverão ser tomadas para que uma sociedade superabundante possa retornar a um modo de vida mais simples, menos destrutivo e menos poluído, só poderão ser levadas a efeito por um autocrata ou por uma elite dominante. Para podermos sobreviver, prossegue a exposição, deveremos desistir de nossa liberdade.

Então, por que não acompanhar a tendência, reconhecer que a forma democrática está morrendo, que não pode funcionar a sociedade que acredita numa pessoa responsável que participa nas tomadas de decisão? Por que não descansar e usufruir dos controles que são ou serão exercidos por governos autoritários, por empresas multinacionais de controle de lucros, por um sistema educacional rigidamente estruturado, por um controle elitista do comportamento individual? Por que lutar contra esta mudança aparentemente inevitável?

Não posso concordar com essas idéias.

Mesmo sob os regimes totalitários mais estritos, nos quais política governamental, organização econômica, comportamento pessoal e pensamento individual, tudo é controlado por um grupo central, as *pessoas* emergem. Na Rússia, o nome Solzhenitsyn é apenas o símbolo de um movimento muito mais amplo. Ele prosperou apesar de inacreditável opressão e ainda sobrevive. Muitos outros não sobreviveram – nem sobreviverão. Ainda assim, no mundo todo, a opinião pública admira e se alegra com um homem que ousa valorizar sua própria pessoa e a de outros, e a partir dessa base de valores expressa seus próprios pensamentos, recusa-se – até a morte – a ser controlado e ousa também desafiar nosso sistema. A crença no valor da pessoa livre não é algo que possa ser extinto nem mesmo por todos os modernos recursos tecnológicos – interceptação de conversas, uso de "hospitais mentais" para recondicionar o comportamento, tortura elétrica, e tudo o mais. Nada pode extinguir o impulso do organismo humano de ser ele mesmo – realizar-se de modo individual e criativo. Reconhecemos isto aplaudindo Solzhenitsyn mesmo quando permitimos que nosso governo caminhe em direção do controle totalitário do nosso próprio comportamento.

Há também a possibilidade de que os americanos estejam escolhendo um novo tipo de democracia. Em um estudo feito pela People's Bicentennial Commission surgiram algumas atitudes surpreendentes[2]. Uma amostra representativa de mais de 1.200 indivíduos de todas as partes do país, incluindo todos os níveis de renda, mostra que 58% acreditam que as grandes empresas da América tendem a dominar e a determinar as ações das nossas autoridades federais. Somente 25% acreditam no contrário – que as autoridades governamentais determinam as ações das empresas. A maioria – aproximadamente 2/3 – é favorável a que o *empregado* possua e controle as empresas americanas, com os empregados possuindo a maioria das ações e determinando a política mais ampla, inclusive a seleção dos diretores. 74% são a favor de que os consumidores das comunidades locais sejam representados nos conselhos das companhias que operam nessas comunidades. 56% dizem que provável ou definitivamente apoiariam um candidato à presidência que defendesse o controle das empresas americanas pelo empregado.

Eis aqui, certamente, um exemplo no qual a inarticulada vaga da opinião pública foi muito além da posição dos líderes políticos do país. Nenhum dos candidatos em 1976 representou qualquer um desses pontos de vista. Mas aqui está a prova de que o povo, em geral, está se manifestando claramente sobre dois pontos: ele desconfia das grandes empresas cuja direção não dá satisfação a seus acionistas, ao mercado competitivo, ao governo ou a seus empregados. O povo acredita que o comportamento humano e responsável por parte dessas companhias será mais provável se elas pertencerem e forem controladas pelos empregados. Isto resultaria em uma democracia econômica participante. Como John Adams disse, em 1815, "a guerra não foi parte da Revolução: foi somente efeito e conseqüência dela. A Revolução estava na mente das pessoas, era uma mudança em seus sentimentos, seus deveres e obrigações... Essa mudança radical nos princípios, opiniões, sentimentos e afeições do povo foi a verdadeira Revolução Americana".

O que a pesquisa diz é que aqui, em um segmento do pensamento público – na área econômica –, estamos vendo uma "mudança radical nos princípios, opiniões, sentimentos e afeições das pessoas", o que pode ser uma parte da nova revolução. E é uma mudança de ponto de vista centrado no lucro e na organização para um ponto de vista centrado-na-pessoa. Está mais próximo do ponto de vista original da América e distante da "Desamérica".

Mas, é isto simplesmente um exemplo isolado? Há razões suficientes para acreditar que nossa sociedade aparentemente decadente tem alguma possibilidade de se salvar? Gostaria de explorar essas questões.

Uma lição que tenho aprendido com freqüência no meu jardim é que os restos putrefatos de uma planta neste ano serão a cobertura sob a qual novos brotos poderão ser descobertos no ano que vem. Da mesma forma, acredito também que em nossa cultura decadente vemos esboços confusos de um novo crescimento, de uma nova revolução, de uma cultura de tipo nitidamente diferente. Vejo a revolução chegando, não sob a forma de um grande movimento organizado, de um exército armado e com bandeiras, de manifestos e declarações, mas através do aparecimento de um novo tipo de pessoa, emergindo através das folhas e talos mortos, amarelados, putrefatos de nossas instituições enfraquecidas.

Há vários anos realizei uma breve e impetuosa palestra sobre o tema "The Person of Tomorrow". Não a publiquei por sentir-me muito inseguro quanto às minhas percepções dessa nova pessoa, se ela estava na verdade emergindo ou se era simplesmente uma louca fantasia de minha parte. Mas, desde então, minha experiência só tem confirmado o que parecia ser, naquela ocasião, uma tese remota. Surgiram também, encorajadoramente para mim, muitos livros de fontes amplamente diferentes, cada um sob sua própria perspectiva, vendo nossa cultura como atravessando um tipo de mudança drástica e produzindo um tipo de indivíduo, um tipo de conscientização, um modo de ser e de comportar-se, que irão dar nova configuração a nosso mundo. Temos um cientista e médico de peso, René

Dubos[3], ressaltando que a constituição do homem indica que o futuro pertence à "pessoa única, sem precedente e que não se repete" e que "tendência não é destino". Temos um poético educador-jornalista, George B. Leonard[4], expondo uma visão quase arrebatadora da espécie humana empreendendo "uma terrível viagem para alcançar um estado superior de ser", uma transformação que ele considera como inevitável. Por outro lado, o financista filantrópico, John D. Rockfeller III[5], descreve a Segunda Revolução Americana já em progresso, como causada parcialmente por uma consciência muito mais aguda e clara de nós mesmos e de nosso mundo, e conduzindo a uma realização humanista do sonho americano. Um filósofo-psicólogo, Thomas Hanna[6], escreve um hino à totalidade do decrescente e palpitante soma humano – corpo e mente unidos – e aos novos seres humanos mutantes que estão vivendo estas realizações, conduzindo-nos a um novo objetivo. Ele descreve esses mutantes como os "Novos americanos livres"[7]. Um eminente microbiólogo, Jonas Salk[8], conduz-nos através de sua perspectiva biológica para ver uma evolução intelectual e espiritual do potencial em desenvolvimento do homem. O Stanford Research Institute, através de seu centro de programação social, publicou um relatório exaustivo que pergunta como podemos "facilitar o aparecimento de novas imagens" do homem, convencido de que precisamos ter uma nova e mais adequada imagem se quisermos sobreviver[9]. Dois educadores-psicólogos, Fred e Anne Richards[10], apresentam o tema de seu livro no título de uma só palavra "Homonovus", o novo homem. Um jovem médico pesquisador, nada ortodoxo, Andrew Weil[11], propõe o protótipo do novo homem, mostrando as vantagens do pensamento intuitivo – a mente natural – baseado em fatores inconscientes e estados alterados de consciência, sobre o pensamento racional convencional do homem médio e do intelectual. De modo provocador ele diz que o futuro pertencerá a um pensamento mais "pirado" do que "sóbrio" (embora por "pirado" ele não queira significar "drogado"). Uma romancista,

Joyce Carol Oates[12], acredita que estamos em uma "crise de transição", entre o fim da Renascença e o "humanismo superior" em direção ao qual o homem está evoluindo. Ela usa a bela citação de Sir James Jeans, o filósofo-físico que citei anteriormente. Expressa um tema que é comum a todos os autores que mencionei e que parecem estar tocando o dobre de finados da perspectiva estritamente mecanicista. Jeans diz: "O universo começa a assemelhar-se mais a uma grande *idéia* do que a uma grande máquina."

Tal diversidade de percepções do futuro, estranhamente convergentes, tem-me estimulado a apresentar com mais segurança – e, espero, com mais profundidade – meu ponto de vista sobre a nova e radical germinação de pessoas que podem mudar a natureza fundamental de nossa sociedade. O que digo baseia-se em ampla observação pessoal, na interação com diversos indivíduos e grupos, e em minhas leituras. É uma especulação informal, com todas as possibilidades de desvios e erro que isso implica. Não é ciência empírica, nem tem pretensão a sê-lo, embora eu espere que ela possa conter alguns elementos de observação que inspirem estudos posteriores.

De minhas experiências, surge, em primeiro lugar, o que eu imagino como novas pessoas. Onde as encontrei? Encontrei-as entre os importantes executivos que desistiram da roda-viva do "terno e gravata", da atração por salários altos e participação nos lucros, para viver uma vida mais simples e com outro sentido[13]. Encontrei-as entre moços e moças de cabelos longos e roupas simples que desafiaram a maioria dos valores da cultura de hoje e formaram uma contracultura. Encontrei-as entre padres, freiras e pastores que abandonaram os dogmas de suas instituições para viverem vidas mais significativas. Encontrei-as entre mulheres que estão superando, com todo o vigor, as limitações que a sociedade tem imposto à sua personalidade. Encontrei-as entre negros, chicanos e outros grupos minoritários que estão saindo de gerações de passividade para uma vida afirmada e positiva. Encontrei-as entre aqueles que participaram de grupos de encontro, aqueles que estão deixando que, em suas vidas, haja lugar tanto para sentimentos como para pensamentos. Encontrei-as entre pessoas criativas que abandonaram a escola e que acreditam em realizações superiores àquelas que a estéril vida escolar lhes permite. Percebo também que vi algo dessas pessoas nos meus anos de trabalho como psicoterapeuta, quando os clientes escolhiam, para si, vidas mais livres, mais ricas e mais autodirigidas. O que acabo de citar são algumas das situações em que vislumbrei pessoas emergentes[14].

Embora as fontes de minhas percepções sejam incrivelmente diversas, encontro uma certa unidade nos indivíduos que observo. A configuração parece similar, embora haja várias pequenas diferenças. Essas pessoas mostram ao mundo uma nova feição, um padrão que, a meu ver, nunca existiu antes a não ser talvez em raros indivíduos.

Acho que essas pessoas têm, antes de tudo, uma profunda preocupação com autenticidade. A comunicação é especialmente valorizada como meio de contar as coisas como são, com sentimentos, idéias, gestos, modo de falar e movimentos corporais, tudo transmitindo a mesma mensagem. Foram criadas em um clima de hipocrisia, enganos e mensagens confusas e estão fartas de aturar pensamentos e conversas com duplo sentido. Conhecem as falsidades e as trapaças da Madison Avenue. Ouviram conscienciosamente falsas declarações das "mais altas autoridades oficiais" do governo. Observaram que a palavra "paz" é usada para dizer "guerra" e a expressão "lei e ordem" usada com o significado de "repressão dos dissidentes por meios legais". Ouviram as mensagens dúbias de pais e professores. Tudo isto acrescentado à advertência: "Faça o que eu digo, não faça o que eu faço." Rejeitaram esta atual cultura hipócrita e anseiam por estabelecer relações interpessoais nas quais a comunicação seja real e completa em vez de artificial ou parcial. Um progresso assombroso é demonstrado a esse respeito. Por exemplo, eles são mais abertos a respeito do relacionamento sexual, não querendo levar vidas duplas ou às escondidas. Discutem com pais, professores, autoridades do governo, em vez de darem uma falsa impressão de acordo. Estão aprendendo a lidar com o conflito, mesmo em organizações – como manter relacionamentos duradouros num clima de confiança baseado mais em abertura do que em aparências. Essas pessoas são pela realidade.

Esse desejo de sinceridade é expresso de maneira pública e privada. Não há dúvida de que a guerra brutal no Vietnã finalmente foi interrompida pela insistente desmistificação, levada a efeito por essas novas pessoas, da hipocrisia desta guerra. Deixaram claro que não estávamos lutando contra vilões comunistas para defender a democracia, mas sim para sustentar um governo corrupto, impopular e ditatorial. Estritamente falando, foi o que finalmente parou a nossa maciça maquinaria de guerra.

Do lado pessoal, Donna Lee Ryan, jovem oradora de uma turma da Universidade Estadual de Sonoma, diz: "Chegou o momento de começar a falar francamente das coisas que nos dizem respeito... É hora de viver de acordo com o que falamos. É hora de mais ações e menos palavras. Como estudantes aprendemos o jogo da intelectualização e sabemos que esta é uma maneira confortável de evitar a vida. Mas é hora [...] de nos opormos firmemente a esta forma de compromisso que nos faz perder o respeito por nós mesmos."

Um jovem bastante respeitado, Meldon Levine, em sua saudação dirigida à Harvard Law School, disse em reunião do corpo docente e dos pais: "Vocês nos disseram com freqüência que confiança e coragem são padrões a serem estimulados. Vocês nos convenceram de que igualdade e justiça são conceitos invioláveis. Vocês nos ensinaram que a autoridade deve ser guiada pela razão e moderada pela imparcialidade. Nós os levamos a sério... Agora, ao tentar realizar os valores que vocês nos ensinaram a apreciar, suas reações nos têm estarrecido." Ele salienta como os esforços dos jovens para corrigir injustiças e mudar o sistema têm enfrentado desaprovação, perseguição e opressão. "Quando esse tipo de repressão violenta substitui a procura de alternativas razoáveis, os americanos estão permitindo que seus ideais mais fundamentais sejam comprometidos." Ele está desafiando nossa cultura de duas caras.

Uma das mais profundas antipatias das pessoas emergentes é dirigida às instituições. Opõem-se a todas as instituições altamente estruturadas, inflexíveis e burocráticas. Crêem firmemente que as instituições existem para as pessoas, e não o inverso.

Um dos processos culturais mais notáveis de nossos tempos é o declínio do poder e da autoridade das instituições – seja no governo, no exército, na igreja, na empresa, na escola. Isto se deve certamente, em parte, à atitude de novas pessoas emergentes. Elas não irão concordar com a ordem pela ordem, com a forma pela forma, com a regra pela regra. Cada aspecto da estrutura formal é questionado e descartado, a menos que sirva a um propósito humano. Toda e qualquer inflexibilidade é suspeita, pois a rigidez não pode se prestar ao ser humano em mudança.

Opiniões a esse respeito não são conversas inúteis. Pessoas emergentes preferirão deixar uma instituição a ceder a preceitos sem sentido. Professores deixam as universidades, os alunos saem das faculdades, médicos deixam a AMA (Associação Americana de Medicina), padres abandonam suas igrejas, executivos saem das empresas, pilotos da força aérea deixam seus grupos de bombardeio, espiões deixam a CIA, cientistas saem de instituições que constroem usinas de energia nuclear.

Muitas dessas decisões são tomadas silenciosamente, sem alarde. A instituição do casamento está sendo abandonada por milhares de casais, sejam eles jovens ou de meia-idade, que optaram por ignorar os costumes, rituais e a lei, para viverem juntos como companheiros, sem a sanção do casamento. Isto é feito abertamente, mas sem agressão. Esses casais acreditam simplesmente que o companheirismo só tem significado se for um relacionamento mutuamente intensificado e crescente.

Em um estudo feito com esposas católicas, entre as que têm menos de 30 anos, mais de 75% estão usando métodos anticoncepcionais que a Igreja desaprova. Que eu saiba, não houve demonstrações contra a encíclica papal de 1968. Não há onda de protesto. Essas mulheres estão simplesmente desprezando o pronunciamento institucional e agindo de acordo com o que consideram como melhor para as pessoas e não para a estrutura. É um exemplo percutível da nova atitude para com as instituições.

O que substituirá a instituição para essas novas pessoas? É cedo demais para dizê-lo. Uma tendência que observo é em direção a pequenos grupos não-hierarquizados, informais. Estudantes e professores têm começado centenas de "escolas livres", "escolas experimentais", informais, quase sempre de curta duração, decididamente não-estruturadas, cheias de entusiasmo e ensinamentos. Muitos centros de pós-graduação de alto padrão permitem ao estudante adquirir o grau de doutor através de um programa de estudo independente, planejado pelo aluno. O candidato é orientado e auxiliado por um grupo de professores e colegas que o ajudam a ter certeza de que o estudo está completo, com profundidade e extensão suficientes, e que contribui para o conhecimento. Dois desses centros que conheci pessoalmente são a Union Graduate School e The Humanistic Psychology Institute. Esses cursos estão abarrotados de pedidos de inscrição e atraem qualificados estudiosos com idéias independentes, mas todos esses cursos estão tentando não aceitar demasiados participantes.

Executivos que abandonam os empregos começam empreendimentos pessoais, de tamanho limitado, em que os relacionamentos são diretos e face a face, em vez de funcionar através de terceiros ou de quintos. Um ex-piloto da marinha e da Pan Am instala uma loja de cerâmica para vender suas próprias criações. Um executivo de relações públicas torna-se fazendeiro e escritor autônomo. Um gerente de vendas de companhia de construção torna-se proprietário de uma pequena mercearia de queijos e vinhos. Pessoas de todos os tipos juntam-se a comunidades em que os relacionamentos são pessoais e em que estrutura e autoridade são criadas somente para atingir um objetivo específico. Alguns dos novos grupos profissionais, como o Centro ao qual tenho o privilégio de pertencer, estão ligados por um senso de comunidade sem diretivas fixas de autoridade e sem o desejo de expansão, mas levando avante projetos diversos e criativos.

Outra tendência é humanizar, do interior, a instituição, simplesmente deixando cair as regras sem sentido. Desse modo, operários das linhas de montagem ignoram as tarefas estipuladas e rotineiras, formando equipes nas quais eles trocam serviços, executam duas tarefas ao mesmo tempo e, de forma diversa, através de seus atos, manifestam-se como pessoas autodirigidas cujos interesses vêm em primeiro lugar, e não como se fossem dentes de uma grande engrenagem tecnológica.

Também no governo e na política – este lamaçal no qual tantos se atolaram – alguns têm procurado seguir uma abordagem humana. Eis aqui como um deputado de muito sucesso escreve aos seus eleitores: "As instituições precisam antes tornar-se orientadas para a vida do que para a morte... pessoas na política [precisam] estar comprometidas com a... auto-realização e não com a auto-rejeição. Cada vez mais percebo que a descoberta de uma nova política para nossa cultura depende da vivência, experiência e descoberta de uma 'nova política' dentro de mim – comunicando-me tanto com todas as partes de meu próprio ser que, a partir da unidade que isso produz dentro de mim, passarei a viver de maneira cada vez mais transparente de modo que desmascare as instituições e costumes de nossa cultura que obstruem o caminho da unidade – dentro de nós mesmos, entre nós, e entre nós e a Terra."[15] Isso é, na verdade, algo novo no mundo político – uma *pessoa* autêntica, procurando apoio eleitoral, obtendo-o, e mudando, a partir de dentro, uma instituição tradicional.

Pessoas emergentes são indiferentes a conforto e recompensas materiais. As máquinas, as comodidades e o luxo da sociedade de abundância não constituem mais uma necessidade. Calças de brim, um saco de dormir e alimentação natural são tão – e às vezes até mais – valorizados quanto roupas caras, bons alojamentos e comida requintada. Encontramos homens de empresa que se deram muito bem como exploradores ou instrutores de esqui porque preferem estes tipos de vida. Encontramos jovens que não estão interessados em guardar dinheiro mas que só se servem dele para fins construtivos pessoais ou sociais. Dinheiro e outros símbolos materiais de *status* não são os principais objetivos dessas pessoas.

As pessoas emergentes não têm sede de poder nem de realização. Quando elas procuram o poder não é para fins puramente egoístas. Muito alarde se tem feito sobre o fato de vários contestadores de maior evidência nos anos 60 – Tom Hayden, por exemplo, estarem agora trabalhando para o sistema. Mas, o que, em geral, não se ressalta é que isso é somente outro passo de um processo coerente. Nos anos 60, eles fizeram manifestações, participaram de passeatas e de atos de resistência pacífica. Acharam essas táticas eficientes – até certo ponto. Alertaram o público, ajudaram a salientar as questões básicas. Porém, não foram particularmente bem sucedidos em efetuar mudanças duradouras. Assim sendo muitas dessas pessoas estão agora de fato trabalhando dentro do sistema com a finalidade de provocar mudanças. Quer esses esforços sejam realizados por meio de mecanismos políticos, de assistência jurídica para os pobres, ou na direção de uma fazenda comunitária, as mudanças pelas quais estão lutando são ainda no sentido de dar a cada pessoa mais poder sobre suas vidas.

Essas pessoas interessam-se por pessoas. Têm um profundo desejo de ajudar os outros, os "irmãos e irmãs", e a sociedade, quando a necessidade de ajuda é evidente. Entretanto, essas pessoas são decididamente desconfiadas das "profissões de ajuda", nas quais psicólogos, assistentes sociais e os que dão orientação para viciados em drogas, ganham sua vida, oferecendo ajuda em troca de pagamento e, muito freqüentemente, escondendo-se atrás de uma aparência profissional. Eles tentam seguir um caminho mais direto. Jovens de ambos os sexos formam uma rede de voluntários para ajudar aqueles que se encontram em dificuldade. Eles compartilham, sem perguntas, casa e comida. Quando "pessoas honestas" se vêem em situações de emergência, eles correm em seu auxílio. Em recentes inundações, moços e moças "cabeludos" acorreram, às vezes vencendo distâncias de centenas de quilômetros, para encher sacos de areia, escorar barragens, cuidar de famílias. Em todas essas circunstâncias, a compensação financeira é um motivo inexistente ou mínimo.

A ajuda oferecida pelas pessoas emergentes de modo tão livre representa um cuidado amigo, delicado e sem considerações moralistas. Quando uma pessoa é ajudada a sair de uma "viagem" violenta produzida pela droga, o contato é terno e encorajador, sem ares de sermão. Quando um indivíduo é apanhado num crime, ele é ajudado e não repreendido ou azucrinado. Essas pessoas acolhem indivíduos em apuros, conscientes de que os papéis poderiam facilmente estar invertidos. Eles desafiam os modos de "ajuda" mais populares em nossa cultura – as abordagens diagnósticas, avaliativas, interpretativas, normativas e punitivas.

São pessoas que procuram novas formas de comunidade, de aproximação, de intimidade e de propósitos compartilhados. Homens e mulheres estão procurando novas formas de comunicação em tais comunidades – comunicações verbais e não-verbais, tanto sentimentais quanto intelectuais. Há um reconhecimento de que a vida pessoal é transitória, feita principalmente de relacionamentos temporários, e que, portanto, é necessário ser-se capaz de estabelecer aproximações rapidamente. Nesse mundo movediço, as pessoas não vivem durante muito tempo em uma comunidade. Não estão cercadas pela família e por parentes. São uma parte da sociedade temporária[16]. Compreende-se que, se eles devem viver em um contexto humano, é necessário desenvolver habilidade para estabelecer laços íntimos, comunicativos e pessoais com os outros, num curto espaço de tempo. Eles precisam ser capazes de abandonar esses relacionamentos íntimos sem excessivos conflitos ou lamentações.

Uma atitude sustentada pelas pessoas emergentes entra diretamente em choque com a opinião predominante nestas últimas décadas. É a desconfiança profunda quanto à ciência baseada no cognitivo e quanto à tecnologia que usa essa ciência para conquistar o mundo da natureza e o mundo das pessoas. Não existe mais confiança nas abstrações da ciência ou em sua utilização. Há uma crença intuitiva de que descobertas e aprendizagens significativas envolvem sentimentos. Essas pessoas não se impressionaram sobremodo com o programa espacial; questionaram a poluição do espaço e da lua com detritos sem valor. Acham que a tecnologia deveria existir para outros fins que não os de conquista.

Uma das manifestações dessa desconfiança que se tem da ciência tal como a conhecemos são o interesse e a crença no ocultismo, na astrologia, no I-Ching e nas cartas do Tarô – tudo isso ciências do passado. Mas as pessoas emergentes também têm se mostrado bastante dispostas a se envolver na ciência e tecnologia modernas, quando convencidas de que estas são úteis aos objetivos humanos. Sua habilidade em eletrônica, como forma de criação e de transmissão da música é óbvia. A ânsia para usar *biofeedback* como forma de aumentar a autopercepção bem como de propiciar mudanças comportamentais é um outro exemplo dessa disposição.

A descrença geral no "progresso" científico não deve ser mal interpretada. Não se trata de pessoas dogmáticas. Estão ansiosas por encontrar a verdade. São pessoas que buscam, sem nenhuma resposta pronta. A única certeza é de que não temos certeza. Essas pessoas têm nítida consciência de que cada um de nós é somente uma partícula da vida, em um pequeno planeta azul-e-branco (cujos dias podem estar contados), flutuando em um universo enorme. Como muitos pesquisadores anteriores, eles não sabem se há uma finalidade para este universo ou se há apenas as finalidades que nós criamos. As pessoas do futuro estão dispostas a viver com essa incerteza angustiante enquanto lutam para aprender mais sobre os dois universos, o externo e o interno.

Uma outra característica dessas pessoas é, pois, o desejo explícito de explorar o espaço interno. Muito mais que seus antecessores, estas pessoas desejam conhecer o seu "eu", seus sentimentos mais profundos e suas limitações. São indivíduos capazes de se comunicarem entre eles, de maneira mais livre e com menos receio. As barreiras da repressão que impedem tantos indivíduos da conscientização são definitivamente menores do que nas gerações precedentes. Estas pessoas são altamente conscientes.

A disposição de olhar para dentro tem conduzido essas novas pessoas para muitas áreas novas – estados alterados de consciência produzidos por drogas, um novo e recente interesse por sonhos, o uso de vários tipos de meditação, uma preocupação com todo tipo de fenômenos psíquicos e um interesse em concepções religiosas esotéricas e transcendentais. Estão convencidos de que dentro deles encontram-se mundos não-descobertos e capacidades ocultas – que devaneios, fantasias e intuição são apenas o portal que conduz a muito mais. Consciência cósmica, transmissão de pensamento, e auras kirlianas emitidas por seres vivos não são delírios absurdos mas são considerados como estando dentro dos limites da possibilidade, não havendo hesitação em revolucionar uma concepção convencional do mundo, através da exploração dessas possibilidades.

Eles percebem, como eu, que assim como as galáxias em explosão e os "buracos negros" do espaço exterior têm sido o foco de muita exploração nas décadas recentes, o amanhã será dedicado à exploração do espaço interior. Haverá necessidade de uma ação pioneira corajosa na pesquisa das misteriosas e atualmente insondáveis realidades distintas que parecem existir, incrivelmente diferentes do nosso atual mundo objetivo. Essas pessoas emergentes têm a ousadia e a liberdade de pensamento para iniciar tais explorações. Poderiam apoiar-se na proposição de Einstein: "A tarefa suprema... é chegar às leis elementares e universais sobre as quais o cosmos pode ser construído por pura dedução. Não há um curso lógico para essas leis; *somente a intuição, apoiando-se numa compreensão profunda da experiência, pode alcançá-las*"[17] (os grifos são meus). Essas novas pessoas já têm a convicção intuitiva de que leis misteriosas, que operam no mundo psíquico, simplesmente não se enquadram na atual estrutura do pensamento científico.

Já em outra área, essas pessoas sentem-se muito próximas dos elementos da natureza. Há um respeito pela natureza e seus caminhos e uma reaprendizagem das lições de tribos primitivas sobre como o homem pode viver em um equilíbrio da sua reciprocidade com a natureza, um sustentando o outro. Na recreação dessas pessoas, a prancha de surfe, o esqui, o veleiro, o planador simbolizam melhor seus interesses que o barco de corrida, a corrida de *buggy* na areia ou a corrida automobilística. O primeiro conjunto de esportes baseia seu estímulo em uma *aliança* emocionante com as forças naturais – ondas, encostas cobertas de neve, vento e correntes de ar –, enquanto o segundo baseia-se na conquista deliberada da natureza, tendo como conseqüências a destruição e a poluição. Neste respeito pela natureza, as novas pessoas têm redescoberto o valor de acompanhar pacientemente os habitantes de regiões selvagens e desérticas a fim de aprender com eles. Vemos homens e mulheres devotando muitos anos de privações para viver com tribos primitivas ou com gorilas, leões, chimpanzés, simplesmente a fim de aprender com eles. É uma atitude nova e respeitosa, uma atitude mais humilde.

São pessoas conscientes de que estão continuamente em processo – sempre em mudança. Neste processo elas são espontâneas, essencialmente vivas, dispostas a se arriscar. Gostos e desgostos, alegrias e tristezas são ardentes e ardentemente manifestados. O espírito aventureiro tem uma qualidade quase elisabetana – *tudo* é possível, *qualquer coisa* pode ser tentada.

Pelo fato de essas novas pessoas estarem sempre em processo, elas simplesmente não tolerarão imobilidade. Esses indivíduos não podem entender a razão pela qual escolas rígidas, a óbvia má-distribuição da riqueza, guetos deprimentes, discriminação racial ou sexual infundada e guerras injustas devem permanecer inalteradas. Eles esperam mudar essas situações e querem mudá-las no sentido humano. Creio que essas pessoas constituem o primeiro exemplo histórico em que o homem se torna plenamente consciente de que a mudança é a única constante na vida.

Essas novas pessoas crêem em sua própria experiência e desconfiam profundamente de toda autoridade externa. Nem o papa, nem o juiz, nem o sábio podem convencer esses indivíduos de algo que não seja resultado da experiência pessoal. Assim, geralmente decidem obedecer às leis que, pessoalmente, consideram lógicas e justas, e desobedecer às que parecem ilógicas e injustas, assumindo as conseqüências de seus atos. Por exemplo, fumam maconha em desafio às leis consideradas como irracionais e injustas e arriscam-se a ser presos. E mais importante ainda: recusam a convocação militar quando consideram uma guerra repreensível; divulgam documentos secretos do governo quando estão convencidos de que o povo deve saber o que está acontecendo; recusam-se a revelar as fontes que lhes forneceram notícias, pela mesma razão. Este é um fenômeno novo. Temos tido alguns Thoreaus, mas nunca tivemos centenas e milhares de pessoas, tanto jovens como velhos, desejando obedecer a algumas leis e desobedecer a outras, com base em seu próprio julgamento moral pessoal e arcando com as conseqüências de sua decisão. Tais pessoas têm uma alta consideração pelo seu "eu", e por sua competência para discriminar questões que envolvam autoridade.

Estas são algumas das características que vejo em pessoas emergentes. Estou bem consciente de que poucos indivíduos possuem todas essas características e sei também que estou descrevendo uma pequena minoria da população como um todo. Entretanto, essas pessoas, a meu ver, estão provocando um impacto desproporcional em relação a seu número e, creio eu, isso tem significado para o futuro.

Parece prevalecer o ponto de vista de que, enquanto na turbulenta e contestadora década de 60 apareciam pessoas do tipo que estou descrevendo, agora tudo mudou. Dizem-me que estudantes e jovens só se interessam agora por segurança no emprego. Querem salários altos, carros grandes e aposentadorias. Não estão mais interessados em mudança – somente em estabilidade.

Não posso concordar. Essas pessoas emergentes nunca constituíram a maioria dos jovens, nem a maioria de nenhum nível de idade. Assim, embora a maioria das pessoas jovens se preocupe com segurança muito mais do que os manifestantes de uma década atrás, encontro gente muito mais jovem que ainda se ajusta ao quadro geral por mim descrito. Talvez mais significativo ainda seja o fato de que uma proporção maior dos que não podem mais ser classificados como jovens esteja tornando-se pessoas em processo. É maior o número dos que estão abandonando as instituições existentes, para viverem vidas mais livres, mais arriscadas, mais incertas, mais simples e menos rotineiras.

Um outro elemento, geralmente não reconhecido, é que, atualmente, a maioria das causas apoiadas pelos radicais dos anos 60 tornou-se uma parte aceita da corrente principal da vida americana. Os estudantes têm muito mais participação nos assuntos universitários. O movimento dos direitos civis tem conseguido muitas vitórias. Há, agora, muitas autoridades eleitas entre os negros, chicanos e pessoas de outras origens étnicas. São comuns os programas de reivindicação, propiciando oportunidades de trabalho para grupos minoritários e mulheres. Os que sofreram por protestar contra a guerra do Vietnã viveram para ver os Estados Unidos fazerem uma agoniada revisão de suas intervenções passadas no estrangeiro bem como uma análise extremamente meticulosa de qualquer impulso para intervir atualmente nos assuntos de um outro país. E há outras mudanças. O homossexualismo, bissexualismo e liberdade sexual têm recebido muito maior aceitação social. Deve-se apenas mencionar as cooperativas, as clínicas gratuitas de saúde, a terapia radical, as escolas alternativas, o progresso no sentido da igualdade de direitos para a mulher, para se ter uma idéia das mudanças que estão em processo. Mesmo nos mínimos aspectos da vida: o *blue jeans*, o cabelo comprido, a barba, o bigode e a maconha não provocam mais reações apaixonadas. A política dos manifestantes de ontem é agora a política de uma grande massa da população. Talvez por isso não seja surpreendente que, em um período de recesso, os jovens estejam encontrando menos coisas contra as quais protestar. O que não indica, de modo algum, que o fermento da mudança esteja desaparecendo.

No início de 1975, um grupo que incluía John Vasconcellos, o deputado, começou a sonhar com uma nova força política – não um novo partido, mas uma rede humanista de pessoas que incluísse todos os partidos, dando uma nova ênfase à importância das pessoas no processo de ação política. Depois de um ano de trabalho de base envolvendo 75 grupos diferentes, um modelo começou a emergir e está agora tomando forma como uma organização não-lucrativa, denominada Self Determination: A P$\frac{\text{ersonal}}{\text{olitical}}$ Network (Autodeterminação: Uma rede P$\frac{\text{essoal}}{\text{olítica}}$). Entre seus patrocinadores encontram-se alguns deputados da Califórnia – estaduais e federais –, educadores, incluindo dois diretores de faculdade, vários homens de negócio, alguns ativistas sociais e um jornalista.

A declaração inicial da Self Determination, Inc.[18], está tão de acordo com o pensamento expresso neste livro e neste capítulo, que eu a li com certo espanto:

Decidimos formar uma "rede" para simbolizar um processo horizontal e predominantemente sem líder a fim de capacitar as pessoas a viver mais efetivamente em seus próprios lugares, nas suas vidas pessoais e no domínio da "política"... Simplesmente, nossa rede propicia um veículo para pessoas que querem cuidar simultaneamente de seu crescimento pessoal e de seu interesse por mudança social humanista.

AUTODETERMINAÇÃO não é uma organização que vai fazer algo para você; mais precisamente é uma rede participante, por meio da qual nos capacitaremos a tornar as coisas melhores para nós mesmos... É tempo de superarmos nosso ceticismo e assumirmos os riscos e a responsabilidade de nos tornarmos os autores de nosso próprio ser e fazer...

AUTODETERMINAÇÃO propõe uma alternativa prática e poderosa: a mudança de nós mesmos *e* da sociedade, pela transformação do mito mais básico que nos sustenta – nossas pressuposições sobre nossa natureza e potencialidade – da negação e o auto-aniquilamento para a afirmação e a auto-realização... Muitas pessoas estão vivendo uma visão positiva de si mesmas e da sociedade. Queremos tornar esse fato publicamente visível e vital, criando uma aliança de âmbito estadual formada por essas pessoas. Nosso objetivo é facilitar o surgimento da consciência pessoal *e* política, informando sobre a dimensão política da visão pessoal e sobre a dimensão humana de vidas políticas e questões sociais. A tudo isso chamamos política humanista...

Compreendemos que nosso propósito é idealista, mas é tempo de vivermos nossos ideais e torná-los pragmáticos. O que começou há apenas um ano, como um sonho, é agora uma realidade viva. É notável o quanto nós atingimos operacionalmente e crescemos pessoalmente, através de nossos esforços compartilhados. Tudo porque acreditamos em nós mesmos, confiamos uns nos outros e optamos por agir.

Se este movimento vai-se expandir além da Califórnia, se vai ser bem sucedido, ou se vai fracassar e falhar – são coisas, até certo ponto, de importância secundária. Digno de nota é o fato de que um tipo totalmente novo de força política está nascendo. Mesmo em seu processo ele é centrado-na-pessoa. Não há uma pessoa encarregada, nenhum nome famoso. Mais de 2.500 pessoas encontram-se divididas em pequenos grupos tentando encontrar os desejos fundamentais que servirão de base para a edificação dessa nova organização. Não começou com uma corrida para o poder, mas com um *workshop* de 21 pessoas vindas de várias partes da Califórnia, *workshop* esse facilitado por pessoas com experiência em grupos intensivos e desenvolvimento de organização. "Durante aquele encontro, esclarecemos melhor nossos objetivos, aprofundamos nossos compromissos uns com os outros e com o movimento AUTODETERMINAÇÃO, bem como estabelecemos as tarefas específicas e um calendário para implementar nossos programas para o próximo ano."

Esse processo é, a meu ver, o que mais se aproxima de uma expressão das pessoas do futuro e de uma organização a elas destinadas. É uma forte indicação de que os indivíduos emergentes que tentei descrever existem de fato e estão se tornando conscientes de outros indivíduos que pensam do mesmo modo.

Um exemplo tão recente e pertinente não nos deve deixar cegos quanto às várias e profundas questões sobre estas novas pessoas que permanecem sem resposta. Poderão esses indivíduos sobreviver em nossa cultura? Que tipos de oposição poderão ser esperados? Na medida em que essas pessoas sobreviverem, qual será a sua influência em nossa cultura? Eu gostaria de começar pelas respostas negativas a essas questões, tanto do ponto de vista da história quanto do ponto de vista da oposição cultural existente.

Uma linha de reflexão que lança dúvidas a respeito da sobrevivência desses indivíduos prende-se a uma consideração histórica. Essas pessoas emergentes pouco se parecem com os tipos humanos que têm demonstrado qualidades de sobrevivência. São pessoas que não apresentam afinidades com o soldado-governador prático e disciplinado, produzido pelo Império Romano. Pouco se assemelham ao dicotomizado homem medieval – o homem de fé e força, dos mosteiros e das cruzadas. Essas pessoas são quase a antítese dos puritanos que colonizaram os Estados Unidos, gente de crenças estritas e rígidos controles sobre o comportamento. Essas pessoas são muito diferentes dos homens que provocaram a Revolução Industrial, com sua ambição, produtividade, cobiça e competitividade. São pessoas profundamente contrárias à cultura comunista, que exerce o controle sobre o pensamento e o comportamento do indivíduo, em nome do interesse do Estado. As características e o comportamento desses indivíduos chocam-se frontalmente contra a ortodoxia e os dogmas das principais religiões do ocidente – catolicismo, protestantismo e judaísmo. Essas pessoas certamente não se ajustam à nossa cultura atual – com suas burocracias governamentais, militares e administrativas, com sua educação rígida. Essas pessoas não se sentem à vontade na atual sociedade americana dominada, como é, pela tecnologia computadorizada e controlada por homens de uniforme – militares, policiais, agentes secretos, homens "sem rosto".

Existe algum paralelo? Durante o breve florescimento da cultura grega, acreditava-se que a forma superior de arte e de justificação última da comunidade fosse criar pessoas de elevada qualidade humana. As pessoas emergentes de hoje teriam maior afinidade com tal objetivo. Acredito também que elas estivessem mais ou menos à vontade no mundo do Renascimento, outro doloroso e estimulante período de transformação. Mas é claro que suas características não dominavam a história passada. Se sobreviverem, serão a exceção e não a regra.

A emergência dessas novas pessoas será combatida. Essa oposição pode ser sugerida por uma série de afirmações, sob a forma de *slogans*, que deixam entrever algo sobre as fontes do antagonismo.

Em primeiro lugar, "O Estado acima de tudo". A década passada testemunhou-nos amplamente que neste país – bem como em outros, seja do mundo comunista, seja do mundo livre – a elite governante e a burocracia maciça que os rodeiam não deixam lugar para dissidentes ou para aqueles que têm valores e objetivos diferentes. Essas novas pessoas têm sido e serão molestadas, impedidas de se expressarem livremente, acusadas de conspiração, encarceradas por não desejarem se conformar. Seria necessário um despertar maciço – e talvez improvável – do povo americano para inverter essa tendência. A aceitação da diversidade de valores, de estilos de vida e de opiniões é o centro vital do processo democrático, mas estas coisas já não florescem bem por aqui. Desse modo, essas pessoas emergentes serão certamente reprimidas, se possível, pelo governo.

Em segundo lugar, "Tradição acima de tudo". As instituições de nossa sociedade – educacionais, empresariais, religiosas, familiares – opõem-se diretamente a qualquer um que desafie a tradição. Universidades e escolas públicas locais são provavelmente as instituições mais hostis às pessoas de amanhã. Estas não se adaptam às suas tradições e serão desprezadas e expulsas sempre que possível. As empresas, apesar da sua imagem conservadora, são, de certa forma, mais receptivas às tendências da opinião pública. Mesmo assim, elas se oporão às pessoas que colocam a auto-realização antes do sucesso, o crescimento pessoal acima do salário ou do lucro, a cooperação com a natureza acima da sua conquista. A Igreja é um oponente menos forte; as tradições familiares e conjugais já se encontram em um tal estado de confusão que o antagonismo, embora existente, provavelmente não se verificará de fato.

Terceiro, "O intelecto acima de tudo". O fato de que esses indivíduos emergentes estejam tentando ser pessoas totais – corpo, mente, sentimentos, espírito e poderes psíquicos integrados – será considerado como uma de suas transgressões mais presunçosas. Não só a ciência e a universidade, como também o governo, são edificados na suposição de que o raciocínio cognitivo é a *única* função importante do homem. Como Halberstam[19] salientou muitos anos atrás, foi a convicção "dos melhores e dos mais brilhantes" de que inteligência e pensamento racional poderiam resolver qualquer coisa que nos levou ao terrível lamaçal do Vietnã. Esta mesma convicção é ainda sustentada por cientistas, professores universitários e responsáveis políticos em todos os níveis. Eles serão os primeiros a desdenhar e escarnecer aqueles que, por palavras ou ações, desafiarem esta crença.

Quarto, "O indivíduo deve ser moldado". Como salienta o relatório de Stanford, uma concepção do indivíduo pode ser logicamente extrapolada de nossa atual cultura tecnológica. Isto envolveria a aplicação de tecnologia social e psicológica para controlar comportamentos não-conformistas no interesse de uma sociedade pós-industrial programada. Tais controles seriam exercidos não por uma única força institucional, mas pelo que os escritores chamam de "burocracia-policial-de-comunicação-industrial-do-bem-estar-e-da-guerra"[20]. Uma das primeiras intenções desta trama complexa, se esta imagem conformista prevalecer, seria controlar ou eliminar as pessoas que venho descrevendo.

Tal modelagem pode ser realizada não só por um sutil controle coercitivo, mas até pelo progresso constante do conhecimento científico. O biólogo e o bioquímico estão estudando as possibilidades da modelagem genética e das alterações quimicamente produzidas no comportamento. Esses progressos, assim como o conhecimento social e psicológico, podem ser usados como potencialidades de controle ou de liberação. Os físicos há muito perderam sua inocência em relação ao uso de suas descobertas. As ciências biológicas e psicológicas serão as próximas. Podem também tornar-se com facilidade instrumentos desse complexo burocrático maciço, no qual o movimento em direção ao controle parece inevitável, sem ninguém responsável por passo algum – um monstro rastejante com cabeça de hidra que engole o tipo de pessoas que tenho descrito.

Quinto, "O *status quo* para sempre". A mudança ameaça e suas possibilidades criam pessoas amedrontadas e enfurecidas. Encontram-se, em sua mais pura essência, na extrema direita, mas em todos nós há algum medo de processo, de mudança. Portanto, os ataques verbais a essas novas pessoas virão da extrema direita conservadora, que estará compreensivelmente aterrorizada ao ver seu mundo seguro dissolver-se; mas haverá muita oposição silenciosa por parte de toda a população. Toda mudança é dolorosa e incerta. Quem quer isso? A resposta é: *poucos*.

Sexto, "Nossa verdade é *a* verdade". O verdadeiro crente é também o inimigo da mudança e será encontrado na esquerda, na direita e no centro. Este crente autêntico não será capaz de tolerar pessoas incertas, pacíficas, inquiridoras. Velho ou jovem, fanático de esquerda ou convicto de direita, tais indivíduos precisam opor-se a pessoas em processo, que *buscam* a verdade. Esses verdadeiros crentes *possuem* a verdade e os outros precisam concordar.

Assim, à medida que essas pessoas de amanhã continuarem sua caminhada para a luz, encontrarão resistência e hostilidade crescentes por parte destas seis fontes, podendo muito bem ser esmagadas por elas.

Entretanto, como a história tem mostrado muitas vezes, uma evolução emergente não é facilmente detida. A entrada em cena, em maior número, dessas novas pessoas pode ser atrasada por uma ou por todas as forças mencionadas. A revolução silenciosa, da qual elas constituem a essência, pode ser retardada. Elas podem ser suprimidas. A existência poderá ser possível somente na clandestinidade. Mas um fermento potente foi espalhado no mundo, pelas qualidades demonstradas por estas pessoas. Será difícil recolher esse gênio de volta na garrafa. Será duplamente difícil porque se trata de pessoas que *vivem* seus valores. Tal vivência de um novo e divergente sistema de valores é a ação mais revolucionária que se pode adotar, ação esta não facilmente anulada.

Suponhamos então que haja uma possibilidade exterior de essas pessoas virem à luz, ganhar influência e mudar nossa cultura. Como seria o quadro? Seria tão ameaçador ou horrível como receiam muitas pessoas?

As pessoas emergentes não trariam a Utopia. Cometeriam erros, seriam parcialmente corrompidas, exagerariam em certas direções. Mas essas novas pessoas criariam uma cultura que ressaltaria certas tendências, uma cultura que tenderia a seguir nestas direções:

> Em direção a uma abertura não-defensiva em todos os relacionamentos interpessoais – na família, no grupo de trabalho, no sistema de liderança.
> Em direção à exploração de si mesmo, e do desenvolvimento da riqueza do soma humano total, individual e responsável – corpo e mente.
> Em direção à apreciação de indivíduos pelo que eles *são*, sem levar em conta sexo, raça, *status* ou bens materiais.
> Em direção a grupos de dimensões humanas, seja na comunidade, seja nos estabelecimentos educacionais, seja nas unidades de produção.
> Em direção ao relacionamento íntimo, respeitoso, equilibrado e recíproco com o mundo natural.
> Em direção à percepção de bens materiais como compensadores somente quando eles realçam a qualidade da vida pessoal.
> Em direção a uma distribuição mais justa dos bens materiais.
> Em direção a uma sociedade com estrutura mínima – prioridade das necessidades humanas sobre qualquer estrutura provisória que venha a desenvolver-se.
> Em direção a uma liderança como função temporária e mutável baseada na competência para satisfazer uma necessidade social específica.
> Em direção a um interesse mais verdadeiro e cuidadoso por aqueles que necessitam de ajuda.

Em direção a uma concepção humana da ciência – em sua fase criativa, no teste de suas hipóteses, na sua aplicação em favor do homem.

Em direção à criatividade de qualquer espécie – de pensamento e de exploração – nas áreas das relações sociais, das artes, do planejamento social, da arquitetura, do planejamento urbano e regional, da ciência e do estudo de fenômenos psíquicos.

Para mim, essas tendências não são assustadoras, mas estimulantes. Apesar das sombras do presente, nossa cultura pode estar à beira de um grande salto evolutivo-revolucionário.

Referências bibliográficas

1. R. L. Heilbroner, *An Inquiry into the Prospect*, Nova York: Norton, 1974.

2. J. O'Toole, "On Making Capitalism More Accountable", *Los Angeles Times* (setembro 18, 1975), parte II; J. Rifkin, "The People Are Passing Us By", *The Progressive*, 39, # 10 (outubro 1975), pp. 13-4.

3. R. Dubos, *The God Withun*, Nova York: Scribners, 1972; e *Beast or Angel*, Nova York: Scribners, 1974.

4. G. B. Leonard, *The Transformation: A Guide to the Inevitable Changes in Humankind*, Nova York: Delacorte Press, 1972.

5. J. D. Rockefeller, III, *The Second American Revolution*, Nova York: Harper & Row, 1973.

6. T. Hanna, *Bodies in Revolt*, Nova York: Holt, Rinehart & Winston, 1970.

7. T. Hanna, *The End of Tyranny: An Essay on the Possibility of America*, San Francisco: Freeperson Press, 1975.

8. J. Salk. *Man Unfolding*, Nova York: Harper & Row, 1972; e *The Survival of the Wisest*, Nova York: Harper & Row, 1972.

9. O. W. Markley e equipe, *Changing Images of Man*, Monlo Park, Calif.: Stanford Research Institute-Center for the Study of Social Policy, 1974.

10. F. Richards e A. C. Richards, *Homonovus: The New Man*, Boulder, Colo.: Shields Publishing Co., 1973.

11. A. Weil, *The Natural Mind*, Boston: Houghton Mifflin, 1972.

12. J. C. Oates, "New Heaven and Earth", *Saturday Review* (novembro 4, 1972), pp. 51-4.

13. D. Biggs, *Breaking Out*, Nova York: David McKay Co., 1973. Biggs faz um fascinante relato sobre muitos dirigentes de empresas e do governo que estão se transformando, abandonando os cargos e desenvolvendo novos e estimulantes estilos de vida.

14. L. E. Bartlett, *New Work/New Life*, Nova York: Harper & Row, 1976. Bartlett mostra vários retratos individuais de pessoas que já estão "vivendo no futuro".

15. J. Vasconcellos, comunicação aos eleitores, 1972.

16. W. G. Bennis e P. E. Slater, *The Temporary Society*, Nova York: Harper & Row, 1968.

17. Citado por R. M. Pirsig, *Zen and the Art of Motorcycle Maintenance*, Nova York: Bantam Books, 1973, pp. 106-7.

18. "Second Report on Self-Determination: A Personal/Political Network", Santa Clara, Calif., P. O. Box 126 (dezembro 1975). Escrito por um grupo.

19. D. Halberstam, *The Best and the Brightest*, Nova York: Random House, 1972.

20. Markley, *Changing Images*.

Quinta Parte
Conclusão

13. Em resumo

Toda revolução social é precedida por, ou traz consigo, uma mudança na percepção do mundo e/ou uma mudança na percepção do possível. Como não podia deixar de ser, essas novas maneiras de ver são, a princípio, consideradas como um contra-senso ridículo, ou coisa pior do que isso, pelo senso comum coletivo da época.

A revolução de Copérnico é, sem dúvida, o principal exemplo. Pensar que a Terra não era o centro do universo, que girava em torno do Sol e era parte de uma vasta galáxia, não era apenas absurdo, era uma heresia que solapava a religião e a civilização. Há também exemplos menos importantes. Era enorme absurdo pensar que organismos invisíveis, que ninguém podia ver, pudessem ser causa de doenças. A crença de que escravos não eram objetos para serem comprados e vendidos como gado, mas sim pessoas com plenos direitos humanos, não era somente um pensamento nocivo, contrário à História e à Bíblia, era também economicamente perturbador e perigoso. A noção revelada por uma fórmula matemática obscura de que a menor porção da matéria, o átomo, uma vez rompido, poderia libertar uma força incalculável, era evidentemente apenas um excêntrico rebento da ficção científica.

Entretanto, todas essas "ridículas" mudanças perceptuais alteraram a face e a natureza de nosso mundo. Foi o "senso comum" que passou a ser gradualmente considerado ridículo.

Vejamos um exemplo corriqueiro da maneira pela qual esta mudança acontece. Era um fato perfeitamente óbvio para todos – e além disso apoiado pelas Sagradas Escrituras – que a Terra era plana, e aqueles que sugeriam que ela era esférica eram hereges perigosos. Mas, quando Colombo navegou para o Novo Mundo, sem com isso cair da extremidade da Terra, essa experiência real, essa evidência de que a concepção anteriormente aceita era um erro, forçou uma mudança no modo de se perceber a Terra. E essa mudança não ocorreu apenas na geografia. Contribuiu para uma reavaliação desse novo campo denominado ciência. Pôs em dúvida o papel do homem nesse contexto mais amplo. Questionou até mesmo a Bíblia, como enciclopédia de conhecimento factual. Abriu a mente humana a possibilidades até então desconhecidas. Levou a visões de continentes a serem descobertos e países a serem explorados. Alterou toda a estrutura perceptual de vida e homens e mulheres ficaram amedrontados e foram estimulados e transformados pela perspectiva. O impossível passou a ser possível.

Não foram as teorias relacionadas à Terra que causaram tudo isso. Elas já existiam há muito tempo. A mudança foi forçada pela evidência de que as teorias tinham validade.

Parece-me quase do mesmo tipo, *a evidência da eficácia* da abordagem centrada-na-pessoa que pode transformar uma revolução, pequena e silenciosa, em uma mudança muito mais significativa, da maneira pela qual a humanidade percebe o possível. Estou próximo demais dos fatos para saber se este será um acontecimento menor ou maior, mas acredito que represente uma mudança radical. Como toda corrente que flui em torno das raízes da cultura, ameaçando minar-lhe as acalentadas concepções e os longos caminhos batidos, constitui uma força assustadora, força que, como de costume, choca-se com todo o peso do senso comum da cultura.

O que desejo fazer é comparar vários elementos do senso comum com as provas que os contradizem. Vou fazê-lo de modo bastante resumido, visto que a demonstração já foi apresentada neste livro.

É incorrigivelmente idealista pensar que o organismo humano é basicamente digno de confiança.
– *Mas* –
A pesquisa e as ações baseadas nessa hipótese tendem a confirmar essa opinião – até mesmo a confirmá-la com força.

É absurdo pensar que podemos conhecer os elementos que tornam o desenvolvimento psicológico humano possível.
– *Mas* –
Tais elementos têm sido definidos e identificados como condições de atitudes, medidos e demonstrados como eficazes.

É ridículo pensar que a terapia pode ser democratizada.
– *Mas* –
Quando o relacionamento terapêutico é igualitário, quando cada um assume a responsabilidade por si mesmo no relacionamento, o crescimento independente (e mútuo) é muito mais rápido.

É irracional pensar que uma pessoa com problemas possa melhorar sem o aconselhamento e orientação de um psicoterapeuta experiente.
– *Mas* –
Há muitas provas de que, em um relacionamento marcado por condições facilitadoras, a pessoa com problemas pode assumir a auto-exploração e tornar-se autodeterminada, de maneira profundamente lúcida.

É perigoso pensar que indivíduos psicóticos podem ser tratados como pessoas.

— *Mas* —

Está provado que este é o caminho mais rápido pelo qual o psicótico pode servir-se de seu próprio problema como material a ser assimilado em seu crescimento pessoal.

É impreciso e ineficaz não controlar as pessoas.
— *Mas* —
Sabe-se que, quando o poder é deixado às pessoas e quando somos verdadeiros, compreensivos e interessados por elas, ocorrem mudanças construtivas no comportamento, e elas manifestam mais força, poder e responsabilidade.

Uma família ou um casamento sem uma forte autoridade reconhecida está fadada ao insucesso.
— *Mas* —
Demonstrou-se que, quando o controle é compartilhado, quando condições facilitadoras estão presentes, ocorrem relacionamentos importantes, saudáveis e enriquecedores.

Precisamos assumir a responsabilidade pelos jovens, visto que não são capazes de autogovernar-se. É estúpido pensar de outra forma.
— *Mas* —
Em um clima facilitador, o comportamento responsável desenvolve-se e floresce tanto entre jovens quanto entre pessoas mais idosas.

Os professores precisam ter controle sobre seus alunos.
— *Mas* —
Confirmou-se que, onde os professores compartilham o poder e confiam em seus alunos, a aprendizagem autodirigida atinge melhores resultados do que nas classes controladas pelo professor.

Os professores precisam ser firmes, rigorosos na disciplina e severos na avaliação, se desejam que ocorra a aprendizagem.

– *Mas* –

Comprovou-se que o professor que compreende com empatia o significado que a escola tem para o estudante, que o respeita como pessoa e que é autêntico nos relacionamentos, promove um clima de aprendizagem efetivamente superior quanto aos efeitos em relação ao professor que age de acordo com o "senso comum".

Os professores devem ensinar o que os alunos precisam saber.

– *Mas* –

A aprendizagem significativa é maior quando os alunos escolhem, dentre uma ampla variedade de opções e recursos, o que eles precisam e querem saber.

É óbvio que em qualquer organização deve haver um chefe. Qualquer outra idéia é absurda.

– *Mas* –

Tem sido demonstrado que os líderes que confiam nos membros da organização, que compartilham e difundem o controle e que mantêm comunicação livre e pessoal, conseguem melhor moral, organizações mais produtivas e facilitam o desenvolvimento de novos líderes.

Grupos oprimidos devem revoltar-se. A revolução violenta é o único caminho para os oprimidos obterem poder e melhorarem suas vidas.

– *Mas* –

A história confirma a opinião de que, mesmo se bem sucedida, a revolução simplesmente conduz a uma nova tirania que substitui a antiga. Uma revolução não-violenta, baseada na abordagem centrada-na-pessoa, e que dá poder ao oprimido, parece ser muito mais promissora.

Profundas rivalidades religiosas bem como rancores provenientes de preconceitos culturais e raciais não têm solução. É pura fantasia pensar que eles possam ser reconciliados.

– Mas –

O fato é que existem inúmeros exemplos em pequena escala para mostrar que melhoria na comunicação, redução da hostilidade e medidas para resolver as tensões, são de todo possíveis e se apóiam na abordagem experimental de grupos intensivos.

Um encontro ou um *workshop* precisam ser organizados por um ou mais líderes responsáveis. Qualquer outra maneira é irrealista e quixotesca.

– Mas –

Tem-se demonstrado que um grande e complexo empreendimento pode ser centrado-na-pessoa, do começo ao fim – em seu planejamento, desenvolvimento e resultados – e que tal concentração de pessoas, sentindo seu próprio poder, pode agir criativamente em novas e inexploradas áreas – resultado que não poderia ser conseguido por métodos habituais.

É óbvio que, em uma situação estritamente controlada, com todo o poder concentrado numa elite, as pessoas sem poder não exercem nenhuma influência significativa.

– Mas –

Em uma situação quase perfeita de laboratório, os membros sem poder de um acampamento diurno, que vieram a respeitar sua própria força por serem tratados de maneira centrada-na-pessoa, mostraram-se extremamente poderosos.

Nos anos 60 houve uma tendência a mudanças sociais de base, mas agora isto desapareceu. Somente um sonhador não reconheceria isto.

– Mas –

Cada vez mais pessoas, adeptas da abordagem centrada-na-pessoa aplicada à vida, estão se infiltrando nas escolas, na vida política, nas organizações, assim como estabelecendo estilos diferentes de vida. Estão vivendo novos valores e constituem um contínuo e crescente fermento de mudança social.

As pessoas não mudam.

– Mas –

Um novo tipo de pessoa, com valores muito diferentes dos que constituem nossa atual cultura, está emergindo em número cada vez maior, vivendo e agindo de acordo com modos que rompem com o passado.

Nossa cultura está se tornando cada vez mais caótica. Precisamos voltar atrás.

– Mas –

Uma revolução silenciosa está se desenvolvendo em quase todas as áreas. Ela promete levar-nos em direção a um mundo mais humano, mais centrado-na-pessoa.